플랫폼 사회가 온다

디지털 플랫폼의 도전과 사회질서의 재편

플랫폼 사회가 온다

디지털 플랫폼의 도전과 사회질서의 재편

THE COMING OF PLATFORM SOCIETY

The Challenge of Digital Platform and its Impact on Social Order

이재열 엮음   이재열 · 하상응 · 임동균 · 이원재 · 김병준 · 조은아 · 강정한 · 이호영 · 한준 지음

한울
아카데미

차례

제2부 기술 변화와 제도 혁신

머리말

디지털 플랫폼이 일상을 지배한다. 스마트폰을 쥐고 생활하는 '포노사피엔스phono sapiens'는 플랫폼 시대를 가장 잘 대표하는 신인류다. 교육, 업무, 소통, 쇼핑, 여가 등 일상의 거의 모든 일이 플랫폼을 거친다. 원유 정제기술로 자동차 연료와 다양한 화학제품을 만들어낸 정유산업이 100년 전 산업화의 주역이었다면, 초연결사회에서 사람들이 남긴 흔적을 모으고, 인공지능 기반의 알고리즘을 활용해 데이터의 상품 가치를 추출하는 플랫폼 기업은 새로운 산업화의 주역이다. 전 세계 주가 총액 상위 10위 기업 중 일곱 개가 구글, 페이스북, 아마존, 애플, 알리바바 등 플랫폼 기업이다. 그렇다고 플랫폼의 영향이 경제에만 국한되지는 않는다. 트럼프식 대중영합주의와 혐오기반 정치는 트위터나 페이스북과 같은 SNS의 영향을 빼고는 설명할 수 없다. 플랫폼 노동은 기존 노동시장 제도의 범위를 넘어서는 이슈들을 만들어낸다. 정보의 검색과 소통은 모두 플랫폼에서 이루어지고, 음악이나 영화감상은 스트리밍으로 바뀌고 있다.

1997년 외환위기를 경험한 후 시작한 벤처 붐은 거품 논란을 낳았지만, 이 시기 출발한 스타트업 중에는 네이버나 카카오처럼 한국 경제의 새로운 주류로 성장한 기업도 있다. 그러나 플랫폼 기업에 관한 연구는 주로 포털 시기의

미디어 역할에 대한 언론학적 분석이나 새로운 시장에서 시장지배자로서의 역할에 대한 경제학적 분석, 혹은 끊임없는 혁신에 대한 기술경영학적 분석이 주를 이루었다. 미국과 중국의 대표적인 플랫폼 기업을 빼고 나면 네이버와 카카오는 한국만이 가진 유일한 자국 플랫폼이라는 점은 흔히 간과된다. 플랫폼 사회로 진입하면서 생겨난 많은 변화를 어떻게 분석할 것인가 하는 데 대한 종합적이고 체계적인 연구가 없다는 것은 아쉬운 점이었다.

플랫폼 사회로의 변화는 일시적인가, 지속적인가. 플랫폼에 의해 매개되는 네트워크가 확장되어 개인의 역량을 극대화하고 공생과 협력이 선순환하는 유토피아를 낳을 것인가, 소수에의 쏠림과 치우침, 그리고 감시와 독점이 일상화되는 디스토피아를 낳을 것인가. 디지털 플랫폼에서 작동하는 인공지능과 알고리즘의 영향력이 커질수록, 우리의 삶은 더 여유로워질 것인가, 혹은 정보 격차가 커지고, 배제되는 세대와 인구 집단의 불이익은 심각해질 것인가. 조직에 대해 우리는 어떤 근본적 질문을 새롭게 던져야 하는가. 공감력이 가지는 파급효과는 새로운 조직의 구상과 실행, 공유와 협업의 가능성을 어떻게 바꿀. 적극적인 변화가 플랫폼 사회의 미래를 결정할 시점에서, 어떻게 제도적 공백을 채워야 할까. 적극적으로 사회적 임팩트를 극대화하는 플랫폼 사회를 만들려면 어떤 노력을 기울여야 할까.

이 책은 플랫폼 사회에서 제기되는 다양한 이슈에 대해 종합적으로 탐색하고자 한국사회학회가 중심이 되어 수행한 공동연구의 결과물이다. 일곱 명의 사회학자와 한 명의 정치학자, 그리고 한 명의 인문학적 음악가 이렇게 총 아홉 명이 참여한 연구진은 2019년 11월부터 1년간 월례 세미나와 두 차례 워크숍을 진행했다. 한국이 빠르게 플랫폼 사회로 이행하고 있다는 데 모두 의견 일치를 보았지만, 그 전환이 워낙 포괄적이다 보니 플랫폼 사회 전문가라 부를 만한 이가 없는 현실에서, 공동연구자들은 초반부에는 각자의 연구 영역에서의 통찰력을 바탕으로 플랫폼 사회를 어떻게 이해하는지에 대해 의견을 교환했으며, 이후 매월 세미나에서 돌아가면서 자신의 연구 개요를 발표한 후

난상 토론을 거쳐 공통의 방향을 잡아나갔다. 결론을 미리 정하지 않은 느슨하고 비구조화된 형식으로 출발한 연구였지만, 시간이 지날수록 공통의 이해가 넓어졌고, 기존 이론이나 개념을 플랫폼 사회와 어떻게 연결할 수 있을지에 대해 번쩍이는 아이디어와 새로운 해석이 쏟아졌다. 2020년 1월 워크숍 중에 춘천에 있는 데이터센터 각閣을 방문한 경험은 플랫폼 사회의 토대가 되는 데이터가 어떻게 기록되고 관리되는지 그 방대한 하드웨어와 운영 시스템을 직접 관찰할 수 있는 매우 유익한 기회가 되었다. 코로나19로 인해 충격적으로 바뀌고 있는 사회현실의 문제를 자연스럽게 반영할 수 있게 된 것도 느슨한 계획이 선물한 의도치 않은 결과다. 그래서 이 책은 플랫폼 사회에 대한 사회학적 연구의 자연사自然史라고 할 수 있다. 이 책의 토대가 된 각 장의 내용은 "플랫폼 사회가 온다: 코로나19가 재촉한 변화와 대응"이라는 제목으로 한국사회학회가 개최한 공개심포지엄(2020년 10월 23일)에서 발표한 것이다. 코로나19로 인해 네이버TV와 유튜브로 스트리밍 된 심포지엄에는 많은 분이 온라인으로 참여했다.

이 책은 플랫폼 사회의 중요성을 인식하고 도움을 준 여러분들의 성원에 빚진 것이다. 무엇보다도 연구의 중요성에 공감하고 필요한 연구비를 지원해준 네이버에 감사드린다. 네이버 정책연구실 송대섭 실장과 신지만 차장을 비롯한 여러 구성원은 월례 세미나와 워크숍에 적극적으로 참여하여 플랫폼 기업이 겪고 있는 생생한 경험을 나눔으로써 연구진의 논의에 현실감을 보태주었다. KAIST의 문수복 교수와 정지완 박사는 월례 세미나에서 온라인 댓글뉴스의 이면에 있는 정치적 개입 구조에 대한 깊이 있는 연구 결과를 공유해주었고, 사회학자 김홍중 교수, 인류학자 조문영 교수, 경영학자 김도현 교수는 심포지엄 토론자로 참여하여 깊이 있는 통찰력으로 원고를 개선하는 데 큰 도움을 주었다. 한국사회학회의 박길성 전임 회장과 유홍준 전임 회장은 깊은 관심을 가지고 임기 중에 진행된 이 연구를 적극적 챙겨주었으며, 신아름 사무국장은 신속한 행정 지원으로 도와주었다. 서울대 박사과정의 성연주 선생은 공동연구의 간사로서 월례 세미나와 워크숍, 그리고 심포지엄이 물이 흐르듯 진행될 수 있게 뛰어난 역량을 보여주어 연구진들의 감탄을 낳았다. 서울대학교 석사과정 이두희 군도 설문조사 문항 개발과 분석에 큰 도움을 주었다. 어려운 출판계 사정에도 불구하고 이 책이 가진 중요성에 공감하여 이른 시일 안에 출간되도록 힘써준 한울엠플러스㈜의 김종수 대표와 윤순현 차장, 그리고 꼼꼼하게 편집을 챙겨준 조인순 팀장에게 감사를 표한다. 하지만 그 무엇보다도 바쁜 시간을 쪼개어 함께 토론하고 고민하여 이 책이 마무리될 수 있도록 도와준 필자 여러분에게 최고의 감사를 드려야 할 것이다. 특히 학술논문을 작성하는 데 최고의 역량을 발휘해 온 전문가들에게 깊이 있는 내용을 담되 일반 독자가 읽기 편하도록 흥미롭고 쉬운 언어로 써 달라는 형용모순되는 요구를 드렸음에도 불구하고 적극적으로 호응하여 주신 데 대해 깊이 감사드린다. 이 책이 플랫폼 사회로 진입한 한국과 세계의 문제를 이해하고 해법을 찾는 데 기여할 수 있기를 희망한다.

2021년 6월
필자를 대표하여
이재열

플랫폼 사회, 코로나19가 재촉한 변화와 대응

이재열 서울대학교 사회학과

팬데믹이 만든 역사적 변화

코로나19는 기술 진보가 가능하게 만든 미래를 갑자기 오늘의 일상으로 끌어당겼다. 미래형 사회를 일컫는 용어는 다양하다.' 정보화 사회'나 '네트워크 사회'가 고전적인 작명이라면, '디지털 경제'는 초연결 네트워크, 빅데이터, 인공지능, 플랫폼 등이 결합하여 만들어낸 새로운 수요통합형 경제를 지칭한다. 반면에 '플랫폼 사회'는 디지털 경제의 정점에 있는 플랫폼이 사회 전반의 구조와 사람들의 일상에 깊이 파고들어 만들어내는 효과에 주목하는 개념이다.

역사를 돌아보면 기술 발전만으로 사회가 발전하지는 않았다. 팬데믹pandemic 이나 전쟁의 충격이 기존 사회제도를 깨고 새로운 질서를 만드는 데 크게 기여했다. 스타크Rodny Stark의 연구에 의하면 로마의 변방 식민지였던 팔레스타인에서 시작한 신흥종교 '예수 운동'이 불과 200년 만에 세계제국인 로마의 국교가 된 비약적 성장 비결은 당시 유행한 천연두에 대응한 기독교도들의 방법이 로마의 다신교 신을 믿는 이들의 도피적 은둔과 달리 이타적이면서 확장적 네트워크를 구축했기 때문이다(Stark, 1996). 『명상록』으로 유명한 스토아학파 철인 황제 마르쿠스 아우렐리우스Marcus Aurelius(121~180)나 그를 이은 황제 코모두스Commodus(161~192)의 생명을 앗아간 것은 두창痘瘡이었다. 팬데믹으로 인구가 급속히 감소하는 가운데 기독교는 그리스 철학이 설명하지 못하는 갑작스러운 죽음 앞에 떠는 이들에게 삶의 의미를 제시했고, 죽음을 두려워하지 않는 영성을 드러냈으며, 강력한 공동체적 삶을 확장하여 환자들에게 돌봄과 음식을 제공했다. 이는 사망률을 낮추는 결과를 낳았고, 희생적인 사랑과 긴밀한 친교를 사회적 네트워크로 전환시켜 폭발적 '복음 전파'를 낳았다는 것이 스타크의 설명이다.

　중세시대 강고한 신권적 봉건 질서를 깬 것도 14세기 유럽 인구의 3분의 1을 사망하게 만든 흑사병이다. 급격한 인구 감소로 인해 극심한 노동력 부족을 낳았고, 농노를 구하기 어렵게 되자 토지 가격이 폭락했고, 봉건 영주의 경제적 기반이 무너졌다. 전염병에 속수무책인 교회의 권위도 급속히 추락했다. 흑사병이 휩쓸고 간 이후 토지에서 탈출한 농민들은 자유노동자가 되어 높은 임금을 주는 농장으로 이동했고, 도시에서 상업적으로 자본을 축적한 상인들은 파산한 지주의 토지를 사들여 부르주아계급 중심의 산업화와 시민혁명을 주도하게 되었다. 르네상스가 꽃피었고, 계몽주의적 사고가 싹텄으며, 그 기반 위에서 개인의 존엄과 선택의 자유를 중시하는 민주주의와 시장경제가 꽃피게 되었다.

　2020년 전 세계를 휩쓴 코로나19는 2세기 천연두나 14세기 흑사병 못지않은 심각한 영향을 미치고 있다. 코로나19 이전을 BCBefore Corona로, 코로나19 이후 시기를 ADAfter Disease로 부르자는 제안이 코로나19 이후 전개될 새로운 세계에 대한 예측을 달구고 있다. 대부분의 전문가들은 포스트 코로나 시기 특징으로 탈세계화로 인한 국가 간 각자도생, 개인의 자유를 억제하는 전시戰時형 통제 정부의 등장, 일본식 장기불황의 위험, 미·중 간 정치적 대립 격화, 포퓰리즘적 사회 정책의 확산, 대면 관행이나 신체 접촉의 소멸, 환경에 대한 민감성 증가 등을 거론한다. "역사상 전례 없는 인류의 자연 침범, 그리고 바이러스에게 역대 최고의 전성기를 제공하는 공장식 축산과 인구 밀집, 지구 온난화", 이 모든 것은 인간이 만들어냈고 해법도 인간의 행동과 가치의 변화 없이는 불가능하다는 점에서 '코로나 사피엔스'가 출현했다고 생태학자 최재천은 주장한다(최재천 외, 2020). 문명의 대전환을 거쳐 인류는 완전히 다른 삶을 살게 될 것이라는 이야기다.

코로나19가 가속한 플랫폼화

코로나19가 가져온 충격은 많은 이들이 언급한 바와 같이 생태와 환경에 대한 근본적인 성찰을 요구한다. 그런데 그에 대한 대응은 한 세대 전이라 할 30년 전이었다면, 상상할 수 없는 방식으로 달라졌다. 2020년 인류는 '초연결 비대면 사회'가 가능하게 만든 방법을 택할 수 있었다. 오프라인에서는 일정한 거리두기가 강요되었고 일상이 무너져 내렸지만, 온라인에서는 초연결이 가능했다. 그 결과 공상 같은 현실이 드러났다. 닫혀 있는 조직 안에서 끈끈하게 위계적으로 얽힌 삶을 살아온 이들에게 비대면 사회의 거리두기는 근본을 흔드는 충격이다. 그러나 태어나면서부터 스마트폰을 손에 쥐고 생활한 젊은 디지털 네이티브들에게 비대면 초연결은 '나홀로'지만 '더불어' 즐기는 삶을 선사했다. 변화에 대한 적응 속도는 세대에 따라, 계층에 따라 매우 다르다.

지난 100년간 인류가 경험한 변화는 지난 1만 년간 경험했던 변화의 폭을 능가한다. 아마도 다가올 미래 수십 년 동안 경험할 변화는 지나온 인류역사상 모든 변화의 폭과 깊이를 능가할 것이다. 변화를 추동한 것은 정보 기술과 네트워킹 기술의 발달이다. 한국은 디지털 경제와 플랫폼 사회의 첨단 실험장이다. 퓨리서치센터Pew Research Center에 따르면 2017년 기준 인터넷 보급률 96%, 스마트폰 보급률 94%인 한국은 세계 1위 초연결사회다. 초연결은 이미 깊숙이 우리 안에 자리 잡은 미래다. 다만 여러 가지 이유로 그동안 제대로 활용되지 않았을 따름이다.

그동안 행정복합도시를 세종특별시에 건설한 이유는 분권화에 걸맞은 소통기술에 대한 합의가 있었기 때문일 것이다. 그러나 세종시에 근무하는 공무원들을 굳이 여의도로 불러내 면대면으로 다그친 것이 그동안 대한민국 국회의 수준이다. 온라인 화상회의 시스템의 기술 문제가 아니라, 정치인들의 의식과 관행이 과거의 경험에 머물렀기 때문이다. 원격 수업이나 원격 진료의 인프라는 널리 깔려 있지만, 제대로 활용되지 못했다. 제도가 마련되지 않았기 때문이다. 아날로그 시대에 태어난 '디지털 이주민'들이 정책 결정권을 가지다 보니, 과거형 논리를 고수하는 정부 정책이 기술 진보를 따라가지 못하는 '제도 지체' 현상이 곳곳에서 벌어졌다. 그러나 코로나19는 '닫힌 위계'를 매우 빠르게 '열린 네트워크'로 대체했다. 코로나19는 초연결사회로의 변화에 가속도를 붙였다.

그러나 변화가 긍정적인 것만은 아니다. 초연결사회는 새로운 문제를 쏟아내고 있다. 급격한 쏠림과 양극화가 정치, 경제, 문화의 각 층위에서 벌어지고 있다. 전통적 불평등에 보태 디지털 디바이드digital divide가 세대 간, 계층 간, 직업 간 격차를 벌리고 있다. 초연결사회의 기술을 본격적으로 활용하는 이들은 새로운 기회를 발견했다. 기술 발전은 한계비용과 거래비용을 급속히 줄였다. 조직화의 비용이 저렴해지자, 조직의 해체가 가속화되었다. 대륙은 섬으로 바뀌고, 조직은 액체화했다. 고정된 장소를 방문하거나 직접적인 접촉을 필요로 하는 자영업, 여행업, 공연예술 등은 거의 절벽과 같은 단절을 경험했다. 대규모 실직자들이 쏟아졌고 문을 닫는 점포들이 늘어났다. 반면에 온라인 플랫폼에서의 쇼핑과 상호작용은 급속히 늘어났다. 물리적 거리두기에 쉽게 적응할 수 있는 집단과 그로 인해 극도로 위험해진 집단 간 구분이 뚜렷해진 것이다.

라이시Robert Reich는 미국 노동시장을 예로 들어 코로나19가 새로운 계급의 분화와 그 안의 불평등을 보여준다고 주장한다(Reich, 2020). 첫 번째는 전문직, 경영직, 기술직 등에 종사하는 약 35%의 노동자들로서 온라인 회의나 자택 근무 등을 활용함으로써 코로나19 위기 전과 거의 동일한 임금을 유지하는 집단The Remotes이다. 두 번째는 전체 노동자의 약 30%를 차지하는 의료인, 트럭 운전기사, 창고 운수 노동자, 경찰, 소방관 등의 필수적 일을 해내는 노동자들 The Essentials이다. 직접 대면을 하기 어렵게 되자 택배노동이 급증했고, 모빌리티 산업에 수요가 폭주했지만, 이들에게는 적절한 보호 장비, 유급병가, 건강 보험이 턱없이 부족한 상태다. 세 번째는 임금을 받지 못하는 노동자The Unpaid인데, 소매업, 식당, 접대 업무 같이 직접적으로 대면 접촉을 해야 하는 노동자들이다. 소비자들이 지출을 자제함에 따라 이들은 해고 대상이다. 네 번째는 잊힌 사람들The Forgotten로서, 거리두기가 불가능한 교도소, 불법이민자 수용소, 노숙자 쉼터, 요양원 등에 있는 사람들인데, 이들은 취약한 조건에 놓여 있음에도 불구하고 적절한 의료 서비스를 받기 어려운 이들이다.

가장 극적인 변화는 플랫폼에의 의존이 급격히 심화된 것이다. 전통적인 기업 활동이나 자영업자들이 큰 고통을 겪는 반면, 온라인 플랫폼 기업에는 새로운 기회의 창이 열렸다. 그 창은 특별히 규모의 경제를 극대화할 기회를 부여했다(Wiszniowska and Coeurderoy, 2020). 우선 플랫폼 기업의 매출이 급증했다. 2019년 같은 기간에 비해 2020년 1사분기 아마존의 매출은 26%, 알파벳의 매출은 13%, 페이스북의 매출은 18% 증가했다. 비대면 회의나 강의를 가능케 한 줌Zoom의 매출 신장은 경이로울 만큼 폭발적이다. 고립된 이들은 플랫폼에 접속하여 스트리밍으로 음악과 영화 등의 콘텐츠를 소비했다. 코로나19에 대한 대응도 플랫폼을 통해 이루어졌다. 세계보건기구는 코로나 파트너 플랫폼COVID-19 Partners Platform을 통해 정보의 소통과 글로벌한 대응 시스템을 구축했고, 세계경제포럼World Economic Forum은 코로나대응플랫폼Covid Action Platform을 통해 경제 회복을 위해 노력하고 있으며, 유럽연합에서는 유럽클러스터협력플랫폼European Cluster Collaboration Platform을 만들어 지역경제 활성화를 꾀하고 있다. 코로나19에 대응하여 취약 집단을 돕기 위한 시민단체의 활동도 플랫폼을 통해 이루어지고 있다. 확진자의 추적과 돌봄, 치료 등을 위한 다양한 시민적 참여를 촉진하기 위해 다양한 부문별 플랫폼이 붐을 이루고 있다.

플랫폼의 특성을 구체적으로 잘 드러낸 것은 에어비엔비airbnb와 같은 숙박 공유 플랫폼이나 우버Uber 등의 차량공유 플랫폼이다. 호텔과 달리 에어비엔비는 스스로는 건물이나 부동산을 소유하지 않으며, 시설에 관련된 각종 규제에서도 벗어나 있다. 호스트와 게스트를 온라인상으로 연결하는 일만을 하기 때문에 기존의 제도나 법규로는 규제하기 어려운 완전히 새로운 비즈니스 모델을 만든 것이다. 미국에서 시작한 우버 택시가 한국에서는 여러 가지 갈등으로 좌절한 것도 의미심장하다. 전통적인 택시업체나 기사의 입장에서 보면 우버는 기존 질서를 뒤흔드는 시장의 파괴자로 인식된다. 이처럼 새롭게 등장한 플랫폼은 기존 이해당사자들과 경제적이고 사회적인 갈등뿐 아니라 이념적이고 정치적인 갈등까지 만들어낸다.

플랫폼 혁명과 경쟁력

플랫폼에 대한 정의는 매우 다양하다. 첫 번째는 다수의 사람들 간 상호작용에서 교환의 규칙을 관리하고, 상호작용의 흔적을 데이터로 기록하며, 네트워킹의 효과를 극대화하는 디지털 인프라로 이해하는 방법이다(Kenney and Zysman, 2016; Snircek, 2017; Casilli, 2019). '플랫폼 경제', 혹은 '디지털 플랫폼 경제'라는 중립적인 용어는 점차 디지털로 확대되는 경제·정치·사회적 상호작용의 영역을 전제한다. 마치 과거의 산업혁명이 공장을 중심으로 조직되었다면, 현재의 변화는 이러한 디지털 플랫폼을 중심으로 조직된다는 의미이다. 마치 산업화 초기에 공장주들이 가졌던 영향력을 이제는 플랫폼의 소유자들이 행사하게 되었다는 의미다. 그렇다면 플랫폼은 어떻게 구성되는가. 플랫폼의 원료는 데이터다. 알고리듬과 인터페이스에 의해 데이터에 생명이 불어넣어지고 조직적으로 구성된다. 사용자와의 협약에 의해 그 데이터를 활용하는 비즈니스 모델로 만들어지고 있다. 데이터는 플랫폼 간 연결성이 커지도록 만드는 원료다. 응용프로그램 인터페이스application programming interfaces를 통해 제3자가 플랫폼에 축적된 데이터에 접근하여 새로운 형태로 정보를 가공하고 활용할 수 있다. 그 결과 플랫폼을 중심으로 다양한 API생태계가 생겨나게 된다. 알고리듬algorithm은 플랫폼 간 연결 구조를 정의하는 또 다른 중요한 기술적 요소로서, 투입된 데이터를 바람직한 결과물로 바꾸는 자동화 코딩 프로그램이다. 예를 들면 페이스북은 친구나 친구의 친구의 활동 내용에 근거해 계산된 정보를 내게 보여준다. 유튜브도 내가 클릭한 내용과 유사한 내용을 추천해 주며, 아마존에서 책을 구입하면 내가 아직 가지고 있지 않지만 나와 유사한 구매 프로필을 가진 독자들이 가진 책을 추천해 준다.

두 번째는 플랫폼을 사람, 조직, 자원 간의 상호작용하는 생태 시스템을 통해 새로운 가치를 창출하고 교환할 수 있는 기술을 활용하는 새로운 사업모델로 정의하는 방법이다(Chouldry et al., 2016). 가히 플랫폼 혁명이라 할 변화는 기존 질서를 파괴한 기업들, 즉 구글, 아마존, 마이크로소프트 등이 거둔 성공에 의해 촉진되었다. 그간의 연구들은 플랫폼 기업이 전통적 기업을 무너뜨리고 시장의 판도와 직업세계를 바꾸는 과정에 대해 연구했다. 밴 앨스타인Marshall W. Van Alstyne 등이 쓴 『플랫폼 레볼루션Platform Revolution』은 그 대표적인 사례다(Van Alstyne, Parker and Choudary, 2016). 이들은 플랫폼 기업들이 짧은 시간 안에 전통적인 거대 산업을 파괴하고 지배하게 된 점, 매우 적은 인원만으로 방대한 고용을 유지해 온 전통 산업을 이길 수 있었던 점, 비즈니스 경쟁원리를 질적으로 바꾼 점, 이 과정에서 플랫폼 기업들 간 운명이 작은 차이에 의해 극적으로 갈린 점, 대부분의 산업에서 승자독식 시장이 발생한 점 등에 대해 착안했다. 이들은 양면 네트워크two-sided network라는 새로운 개념으로 설명한다. 이더넷Etyhernet의 공동창업자인 멧칼프Metcalfe가 주장한 법칙은 플랫폼 기업의 토대가 되는 네트워크에서 어떻게 가치가 창출되는지를 잘 보여준다. 즉, 네트워크의 가치는 그 네트워크에 가입한 사람의 숫자가 증가할수록 비선형적으로 증가하여, 결과적으로 가입자의 숫자가 많아질수록 더 많은 연결을 이끌어낸다. 멧칼프의 법칙은 전화기 가입자들이 만들어내는 가치를 설명하는 데 매우 유익하다. 그러나 삭스David Sacks가 제시한 양면 네트워크 효과는 우버와 같이 양면시장을 갖는 플랫폼 기업의 성과를 설명하는 데 더 적합하다. 우버는 탑승객과 운전자를, 구글은 안드로이드앱 개발자와 소비자를, 에어비엔비는 호스트와 게스트를 양면시장으로 갖는다. 그리고 양쪽이 서로를 끌어들이는 긍정적 피드백이 강해질수록 양면 네트워크 효과는 강해진다.

세 번째는 플랫폼을 생태 시스템으로 이해하는 방법이다. 즉, 미시적인 하나의 플랫폼에서 전 지구적인 지정학적인 플랫폼에 이르기까지 다양한 층위의 플랫폼이 서로 의존적이어서 사회-정치적 구조와 떼놓고 생각할 수 없는 생태 시스템으로 이해하자는 것이다(Van Dijck at al., 2018). 반디크van Dijck는 인류가 과거와는 질적으로 다른 플랫폼 사회에 진입했다고 주장한다. 플랫폼 생태계에 쌓인 데이터와 이를 처리하는 알고리듬에 의해 사회경제적 흐름이 만들어지는 사회가 되었다는 의미이다. 그는 플랫폼 사회에서는 세 가지 중요한 메커니즘이 작동한다고 본다. 첫째는, 인간 행동의 거의 모든 측면이 데이터로 기록되고, 이 데이터를 분석하여 새로운 가치를 창출하는 데이터화datafication이다. 두 번째는 인간 활동, 감정, 아이디어 등 모든 것이 교환 가능한 상품으로 가공되는 상품화commodification다. 세 번째는 다양한 알고리듬을 통해 이용자의 선택을 돕거나 필터링하는 선택selection과 큐레이션인데, 대체로 각 개인에게 최적화된 맞춤형 추천이 가능한 개인화가 이루어진다. 과거 전문가들의 평가에 의존해야 했던 평판이나 추세에 대한 분석은 플랫폼상의 실시간 반응으로 대체되었다. 플랫폼 기업은 콘텐츠의 폭력성이나 외설성, 혹은 정치적인 왜곡 등을 관리하고 조정하는 일을 피할 수 없게 되었다. 플랫폼 사회에서는 질적으로 서로 다른 것들도 모두 동량화commensurate하는 경향이 있다. 그래서 구독자, 팔로워, '좋아요'를 누른 숫자 등으로 가치 평가가 대체되곤 한다.

온라인 플랫폼은 크게는 디지털 인프라에 해당하는 토대형 플랫폼(Google, Apple, Facebook, Amazon, Microsoft 등)과 부문별 플랫폼(Yahoo News, Uber, Coursera, Airbnb 등)으로 구분된다. 건강, 모빌리티, 금융, 교육 등의 다양한 영역에서 발견되는 플랫폼들은 대체로 토대형 플랫폼 위에서 작동하는 형태를 갖춘다.

기술-제도-일상의 관계로 본 플랫폼 사회

플랫폼 사회의 기술, 제도, 일상

플랫폼에 대한 해석도 어떤 관점에 서느냐에 따라 달라진다. 기술결정론자들은 플랫폼 기술 발전이 미래 사회의 경로를 결정한다고 주장한다. 그러나 사회구성론적 관점에서 보면 플랫폼도 사회적으로 구성된다. 달리 말해서 기술 발전은 향후 사회 발전의 양상에 영향을 미치지만, 동시에 사회제도에 의해 영향을 받기도 하고, 또한 인위적 선택에 의해 그 변화 양상이 결정되기도 한다. 따라서 기술, 제도, 그리고 일상은 서로 영향을 미치고 영향을 받는 관계하에 놓여 있다. 플랫폼 사회의 진화과정도 기술-제도-일상이라는 세 차원으로 나누어 각각의 영향을 중심으로 분석할 수 있다. 이 세 차원은 각각 다소 독특한 실체, 혹은 규칙성을 갖는다(김일철·이재열, 1999).

첫째, 기술 변화는 새로운 기회 구조를 창출한다. 기술은 제도나 일상에 제약을 가하고, 새로운 선택을 가능하게 하며, 때로는 비용을 대폭 줄여준다는 점에서 물적 토대라고 할 수 있다. 급속한 온라인 플랫폼의 발달은 전통적 공간과 시간 개념을 뛰어넘어 새로운 연결과 상호작용을 가능케 하고, 과거에는 사장되었던 수요와 공급을 연결시켜 새로운 시장을 창출한다. 네트워크는 그 효과가 연결된 노드 수에 비례하기보다는 노드 수의 제곱에 비례해서 커진다. 그래서 급속한 쏠림과 질적인 변환이 가능하다. 더구나 일반 네트워크와 달리 플랫폼은 양면 네트워크를 연결하므로 수요 규모의 경제가 단숨에 극대화되기 때문에 승자독식 경향도 강하다.

전 세계 주가총액 기준 최상위를 석권한 플랫폼 기업들은 매우 적은 숫자의 종업원에도 불구하고 매우 높은 수익을 올린다. 광범하게 인터넷 인프라를 깔기 위해서는 많은 투자액을 필요로 하지만, 일단 구축되고 나면 네트워크는 공공재적 특성을 가지므로, 이후 진입자들에게는 한계비용을 급속히 줄여준다. 광범하게 깔린 기간망 토대 위에서 과거 어느 때보다 다양한 협력적 생산 peer-to-peer production도 가능해졌다(Benkler, 2006). 특히 블록체인 기술은 원장을 관리하는 위계적 조직이나 정부의 역할 없이도 스마트 계약을 할 수 있다(전명산, 2017). 많은 이들이 거래비용을 들이지 않고도 서로 연결하여 상호작용할 수 있게 되면 과거에는 상상할 수 없었던 수준으로 협력적 생산이 가능해질 것이다.

두 번째 주목할 것은 제도다. 제도적 배열은 결정적인 시기에 핵심 행위자들이 자신의 이해관계를 극대화하기 위해 어떻게 질서를 만들어냈느냐에 따라 그 경로가 결정된다. 경제조정 양식의 차이는 역사적-문화적 맥락과 발전 단계를 반영한다. 지금까지 홀Peter A. Hall과 소스키스David Soskice가 확인한 제도적 틀은 자유시장경제liberal market economies: LME와 조정시장경제coordinated market economies: CME가 대표적이다(Hall and Soskice, 2001). 독일처럼 조정시장의 전통이 강한 나라에서는 매우 강력한 기업가단체와 노동조합조직 간 조합주의적 합의와 조율이 경제 운용의 바탕이 된다. 반면에 자유시장경제를 유지해온 미국은 주식시장을 통해 자본을 동원하므로, 기업의 정보를 널리 공개하는 것이 매우 중요하며, 경영진들은 장기적 투자보다는 단기적 성과 극대화를 통해 주주총회에서 인정받는 것에 더 큰 가치를 두게 된다. 이에 따라 교육과 훈련은 주로 학교에서 이루어지고, 노동자들은 잦은 이동을 통해 자신의 기술과 역량을 필요로 하는 직장으로 옮기는 것을 자연스럽게 생각한다. 그래서 노동 이동이 매우 빈번하게 나타난다. 그리고 기업들은 전문화하는 경향이 강해진다. 그러나 한국은 발전국가developmental state의 유제가 강하게 남아 있어서 자유시장경제와도 다르고, 조정시장경제와도 다른 제도적 특징을 가지고 있다. 새로운 기술의 도입에서 적용에 이르는 전 과정이 정부 정책과 연동되어 있다. 기업의 거버넌스도 간접적인, 때로는 직접적인 정부의 영향하에 놓여 있다. 이처럼 경제체제의 진화는 제도적 상보성institutional complementarities 여부로 판단할 필요가 있다. 현재 한국의 경우에는 1997년 외환위기 이후 발전국가 시기에 정부 중심으로 조직된 위계적 거버넌스의 일관성은 해체되었지만, 플랫폼 사회에서 요구하는 생태적인 활력을 극대화할 수 있는 조정력과 개방성을 갖추지는 못한 상태라 할 수 있다. 문제는 일단 제도가 굳어지고 나면 강한 경로의존성이 생겨난다는 점이다. 그래서 플랫폼 사회에서 아무리 기술 발전이 빨라진다 하더라도 이를 제도적으로 수용하지 못하면 심각한 불일치가 생겨나고 결과적으로 새로운 산업 발전의 기회를 차단할 수도 있다.

세 번째는 일상이다. 일상은 일하고 소비하고 여가를 즐기는 생활세계다. 여기서는 가치관이나 규범체계가 바닥에 깔려 있다. 생활세계에서 사람들은 사회화 과정을 거치면서 상황 적합성을 규정해 주는 사회적 문법을 내면화한다. 이념이나 상징 시스템을 통해 '지식'을 획득하고, 행동을 수행할 수 있는 '능력'을 갖추게 되며, 이를 수행코자 하는 '동기'를 배양한다. 그래야 행동이 가능하다. 일상에서 지식의 제공처이자 행위의 방향을 지정해 주는 역할을 하는 것이 곧 규범인데, 규범의 재생산은 행위자의 합리적 선택에만 의존하지 않으며, 알게 모르게 행위자들이 당연시하는 일상생활 속에 이미 녹아들어 있다. 기술결정론에 의하면 일상은 일방적으로 기술 발전에 의해 결정되는 것으로 보겠지만, 사회구성론적 관점에서 보면 기술을 궁극적으로 선택하는 것은 각 개인들의 실천이 어우러진 사회적 선택의 결과라고 할 수 있다.

플랫폼 사회의 구조화와 이중성

세 차원으로 구성된 시스템의 변화는 구조화structuration와 떼어 놓고 생각할 수 없다. 즉, 단단한 '얼개'가 아니라 변하는 '과정'으로 동태적으로 이해하는 것이다. 구조는 한 시점에서 본 시스템의 단면이자 얼개다. 그러나 동태적으로 보면 시스템은 변화의 방향을 결정하는 규칙에 따라 움직이며, 이는 동시에 행위자들이 동원하는 자원에 영향을 미친다. 그래서 구조와 일상 간에는 이중성duality이 존재한다. 세 차원의 시스템을 정태적으로 보면 동시에 구성 요소들 간 관계가 균형 잡힌 상태에 있다는 인상을 주나, 시스템은 기능적 정명에 따라 작동하는 기계적인 시스템이 아니라 내부에 다양한 갈등의 요소와 모순을 담고 있는 역동적인 시스템이다. 그래서 각 차원의 요소 간에 제약과 통제의 이중성을 토대로 하는 상호 연관성이 존재하며, 이들 간 관계는 그림 1-1처럼 표현할 수 있다.

제도는 사람들의 일상생활에 일정한 제약을 가한다. 정해진 규칙의 범위 안에서, 제도화된 교육과정을 이수하며, 일과 보상, 사회보장, 진료와 소비의 모든 일상이 제도화된 규칙하에서 이루어진다. 그러나 동시에 생활세계 시민들은 정치적 참여와 의사 표명을 통해 제도를 바꾸기도 한다. 1987년 민주화나 2017년 촛불시위를 통한 대통령 탄핵 등은 제도에 강력하게 영향을 미치는 생활세계의 시민적 잠재력을 잘 보여준다.

기술과 제도 간에도 밀접한 연관이 있다. 기술 발전은 자원과 기회 구조의 제약을 높이거나 낮추어 제도의 작동에 영향을 미친다. 예를 들어 온라인 플랫폼이 발달할수록 개인정보에 대한 데이터 축적이 정교해지고, 개인정보를 추적하고 활용할 수 있는 기반이 마련된다. 이렇게 되면 과거에는 상상할 수 없는 수준으로 사람들을 감시할 수 있는 기술적 기반이 마련되는데, 권위주의적 권력과 결합하면 완벽한 감시사회를 만들어낼 수도 있다. 실제로 중국에서 관철되고 있는 사회신용체계social credit system는 전형적이다. 모두 여덟 개 플랫폼 기업들이 축적한 중국 인민들의 신용정보, 건강정보, 이동정보, 구매 및 통화정보 등은 모두 빅데이터로 축적되고, 인민들의 사회성과 반사회성은 300점에서 900점까지 점수화되고, 그 점수에 따라 체계적으로 보상이 배분되는

그림 1-1 일상-제도-기술의 상호 연관

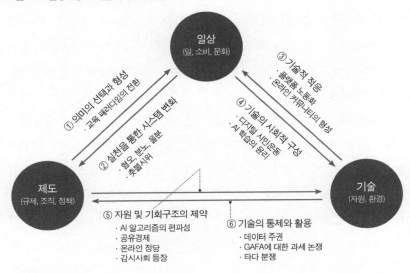

자료: 필자 작성.

시스템인데, 2020년 베이징시에서 본격적으로 적용되고 있다.

한편 제도는 기술을 규제하고 그 활용을 제약하기도 한다. 플랫폼 관련 제도는 규제의 내용과 방향을 결정한다. 규제는 플랫폼 기업의 활동 범위를 규정하며, 새롭게 시장에 진입하는 기업들에 영향을 미친다. 혁신에 대한 규제가 강하면 새로운 기술혁신이 이루어지기 어렵다. 포디즘이 성공할 수 있었던 이유는 미시적 규제부터 글로벌한 규제까지 수요관리를 가능케 한 다양한 제도들이 호환성이 있게 발전했기 때문이다. 그러나 기존의 이해관계가 강한 집단에 의해 규제의 포획이 이루어지면 새로운 혁신을 시도하는 기술은 뿌리내리기 어렵거나 산업화하기 어려워진다. 최근 자율주행차를 사업모델로 발전시키려 한 서울대학교 서승우 교수가 거듭되는 제도적 장벽에 막혀 캘리포니아로 길을 돌렸고 쿠팡이 한국 대신 뉴욕 증시에 상장했다는 보도는 제도가 기술 발전에 미치는 치명적 효과를 잘 보여준다. 그동안의 산업화 과정에서 정부의 전략적 선택과 지원이 새로운 발전의 계기를 열어준 경우도 많았다. 정부의 적극적 지원으로 1986년 개발한 전전자교환기TDX-1나 코드분할다중접속CDMA 기술 등은 한국이 정보화에 앞서나가는 데 크게 기여했다. 현재 중국이 빠르게 플랫폼 사회로 진입하는 데는 중국 정부의 적극적인 지원과 제도적 협력이 결정적이었다.

생활세계의 일상과 기술 간에도 깊은 연관이 있다. 생활세계에서 작동하는 윤리나 규범, 혹은 관행 등은 어떤 기술을 선택할지에 영향을 미친다. 반면에 생활세계의 사회적 문법에서 벗어나는 기술은 도태된다. 한때 전 국민이 가입했던 싸이월드의 미니홈피는 사라졌다. 개방적인 연결을 원하는 사람들의 욕구에 부응하지 못했기 때문이다. 반면에 후발 주자인 페이스북은 세계를 석권하는 SNS로 자리 잡았다. 동영상 서비스를 먼저 시작한 국내 스타트업들은 모두 사라진 반면, 후발 주자인 유튜브는 세계적인 동영상 플랫폼으로 자리를 잡았다.

반대로 기술의 발전은 일상의 문화와 생활을 바꾸어 놓는다. 플랫폼 사회에서 전통적인 노동은 해체되고 플랫폼 노동이 급속히 증가했다. 그러나 자유노동의 증가는 기존의 고용계약에는 부합하지 않는 새로운 사회적 이슈들을 증대시킨다. 제도적인 공백이 많아지고 사회적 이슈가 되면 새로운 고용계약이 필요해진다. 급속한 사회 변화와 액체화에 대한 대응으로 기본소득을 주장하는 사람들이 많아진 것도 같은 이유에서다.

이 책의 구성과 내용

이 책은 내용적으로는 변화하는 일상을 다룬 1부에 모두 4장, 그리고 기술 변화와 제도 혁신을 다룬 2부에 4장으로 구성된다. 1부에서는 플랫폼 사회에서 우리가 경험하는 일상이 어떤 변화의 궤적을 보이는지, 정치적 담론과 개인들 간의 관계, 세대 간 거리, 공연예술의 변화 등을 통해 살피게 된다. 2부에서는 플랫폼 사회에서 가장 핵심적 기술로 떠오르는 인공지능과 알고리듬, 그리고 플랫폼 노동이 만들어낼 미래 변화에 대해 살피고, 플랫폼 사회의 등장이 새로운 역사적 분기점에 해당한다는 점을 짚어보고자 한다.

2장 '우리는 설득이 불가능한 사회로 가는가'에서 하상응은 플랫폼의 발전과 자유민주주의 확산이 맞물리면서 정치적으로는 오히려 혐오와 편견이 강화되고 결과적으로는 자유민주주의가 위협받게 된 '자유의 아이러니'에 대해 꼼꼼히 분석하고 있다. SNS를 상시적으로 활용한 트럼프 전 미국대통령이 빚어낸 극단적인 혐오와 정치적 부족주의(Chua, 2018)는 비단 미국에만 그치는 것이 아니고, 한국 정치에서도 심각한 문제로 부각되고 있다. 유튜브와 단톡방은 자신의 이념과 일치하는 정보만을 일부러 찾아 나서는 '확증 편향'과, 자신의 이념과 일치하지 않는 정보를 접하게 되면 그 내용에 반박하기 위한 노력을 기울이는 '비확증 편향'을 부추긴다. 플랫폼 사회로 들어서고 게이트웨이를 독점하는 매스미디어가 다양한 1인 미디어로 대체되면서, 객관적인 정보는 도태되고 오히려 가짜뉴스가 범람하게 되었고, 다양한 시각 대신 이념적으로 편향된 정보가 늘어났으며, 사실과 의견을 구분하지 않는 경향이 커졌다는 것이다. 이러한 비관적 전망은 미국이나 한국 모두에서 드러나는 이념적 양극화와 연결되는데, 과거 진보와 보수 정당 간에 공유하던 중간지대가 사라지고, 정책적으로는 큰 차이가 나지 않음에도 불구하고 상대 진영을 감정적으로 배척하는 '정서양극화'가 더 심해졌다. 상대 진영에 대한 역겨움은 상대방을 비인간화하는 경향으로 이어진다. 이는 페미니스트에 대한 역겨움을 호소하는 젊은 남성에게서, 그리고 진보적 좌파 정당에 대한 역겨움을 호소하는 보수적 우파 정당 지지자들에게서 두드러진다. 하상응의 분석은 온라인 커뮤니티에서 정보매체의 알고리듬이 만들어낸 선택과 큐레이션이 결과적으로 정치적 이념에 따른 확증 편향을 강화시키고 양극화를 심화시킨다는 점에서 플랫폼 기업이 심각하게 사회적 책임성에 대해 고민해야 할 이유를 제시한다. 또한 온라인 공간에서의 표현의 자유가 어디까지 완벽하게 허용될 것인지에 대한 근본적인 토론이 필요하며, 이 문제로부터 정부도, 플랫폼 기업도, 사회도 자유롭지 않다고 주장한다.

3장 '단절사회에서 더불어 살려면'에서 임동균은 한국인의 마음의 심연을 보여준다. 코로나19로 촉발된 물리적 거리두기가 개인의 주위에 깊은 해자를 두르는 심리적 거리두기와 함께 진행되었다는 점을 강조한다. 그는 플랫폼 사회로 진입한 한국에 만연한 냉소주의, 타인에 대한 무관심이나 적대감, 좁은 신뢰 반경 등이 본래 플랫폼의 네트워킹 기능이 가능하게 만들 수 있는 연결의 힘과는 다른 이중성의 모습을 보인다고 진단한다. 예를 들면 겉으로 내세우는 포용성과 달리 실질적 배제가 만연하고, 건강한 개인들을 엮어낼 수평적 연대나 열린 태도 대신 부담스러운 근접 만남을 꺼린다. 플랫폼은 전통의 압력에서 뛰쳐나온 개인에게 맞춤형 쇼윈도를 제공한다. 플랫폼에서의 큐레이션을 거치면 이 창을 통해 자신의 자아와 자유에의 욕망을 남들에게 보여줄 수 있다. 그러나 너무 근접하면 곤란하다. 이런 대표적인 만남이 권리나 의무의 부담 없는 '무해한' 상호작용, 즉 취향 공동체다. 그러나 플랫폼 사회에 대한 한국인의 기대는 긍정형이다. 앞으로 온라인 공간이 민주주의, 관용 등의 정치적 측면뿐 아니라 소비 등의 경제적 측면, 그리고 사회적 관계에서 더 중요해지고 긍정적이 될 것이라 응답한다. 문제는 현실이다. 자신에게 맞춤형 버블로 둘러싸는 플랫폼 사회의 선택성 속에서 '다양성이라는 이데올로기'로 머물지 않으려면 '이데올로기의 다양성'을 맛보게 할 가능성의 공간을 찾아야 하는데, 그 길은 여전히 추상적이고 막연하다.

4장 '20대와 50대의 단절과 전승'에서 이원재와 김병준은 플랫폼화한 기술적 발전에도 불구하고 변하지 않는 징후로서 세대차는 사라지지 않는다는 도발적인 분석 결과를 제시한다. 이들은 가장 문화적 현상이라고 할 만한 문학의 세계가 쏟아낸 텍스트를 빅데이터 삼아 예리한 분석의 메스를 들이댔다. 일상을 구성하는 가장 중요한 요소 중 하나는 언어다. 그리고 문학은 언어를 이용하여 시대적 상황을 반영하는 창이다. 정의, 공정, 평등을 시대정신으로 제시한 586 정치인 집단의 비도덕적 일탈에 대해 20대가 보인 강력한 반발과, 이들에 대한 586 정치인들의 훈계가 보여준 시선의 차이가 단초다. 이런 세대 간 단절은 모든 시기에 걸쳐 드러나는 연령 효과인지, 아니면 특별히 86세대로 불리는 집단의 독특한 권력화가 예외적으로 지속된 때문인지를 가설로 제시하고 검증했다. 이들이 지난 40년간의 현대문학연구의 텍스트를 분석하여 찾아낸 결과는 모든 시기에 20대와 50대 간의 차이, 즉 연령 효과가 지속되었지만, 20대는 시기별로 내적 다양성을 증가시켰음에도, 현재의 50대는 20대에서 출발해 지금까지 성장해 오면서 거의 변하지 않는 내부 결속감과 젊은 세대에 대한 도덕적 우월감을 유지했다는 점이다. 이원재와 김병준의 분석은 플랫폼 사회에서 사라지지 않는 세대차를 보여준다. 오히려 언론의 게이트웨이가 사라지고 누구든 메신저가 되어 의견과 주장을 교환할 수 있게 되었지만, 세대 간 단절은 오히려 가속되었다는 점에서 일상을 지배하는 이념과 문화의 강력한 영향력을 발견하게 된다.

이렇게 보면 하상응이 분석한 정서적 양극화, 임동균이 분석한 해자를 두른 개인화한 한국인, 그리고 이원재와 김병준이 분석한 도덕적 우월감에 넘치는 86세대의 모습은 모두 초연결시대 플랫폼이 만들어낼 개방적 연결의 유토피아보다는 편향성과 쏠림이 두드러지는 디스토피아의 모습에 근접했다는 점에서 우려를 자아낸다.

5장 '코로나가 일으킨 클래식 음악계의 지각변동'에서 조은아는 코로나가 일상에 남긴 격렬한 지각변동을 생생하게 보여준다. 공연예술은 시간과 공간을 공유하는 청중의 몰입과 생생한 현장성을 생명으로 한다. 그러나 폐쇄된 콘서트홀로 인해 공연 기회를 얻지 못한 예술가들은 뿔뿔이 격리된 공간 속에서 강요된 무관객 스트리밍, 랜선 공연, 홈플레잉과 모자이크 앙상블 등으로 대안을 찾아야 했다. 예술 활동의 핵심이어야 할 공간성을 박탈당한 공연예술계는 플랫폼이 제공하는 대안을 최초로 구체화하는 실험에 돌입한 것이다. 이러한 실험은 과연 성공적일까. 조은아의 대답은 양면적이다. 그는 시간과 장소의 제약을 받지 않고 개인 공간으로 공연을 끌어들인다는 점, 여러 대의 카메라가 담아내는 생생함과 입체성, 그리고 무대 전면과 이면을 연결하는 소통성 등에서 온라인 공연의 장점을 본다. 반면에 무료 스트리밍으로 인한 막대한 피해, 생계 유지조차 어려워진 가난한 예술가들, 취약한 인프라, 열악한 장비, 모자라는 인력으로 인해 허술한 공연 영상을 양산하는 공연산업의 전반적인 위기 상황에서 위험 신호를 읽는다. 조은아의 대안은 플랫폼이다. 네이버 TV가 최근 선보인 '라이브 감상' 후원 리워드 기능은 유료 온라인 공연의 플랫폼 모델이다. 온라인 공연 활성화로 빈사 상태에 놓인 공연계와 청중을 연결하는 양면 네트워크를 만들 수 있다면, 플랫폼 기업은 팬데믹을 계기로 예술 분야를 살리는 새로운 혁신의 창구가 될 수 있을 것이다. 또한 조은아는 문화예술 교육에서 디지털 문해력을 갖춘 디지털 세대에 맞는 새로운 온라인 콘텐츠를 개발할 필요가 있다고 역설한다.

2부에서는 인공지능, 알고리듬, 플랫폼 노동 등의 다양한 기술 변화가 어떻게 제도와 맞물리는지에 대해 검토했다. 그리고 플랫폼 사회의 도래가 역사적으로 경험한 두 번의 산업화의 분기점과 어떤 점에서 비교되는지를 살펴보았다.

6장 '윤리적 AI 대 윤리적 서비스를 제공하는 AI 플랫폼'에서 강정한은 인공지능이 인간처럼 알 수 없는 존재가 되어가고 있다고 주장한다. 그 이유는 딥러닝이 기본적으로 인과적 메커니즘에 대한 모델이 아니라, 심층적 구조에 대한 반복학습을 통해 에러를 줄이는 능력을 갖추었기 때문이다. 마치 블랙박스와도 같이 그 과정이 드러나지 않는 인공지능의 학습과정을 고려할 때, 인공지능이 인지적 판단뿐 아니라 윤리적 판단이나 감정의 영역도 인간을 흉내낼 것이라는 섬뜩한 예측이다. 강정한의 논리는 윤리적 가치 기준이 절대불변이 아니라는 데서 출발한다. 시기별로, 전공에 따라, 혹은 세대 간에 상이한 윤리적 기준을 가졌다는 점에서 '윤리상대주의'가 현실이라는 것이다. 문제는 인공지능이 예측을 실패했을 때 생기는 책무성이다. 신종 코로나 검사 사례의 경우 '거짓 음성'을 최소화하는 것이 확산을 막는 데 도움이 되지만, 범죄자 예측에서는 '거짓 양성'을 최소화하는 것이 무고한 사람을 범죄자로 낙인찍을 가능성을 줄이므로 더 윤리적이라는 것이다. 설명의 대상이 인간인 이상, 도덕의 문제가 이성적으로 도출되기보다는 사회구성원 간 정서적 합의에 기댈 수밖에 없다고 본다. 그러한 합의 기준은 감정이입 능력, 즉 인간 도덕의 근원이되는 감정인 동감에서 출발한다. 그렇다면 플랫폼 사회에서 학습할 데이터 공급을 제한하여 AI의 폭주를 막을 방법은 무엇인가. 강정한은 프라이버시 보호와 같은 도덕적 원칙과 데이터에 가격을 매기는 경제적 해법 사이에서 그 대안을 저울질한다.

이호영이 쓴 **7장 '알고리듬이 편향된다면?'**은 강정한의 문제의식과 맞닿아 있다. 그는 플랫폼이 수집한 데이터로부터 분류하고 판단하며 추천하고 예측하는 알고리듬이 가진 편향성에 대해 주목한다. 데이터와 알고리듬이 가진 본원적인 편향을 고려할 때 알고리듬이 사람보다 더 공정할 것이라 생각할 수 없다는 것이다. 알고리듬은 세그먼트segment가 같은 누군가가 제공한 과거 데이터에 기반하여 판단한다. 그리고 사람들의 세그먼트를 세분화하여 모델 적합도를 높이기 때문에 예측이 어려운 아웃라이어outlier의 경우 배제될 수 있다. 또한 과거 데이터를 기반으로 소비자에게 걸맞은 서비스를 추천하는데 추천 서비스의 성능은 공정성과 트레이드오프trade off 관계에 놓인다. 예측치안의 경우처럼 예상되는 범법자 집단이나 범죄 장소를 특정하는 데 알고리듬을 사용하게 되면, 경찰력이 인종적인 편견을 강화시키는 자기충족적 예언을 낳게 될 것이라 본다. 또한 전자적 모니터링을 통해 양면 네트워크에 연결된 서비스 공급자들과 주거, 운송 수단, 도시를 모두 자동화하여 연결시키는 커넥티드connected 사회가 될 경우 인간의 주저함이나 판단 유보는 방해물이 될 수 있기 때문에, 평균과 프록시proxy로 대체하려는 유혹이 커질 것이다. 이렇게 되면 자동화된 의사결정이 지배하는 '알고리듬 통치성'이 등장할 수 있다고 본다. 이호영은 알고리듬에만 맡겨서는 모든 이해당사자를 만족시키고 모든 문제를 풀 수 있는 만능의 해결책이 존재하지 않기 때문에 자동화의 잠재적 효과를 가늠할 수 있어야 하며, 위험을 최소화하기 위해서는 공적인 의사결정을 강화할 필요가 있다고 주장한다.

강정한과 이호영은 인공지능과 알고리듬이 만들어내는 파괴적 혁신의 가능성에 주목하지만, 동시에 그 힘이 제도적 규제의 틀을 벗어날 때 생겨날 위험을 피하기 위해서는 사회적 합의에 의한 제도화가 필요하다는 점을 공통적으로 주장한다.

8장 '플랫폼은 일을 어떻게 바꾸는가?'에서 한준은 플랫폼이 가진 양면 네트워크의 효과가 일을 어떻게 바꾸는지 세 가지 기능을 중심으로 분석했다. 첫째, 플랫폼은 일의 수요자와 공급자가 정보 접근을 쉽게 해서 거래 조건에 맞는 상대방을 찾기 쉽게 만드는지, 둘째, 플랫폼은 분업과 협업을 매우 쉽게 만들어, 분산된 다수 혹은 대중의 힘을 이용하기 쉽게 하며, 일의 내용이나 숙련 수준에 따라 선택할 여지를 넓게 만드는지, 셋째, 플랫폼은 일의 방식과 요구사항에 대한 수요자의 통제 가능성을 높이고 평가를 통한 평판을 쉽게 만들어 통제에 반영할 수 있게 하는지에 대한 검토다. 그가 분석한 현실은 기대와는 많이 달랐다. 첫째, 오프라인에서의 공간적 인접성이나 현장성을 필요로 하는 일의 경우, 인구밀도가 높은 곳을 중심으로 일이 매개된다는 점에서 여전히 공간 의존성이 심각했고, 플랫폼을 통해 매개되는 일 중에 높은 숙련이나 지식을 요구하는 일보다 단순한 일들이 대부분이었다. 둘째, 온라인 크라우드 워크싱crowd work 자체가 가진 문화적이고 언어적인 배타성으로 인해 플랫폼 노동도 분절이 강하며, 계약 교섭력이 낮은 노동자는 자신이 원하는 시간과 조건에 맞춰 일하지 못하고 불리한 조건과 낮은 임금을 감수하고, 안정적인 노동보호의 대상이 되지 못했다. 셋째, 플랫폼 노동자의 경우 일이 더 힘들어지는데 자율성은 줄었으며, 실상은 노동자와 다르지 않은데도 법적인 지위는 독립적 계약자로 간주되기 때문에 법과 제도의 보호를 받지 못했다. 더구나 플랫폼이 수요자와 공급자, 관리자를 직접 연결하며, 만족 혹은 불만족스러운 점들에 대한 반응과 평가를 실시간으로 가능케 만들었기 때문에 소비자나 수요자의 편익과 만족이 증가했지만, 통제와 성과 평가로 인해 경력에 치명적 영향을 받는 노동자들에게는 더 큰 불확실성과 불안이 집중되었다. 한준의 분석은 인공지능과 알고리듬이 결합한 플랫폼 노동이 아직은 자유와 선택보다 종속과 제약을 늘리고 있음을 보여준다. 그렇다면 어떻게 해야 플랫폼이 일을 더 좋게 만들까. 한준의 제안도 기술적 가능성이 어떤 맥락 속에서 활용되는가에 따라 다른 효과를 가지기 때문에 새로운 제도적 기준을 마련해야 한다고 주장한다. 즉, 다양성과 참여의 기회, 유연성과 선택의 기회, 보수와 근로조건의 정당한 기준, 안전과 보호, 데이터와 개인정보의 보호, 학습과 발전가능성 등을 확보할 수 있는 공론화와 제도의 개선이 필요하다는 것이다.

이처럼 이 책의 공저자들은 플랫폼 사회에서 기술과 제도, 그리고 일상 간에 긴장과 길항관계가 만들어내는 불일치와 어긋남이 유토피아적인 가능성과 디스토피아적인 위험을 동시에 내장하고 있음을 보여준다. 더구나 코로나19는 기존의 일상-제도-기술의 연관 구조에 큰 충격을 가해서 새로운 균형을 모색하지 않을 수 없게 만들었다. 일상이 정지한 사람들은 플랫폼을 통한 온라인 상호작용을 당연히 받아들이게 되었다. 5장에서 조은아가 분석한 클래식 음악계의 지각변동은 대표적인 사례다. 이 책에서 본격적으로 다루지 않았지만, 교육과 종교의 모임도 심각하게 온라인으로 전환해야 했다. 여러 가지 갈등이 존재하지만, 코로나19가 아니었다면 상상할 수 없을 만큼 빠른 속도로 플랫폼 기반 온라인 상호작용이 급증했다.

확진자를 추적하고 관리하기 위해 전에는 상상할 수 없었던 속도로 개인정보의 수집과 감시가 확산되었다. 2020년 5월 이태원 클럽발 코로나19 확진자를 찾기 위해 통신3사는 방역 당국의 요청에 따라 이태원 일대 클럽과 인접한 기지국에 접속한 사람들의 이름과 전화번호를 몽땅 제출했다. 평상시라면 프라이버시 문제로 논란이 되었겠지만, 전시에 준하는 상황에서 오히려 기민한 통신사의 모니터링 역량에 대한 경탄이 주를 이루었다. 그러나 국제적으로 감시사회에 대한 우려는 현실감을 더하고 있다. 코로나 극복에 성공적이라고 자평하는 중국의 모델은 거의 완벽한 플랫폼 기반 데이터 수집과 AI를 이용한 판별 능력에 기반을 둔 감시사회가 되었기 때문에 가능한 일이다. 6장에서 강정한이 분석한 AI의 윤리성, 그리고 7장에서 이호영이 분석한 알고리듬의 편향성 문제가 먼 미래에 대한 막연한 걱정이 아니라, 언제든 현실화할 수 있는 이슈가 된 것이다.

코로나19의 확산으로 가장 큰 수혜를 입은 업종은 온라인 쇼핑과 택배, 그리고 음식 배달 등 플랫폼을 이용한 상거래다. 그런데 8장에서 한준이 분석한 바와 같이 급성장한 플랫폼 노동이 제도의 공백 속에 놓여 있음이 확인되었다. 배달량을 감당해야 하는 라이더들은 법적으로는 독립된 자율적 계약자로 인정되지만, 현실적으로 살인적 물량을 거부하기 어려운 노동자 역할을 하고 있다.

9장 '플랫폼 사회의 도래, 산업화의 세 번째 분기점'에서 이재열은 거시적이고 역사적 맥락에 주목한다. 플랫폼 사회는 과거 산업화의 중요한 분기점, 즉 대량생산체제가 자리 잡은 20세기 초나, 유연전문화가 뿌리내린 1970년대와 유사하게 새로운 분기점을 만들고 있다는 주장이다. 플랫폼 사회로 진입하면서 자본주의적 축적의 내용과 형식을 바꾸는 거대한 전환이 이루어졌고, 플랫폼을 둘러싼 갈등과 책임성 논란도 커졌다. 승자독점의 위치를 점한 거대한 플랫폼 기업은 반경쟁적이고 민주주의에 파괴적이며, 국가별 규제의 범위를 넘어선다는 주장이 지속적으로 제기되었다. 그런데 이런 논쟁 이면에는 플랫폼을 독점한 G2국가인 미국이나 중국 간에 격렬한 냉전적 갈등이 자리 잡고 있다. 고유한 플랫폼을 소유하지 못한 유럽연합은 데이터 주권의 문제를 매우 심각한 이슈로 인식하고 이에 대한 대응책을 찾고자 노력한다. 반면에 한국은 토종 플랫폼 기업들을 가지고 있음에도 불구하고, 적절한 산업 정책이나 섬세하고 품질 높은 규제제도를 갖추지 못한 결과 많은 어려움을 겪고 있다. 이재열은 한국형 플랫폼 사회로 가기 위해 정부는 규제의 불일치를 획기적으로 줄여야 하고, 또한 플랫폼 기업은 재무적 가치뿐 아니라 사회적 가치를 극대화하는 정당화 전략을 통해 똑똑하고 존경받는 기업으로 발전하여 지속가능성을 높여야 한다고 주장한다.

참고문헌

김일철·이재열. 1999. 「사회구조론의 이론과 방법론」. 『한국사회의 구조론적 이해: 숨겨진 원리, 드러난 변화』. 아르케.

최재천 외. 2020. 『코로나 사피엔스』. 인플루엔셜.

Benkler, Yochai. 2006. *The Wealth of Networks: How Social Production Transforms Markets and Freedom.* Yale University Press, New Haven and London. 〔최은창 옮김. 2015. 『네트워크의 부: 사회적 생산은 시장과 자유를 어떻게 바꾸는가』. 커뮤니케이션북스〕.

Chua, Amy. 2018. *Political Tribes: Group Instinct and the Fate of Nations.* Penguin Books.

Hall, P.A. and D. Soskice. 2001. *Varieties of Capitalism: The Institutional Foundations of Comparative Advantage.* Oxford University Press.

Kenney, Martin, and John Zysman. 2016. "The Rise of the Platform Economy." *Issues in science and technology,* 32(3), pp.61~69.

Parker, Geoffrey, G. Marshall W. van Alstyne and Sangeet Paul Choudary. 2016. *Platform Revolution.* W.W. Norton & Company.

Reich, Robert. 2020.4.20. "Coronavirus Is Creating a New Class Divide That Threatens Us All." *Newsweek.*

Nick, Sernick. 2017. *Platform Capitalism.* Polity.

Stark, Rodny. 1996. *The Rise of Christiankty: A Sociologist Reconsiders History.* Princeton University Press.

Van Alstyne, Marshall W., Sangeet Paul Choudary, Geoffrey G. Parker. 2016. *Platform Revolution.* 〔이현경 옮김. 2017. 『플랫폼 레볼루션』. 부키〕.

Van Dijck, Jose, Thomas Poell and Martijnde Waal. 2018. *The Platform Society: Public Values in a Connected World.* Oxford University Press.

Wiszniowska, Urszula Ayache and Régis Coeurderoy. 2020. "Covid 19 and the scale-up of the platform revolution." ESCP Business School. https://academ.escpeurope.eu/pub/IP%202020-41-EN%20new.pdf

제1부

변화하는 일상

우리는 설득이 불가능한 사회로 가는가?

하상응 서강대학교 정치외교학과

들어가며: 자유의 아이러니

30년 전인 1991년 소련의 붕괴와 함께 냉전이 종식되면서 자유민주주의 정치체제의 우월성이 확인되었다. 국가가 과도하게 개입하는 공산주의 계획경제체제가 자유로운 경제활동을 보장하는 시장경제체제로 바뀌고, 개인의 의견을 존중하지 않는 전체주의적 정치체제가 일반 국민의 정치 참여를 보장하는 민주주의 체제로 전환되는 과정은 실로 극적이었다. 1990년대의 변화는 사회학에서 이야기하는 시대 효과period effect의 전형적인 예이다. 냉전 종식은 특정 세대에 차등적으로 영향을 미치는 세대 효과generation effect가 아니라 모든 세대에 인식과 행동의 변화를 주는 결과를 낳았기 때문이다. 자유 진영과 공산 진영을 이분법적으로 나누던 세계관이 더 이상 유효하지 않게 되었고, 예전에는 상상하지 못했을 공산권 국가로의 여행도 자유로워진 것이다. 물론 모든 나라가 이러한 변화를 적극적으로 받아들인 것은 아니다. 중국과 같은 일부 국가에서는 자본주의적 시장경제는 받아들이면서 민주주의적 정치체제로의 이행에는 저항하기도 했다. 하지만 많은 전문가는 경제발전의 결과로 양산되는 중산층이 결국 민주주의 정치체제를 요구할 것이라고 전망했다(Fukuyama, 1992).

하지만 2021년 현재 자유민주주의 제도를 채택한 많은 국가는 1990년대에 예측하지 못했던 내홍을 겪고 있다. 코로나19라는 역병 때문에 겪는 어려움이 물론 큰 부분을 차지하지만, 바이러스의 확산만으로 설명하기 어려운 내용도 있다. 왜 정치인들과 유권자들이 다른 진영의 의견을 듣지 않고 다투는 양극화polarization 현상이 심화되는가? 왜 일부 사회집단이 다른 집단을 정당한 경쟁자 혹은 협력의 대상으로 생각하지 않고, 절멸시켜야 하는 적으로 상정하고 혐오hatred와 편견prejudice을 강화시키는가? 어떻게 이러한 문제들이 자유가 충분히 보장된 환경에서 일어날 수 있는가? 이 질문들에 대한 답을 찾기 위해서는 소위 "자유의 아이러니"에 대한 이해가 필요하다. "자유의 아이러니"란 자유가 긍정적인 사회 변화를 가져 오기도 하지만 부작용을 낳기도 한다는 말이다. 자유의 확산이 가져온 긍정적 변화를 확인하는 작업은 어렵지 않다. 자유민주주의 제도가 정착함에 따라 자유무역을 통한 시장경제가 활성화되었고, 이는 국가 간 경제 불평등을 줄이는 데에 기여했다. 또한 자유민주주의 제도하에서 보장된 개인의 표현의 자유는 일반인이 얻고 소화할 수 있는 정보의 양을 비약적으로 늘려주었다. 정보의 양이 많으면 어떤 현안에 대한 찬반 논리에 동시에 노출될 가능성이 높고, 그것은 결국 보다 상식적이고 합리적으로 판단하는 데에 기여할 것이라는 낙관론은 논리적으로 자연스러워 보인다.

그러나 세상은 그렇게 긍정적인 방향으로만 변화하지 않았다. 우선 경제적 번영을 보장해 줄 것만 같았던 시장경제체제가 경제적 불평등을 심화시키는 부작용을 낳았다. 산업구조의 변화로 인해, 과거 영화를 누렸던 중공업은 쇠퇴하고, 더 높은 수준의 교육 및 기술을 요구하는 서비스업과 IT 산업이 성장함에 따라 생긴 현상이다. 또한 개인의 자유를 보장해 줄 것만 같았던 민주주의 정치체제는 가짜뉴스fake news의 홍수 속에 증폭되는 혐오와 양극화 문제로 시달리고 있다. 표현의 자유가 보장됨에 따라 확인되지 않은 정보, 과학적인 검증이 되지 않은 정보, 지나치게 이념적으로 편향된 정보, 심지어 음모론 등이 여과 없이 노출되기 때문에 생기는 현상이다. 이처럼 냉전 종식 때만 해도 예상하지 못했던 문제점들이 끊임없이 재생산되는 현상이 많은 사람의 머리를 혼란스럽게 만들고 있다. 이것이 최근 "자유민주주의의 위기" 관련 논의가 활발한 이유이다(Ginsburg and Huq, 2018; Levitsky and Ziblatt, 2018; Przeworski, 2019).

냉전 종식 이후 자유민주주의 확산은 (1)자유무역의 확산, (2)이주의 자유 보장, (3)표현의 자유 확장 등의 모습으로 나타났다(Mounk, 2018). 우선 자유무역의 확산은 저개발국가의 경제발전을 이끌었을 뿐 아니라, 경제발전 수준이 높은 국가들이 부를 축적하는 데도 큰 기여를 했다. 평균적으로 보아 선진국이 새롭게 축적하는 부의 효과보다 저개발 국가의 경제발전이 가져오는 효과가 더 컸기에, 자유무역의 확산이 국가 간 경제 불평등을 줄이는 역할을 한 것이 사실이다. 하지만 제조업에 종사하는 이들에 초점을 맞추어 선진국 내부 사정을 들여다보면 자유무역의 부작용을 확인할 수 있다. 중공업 지대에 거주하는 일부 중산층이 자유무역으로 인해 타격을 입은 것이다. 보다 싼 노동력을 제공받을 수 있고 노조의 힘이 강하지 않은 다른 나라로 공장을 이전하는 것이 자본가의 관점에서는 이윤을 늘리는 길이기 때문이다. 한때 경제발전을 주도했던 제조업 종사자들은 중산층에서 빈곤층으로 사회경제적 지위가 하락하는 경험을 하고 있다. 그 결과 자유무역의 피해자들과 이에 공감하는 지식인들이 주도하는 세계화와 신자유주의를 반대하는 사회운동을 이제는 드물지 않게 관찰할 수 있게 되었다(Della Porta et al., 2015).

자유민주주의 확산으로 상품의 자유로운 이동 못지않게 노동력 역시 자유롭게 이동할 수 있게 되었다. 선진국의 일부 경제 영역(농업, 식품 가공업, 서비스업 등)에서는 다른 나라에서 이주해 온 노동자를 고용함으로써 이윤을 극대화할 수 있게 되었다. 실제 이민자의 증가가 자국민의 일자리를 앗아가는지는 명확하게 밝혀진 바 없다. 하지만 상대적 박탈감을 느끼는 자국민 노동자는 늘어가는 이민자들로 인해 경제적 어려움이 커졌다는 주장에 점차 동의하게 되었다. 그리고 대부분의 이민자가 자국민과 언어, 문화, 종교, 관습을 공유하지 않기 때문에, 국가 정체성에 대한 우려 역시 자유민주주의 확산에 대한 회의론을 강화하는 논리로 사용되곤 한다. 최근 서유럽 국가에서 아랍계 이민자와 자국민 사이에서 벌어지는 갈등과 충돌 양상은 자유로운 노동력의 이동이 가져온 부작용을 생생하게 보여주고 있다(Murray, 2017).

자유민주주의의 확산은 표현의 자유 확산과도 맞물려 진행되었다. 이 현상을 설명하기 위해서는 미디어 환경의 변화를 보는 것이 중요하다. 지금의 미디어 환경은 일부 언론 매체가 정치 관련 정보를 독점적으로 제공해 주던 시대와는 다르다. 기술의 발전으로 인해 다양한 매체가 제공하는 다양한 의견과 정보를 누구나 습득할 수 있게 되었고, 심지어 한 개인이 1인 방송을 통해 정치 현안 관련 의견을 대중과 공유할 수 있게 되었다. 시장경제의 논리에 따르면 이렇게 혼란스러운 정보 환경에서 양질의 정보는 살아남아 공유되고, 신빙성이 떨어지거나 논리가 빈약한 의견은 도태될 것이다. 하지만 실제로 그러한 일은 일어나지 않았다. 주어진 정치 현안에 대한 다양한 의견과 해석을 접하고 객관적으로 정보를 처리하는 대신, 대부분의 유권자들은 자신의 기존 입장을 옹호하는 정보를 제공해 주는 매체만을 소비하는 경향을 보인다. 또한 자신의 기존 입장에 반하는 정보를 접했을 경우, 그 정보를 별다른 근거 없이 배척하는 경향을 보이기도 한다. 결국 진보적인 성향의 유권자는 점점 더 진보적인 입장을 강화하고, 보수적인 유권자 역시 자신의 정치적 견해를 쉽사리 바꾸지 않게 된다. 이렇게 이념적으로 양극화된 상황에서는 가짜뉴스가 유포, 공유되기 쉽고, 가짜뉴스를 반박하고 사실을 적시해도 그 결과는 큰 효력이 없어서 무용지물이 된다(Muirhead and Rosenblum, 2019).

이것이 많은 자유민주주의 국가에서 발견되는 "자유의 아이러니"이다. 자유민주주의는 자유무역을 통한 부의 창출과 번영을 약속했지만, 선진국 내 경제 불평등을 가속화시켜 중산층에게 큰 타격을 주었다. 자유로운 노동 이동 역시 순수 경제적 관점에서 보면 효율적으로 이윤 창출에 기여했지만, 자국민 노동자의 상대적 박탈감과 문화적 이질감을 자극하여 반$_{反}$이민 정서와 국수주의를 강화하는 역효과를 낳았다. 표현의 자유가 보장되어 개인의 의견을 국가의 억압과 감시 없이 자유롭게 개진할 수 있다는 사실은 그 자체로 긍정적인 현상이지만, 확증 편향confirmation bias과 비확증 편향disconfirmation bias을 강화시켜 양극화를 부추기는 원동력으로 작동하기도 했다. 이 글에서는 이 중에서 표현의 자유라는 민주주의 원리가 변화하는 미디어 환경에서 어떻게 변질되는지를 자세히 살펴보려고 한다.

미디어 환경의 변화와 표현의 자유

우리는 다양한 사회 현안에 노출되어 살고 있다. 우리가 접하는 사회 현안 중에는 내용이 단순한 것(예를 들어 정치인의 일탈 행위, 코로나19 확진자 증가 속도 등)도 있지만, 상당한 양의 정보 없이는 이해하기 어려운 것들(예를 들어 기본소득, 재난지원금 지급에 따른 재정 적자 문제 등)도 있다. 주요한 사회 현안에 대해 입장을 취할 때 사람들은 정향성predispositions과 정보information를 활용하는 경향이 있다(Zaller, 1992). 정향성의 대표적인 예는 정치 이념(보수-진보)이다. 정치 성향이 보수적이거나 진보적인 사람들은 충분한 양의 정보를 처리하기 전, 특정 현안에 대한 입장을 미리 정해버리곤 한다. 진보 정치인의 배임횡령 사건이 중요 정치 현안으로 다루어지는 상황에서 보수적인 사람들은 즉각적으로 그 정치인을 비난하는 부정적인 입장을 취하지만, 진보적인 사람들은 즉각적인 대응을 피하면서 사태의 성격을 먼저 파악하려는 신중한 태도를 취하는 것이 일반적이다. 하지만 대다수의 사회 현안을 이해하려면 어떤 입장을 취하기 전 충분한 양의 정보를 습득하여 그 현안의 내용을 파악해야 한다. 의견 형성에 필요한 정보는 보통 미디어를 통해 습득한다.

이상적인 상황에서 개인이 사회 현안에 대해 합리적으로 판단하려면 다음과 같은 전제조건이 만족되어야 한다. 첫째, 개인이 정치 현안 관련 정보를 정치 이념에 기반해 처리하지 않고, 객관적으로 처리한다는 조건이다. 보수적인 성향의 유권자와 진보적인 성향의 유권자가 하나의 주어진 정보를 처리하는 과정은 유사해야 한다는 것이다. 둘째, 정보를 전달해 주는 미디어는 편협한 시각이 아닌, 다양한 시각을 제공해 준다는 조건이다. 미디어가 특정 현안에 대해 이념적으로 편향된 정보를 제공하지 말아야 한다는 것이다. 셋째, 정보를 전달해 주는 미디어는 "사실"과 "의견"을 구분해 준다는 조건이다. 객관적인 사실을 일부 사람들의 의견으로 해석하거나, 근거가 불명확한 의견을 객관적인 사실처럼 보이게 하는 보도는 지양해야 한다는 것이다. 이 모든 조건이 만족되는 상황이라면 우리는 사람들이 합리적인 유권자rational voters로 행동한다고 볼 수 있다. 본인이 진보 성향(혹은 보수 성향)이더라도 객관적인 입장을 취하는 미디어로부터 얻은 정보를 통해 보수 이념(혹은 진보 이념)에 기반한 해석이 우월하다는 판단을 할 수 있기 때문이다. 그런데 여기서 정의된 합리적인 유권자를 현실 정치에서 찾아보기는 쉽지 않다. 위에서 언급된 세 가지 조건들을 만족시키기 어렵기 때문이다.

첫 번째 조건이 만족되지 않는 경우, "합리적인 유권자" 대신 "합리화하는 유권자rationalizing voters"가 기승을 부릴 수 있다(Lodge and Taber, 2013). 의견 형성 과정에서 개인의 이념과 미디어로부터 얻는 정보가 서로 독립적으로 작동하면, 정보의 영향력이 이념의 영향력보다 커지게 된다. 예를 들어 자신이 믿는 종교 가치관 때문에 동성 간 결혼에 대해 부정적인 태도를 가진 이들은 동성애를 치유가능한 병이라고 생각할 수 있다. 그런데 동성애 성향은 후천적으로 습득하거나 전염이 되는 것이 아니라, 타고난 것에 가깝다는 과학자들의 객관적인 연구 결과를 받아들이게 되면 원래 가지고 있었던 정향성을 버리고 새로운 정보가 제공해 주는 방향으로 의견을 수정할 수 있다. 마찬가지로 정치적으로 진보적인 사람은 개인 간의 능력 차이가 사회구조의 부조리에 의한 문제이지, 타고난 것이라고 생각하지 않는 경향이 있다. 이 경우에도 유전을 통해 생물학적으로 개인차individual differences가 결정된다는 연구 결과를 받아들이게 되면 평등equality 원리에 위배되어 보이는 능력주의meritocracy에 대해 원래 가졌던 의견을 수정할 수 있을 것이다. 이것이 이상적인 형태의 합리적인 유권자의 모습인데, 이념과 정보 간 서로 독립적인 관계가 유지될 때에만 가능한 이야기다.

하지만 대부분의 유권자는 자신의 이념을 통해 사회 현안에 대한 정보를 처리하는 경향이 있다. 실제 사회 현안에 대한 정보를 "하얀색"이라고 하자. 그런데 보수 성향의 사람들은 "빨간색" 색안경을, 진보 성향의 사람들은 "파란색" 색안경을 끼고 정보를 처리한다. 그래서 개인의 정치 이념에 따라 정보가 의견 형성에 주는 효과가 달라질 수 있다. 이렇게 되면 여러 사회 현안의 내용을 설명하고 해석할 수 있게 해 주는 정보는 유권자 개인의 이념에 따라 재단된다. 문제를 낳는 재단의 방식에는 확증 편향과 비확증 편향이 있다. 자신의 이념과 일치하는 정보만을 일부러 찾아 나서는 것이 확증 편향이라면, 자신의 이념과 일치하지 않는 정보를 접하게 되면 그 내용에 반박하기 위한 노력을 기울이는 것이 비확증 편향이다.

또한 이념 양극화 시대에는 대중매체 환경도 과거와 다르다는 사실에 주목해야 한다. 지금은 정치 관련 현안을 정파성을 띤 매체partisan media를 통해 접할 가능성이 높아졌다. 정치 관련 뉴스를 전달해 주는 채널 수가 많지 않던 시절에는 질 좋은 정보는 일반 유권자에게 전달하고, 질이 좋지 않거나 확인되지 않은 정보는 거르는 수문장gatekeeper의 역할을 언론이 비교적 잘 수행했다. 그러나 지금은 서로 경쟁하는 뉴스 매체의 수가 수없이 많아져서, 유권자 입장에서는 자신의 정향성에 부합하는 메시지를 전달하는 매체를 고르기가 쉬워졌고, 매체의 입장에서는 명확한 이념 성향을 보여주어 단골 소비층을 만드는 것이 생존 전략이 되고 말았다. 하나의 현안에 대해 시종일관 보수적인 해석을 전달해 주는 매체와 시종일관 진보적 입장의 해석을 제공하는 매체가 넘처나는 상황인 것이다. 매체가 의견과 사실을 구분하는 작업에 소홀해지게 되고, 그 결과 가짜뉴스의 범람으로 이어지는 현상을 어렵지 않게 관찰할 수 있다. 우리가 살고 있는 지금 대부분의 유권자는 합리적인 유권자라기보다 자신의 이념과 가치관에 근거하여 정보를 처리하는 "합리화하는 유권자" 혹은 가짜뉴스에 오염된 "잘못 알고 있는 유권자misinformed voters"일 가능성이 큰 것이다.

표현의 자유, 그 부작용

표현의 자유가 보장되는 사회에서 개인은 자신의 의견을 국가, 사회, 타인의 간섭 없이 자유롭게 밝힐 수 있다. 물론 특정 사회에서는 맥락에 따라 표현의 자유가 제한되기도 한다. 가령 미국은 연방헌법에 의해 종교의 자유가 보장되어 있기 때문에, 이슬람계 학생이 히잡을 입고 등교하는 것을 제한하지 않는다. 그러나 프랑스의 경우 국가는 철저하게 "세속적"이어야 한다는 인식이 정착되어 있기 때문에 학생의 그러한 행동이 허용되지 않는다(Scott, 2009). 반면 미국에서는 표현의 자유의 연장선상에 있는 집회와 결사의 자유 원칙에 기반하여 즉각적인 폭력 행위를 조장하지 않는 한 백인우월주의자들의 집회까지 허용한다. 하지만 독일의 경우 폭력을 의도하지 않더라도 나치를 옹호하는 메시지를 설파하는 집회는 허용하지 않는다.

이렇듯 자유민주주의 국가에서조차 표현의 자유를 무제한적으로 보장하는 것은 아니다. 그렇지만 다른 정치체제와 비교해 볼 때 표현의 자유를 보장하는 폭이 넓은 것은 분명하다. 이러한 미디어 환경 혹은 정보 환경의 변화는 사회에 큰 부담을 준다. 특정 쟁점 현안이 논란의 중심에 서게 될 때마다 찬반논리(보통은 진보-보수의 이념 진영)로 나뉘고, 완전히 서로 다른 정보가 집합적으로 만들어지곤 하기 때문이다. 가령 코로나19로 피해 받은 자영업자를 도와줄

긴급재난지원금을 놓고 여야 간 지급 방법 및 지급 액수를 놓고 갈등이 벌어진 상황에서, 일부 매체는 여당의 입장을, 다른 매체는 야당의 입장을 편파적으로 보도하는 경우가 많다. 이와 동시에 여당 지지자와 야당 지지자는 사회관계망 서비스SNS 혹은 개인 방송 등을 통해 자신의 목소리를 높이면서 추종자들을 세력화하는 경향도 보인다.

국가의 재정 정책을 둘러싸고 의견이 나뉘고 이념별로 공고화되는 현상은 그나마 이해할 여지라도 있다. 문제는 전문가들에 의해 결론이 난 사실을 놓고도 비슷한 일이 벌어진다는 것이다. 예를 들어 2020년 4월 한국의 국회의원 선거에 부정행위가 있었다고 주장하는 사람들은 중국 개입설을 비롯한 온갖 종류의 확인되지 않은 정보를 유포하면서 중앙선거관리위원회와 선거 전문가들의 권위에 도전했다. 이들을 설득할 수 있는 객관적인 증거와 논리가 넘침에도 불구하고 변화한 미디어 환경에서 강화된 확증 편향과 비확증 편향으로 인해 논란을 해소하기가 쉽지 않다(유사한 사례로 천안함 침몰설, 세월호 폭침설 등 다양한 음모론을 생각해 볼 수 있다). 더 나아가 심지어 "지구가 둥글지 않고 평평하다"라고 생각하는 소수의 사람들 역시 표현의 자유가 보장된 미디어 환경에서라면 자신의 입장과 일치하는 사람들의 의견을 쉽게 찾아볼 수 있다. 유튜브와 같은 매체가 자체 알고리즘을 통해 사용자가 선호할 가능성이 높은 정보만을 취사선택해서 보여주는 관행 역시 이 문제를 심각하게 만드는 요인들 중의 하나이다(Bozdag, 2013; Mittelstadt et al., 2016). 즉, 한 번 특정 입장을 취한 사람들의 의견을 바꿀 수 있는 설득의 가능성이 점점 줄어들고 있는 것이다.

이념 양극화, 정서 양극화

결국 일반 유권자들이 가지고 있는 이념 성향, 가치관, 선입견을 넘어설 객관적이고 합리적인 판단을 가능케 하는 정보의 역할이 제한적이다. 따라서 한 번 입장을 정한 사람은 계속 그 입장을 고수할 정보만을 소비하기 때문에, 사회 전체적으로 보면 서로 다른 두 집단(보통 진보-보수로 나뉘는 이념 집단) 간 양극화 현상이 확인된다. 이념 양극화ideological polarization 논의가 가장 활발한 나라는 양대 정당인 공화당과 민주당 위주로 정치를 운영해 온 미국이다. 일반적으로 민주당은 진보 성향, 공화당은 보수 성향인 것으로 인식된다. 1970년대만 해도 가장 보수적인 민주당 국회의원의 이념 성향이 가장 진보적인 공화당 국회의원의 이념 성향보다 더 보수적이어서 민주당과 공화당이 공유하는 영역이 넓었다. 하지만 지금은 가장 보수적인 민주당 국회의원의 이념 성향이 가장 진보적인 공화당 국회의원의 이념 성향보다 더 진보적이어서 두 정당 간 의견 조정 및 합의 도출에 필수적인 "중간지대"가 사라진 상황이다.

이러한 미국 정당 구도의 변화는 유권자의 이념 성향에도 영향을 미친다. 유권자는 대중매체를 통해 전달되는 정치인 및 정당의 메시지를 소화하여 주요 정치 현안에 대한 자신들의 의견을 개진한다. 그런데 메시지를 생산하는 정당이 이념적으로 양극화되어 있을 뿐만 아니라, 정보를 전달해 주는 매체 역시 과거에 비해 이념적으로 편향된 보도를 일삼다 보니, 공화당을 지지하는 보수 성향의 유권자는 폭스 뉴스Fox News로 대표되는 보수 성향의 매체를 통해 자신의 이념적 입장을 강화하고, 민주당을 지지하는 진보 성향의 유권자는 노골적으로 진보적인 시각을 앞세우는 매체를 이용하여 정보를 습득하게 되었다. 이러한 양극화는 이제 미국 사회의 일상이 되고 말았다.

정치인 간 이념 양극화가 유권자 간 양극화로 확산되는 현상은 한국에서도 찾아볼 수 있다. 그런데 여기서 유권자 수준의 양극화가 이념 양극화인지 정서 양극화affective polarization인지를 잘 따져보아야 한다(Iyengar et al., 2019). 이념 양극화란 엄밀히 말해 여러 사회 현안에 대한 입장이 두 집단 간에 점점 달라지는 것을 의미한다. 즉, 보수 성향의 유권자 집단이 임신중절, 동성 간 결혼 합법화, 북한에 대한 원조, 보편적 복지의 확대에 반대하는 경향이 커지는 반면, 진보 성향의 유권자 집단이 이 현안들에 찬성하는 경향이 커지면 이념이 양극화되는 것이다. 그런데 이념적으로(즉, 현안에 대한 태도 기준으로) 큰 차이가 나지 않음에도 불구하고 한 집단이 다른 집단을 감정적으로 배척하는 현상을 확인할 수도 있다면, 이는 정서적 양극화라고 보아야 한다. 다시 말해 북한에 대한 원조와 보편적 복지 확대에는 비교적 우호적인 태도를 보이나 임신중절과 동성 간 결혼 합법화에는 강하게 반발하여 보수적인 입장을 취하는 사람들이 북한과 동성 간 결혼 현안에 동일한 입장을 취하는 진보 성향의 사람들을 "정서적으로" 싫어할 수 있다는 것이다.

논리적으로 보아 진보-보수 양 진영이 서로를 감정적인 차원에서 싫어하는 정서 양극화는 이념 양극화에 비해 심각한 문제이다. 이념 양극화는 말 그대로 주요 사회 현안에 대한 입장 차이에 근거를 두고 있다. 확증 편향과 비확증 편향을 조장하는 미디어 환경에서 현안에 대한 입장 차이를 줄이기 위한 설득 작업이 어렵긴 하지만, 그래도 이 작업의 목표는 비교적 명확하다. 현안에 대한 정보를 꾸준히 제공하여 진보 성향의 유권자에게는 보수의 목소리를, 보수 성향의 유권자에게는 진보의 목소리를 들려주어 의견의 격차를 이성적으로 줄이는 작업이 요구되는 것이다. 반면 정서 양극화는 서로가 상대를 싫어하는 상황이기 때문에, 정보 제공만으로는 해결이 어렵다. 상대방 진영에 대한 감정적 반응은 즉각적이고 원초적이며, 많은 경우 이유를 설명할 수 없는 행위이기 때문이다. 구체적으로 정서 양극화는 상대방 진영에 대한 역겨움disgust이라는 감정을 촉발시킨다. 그리고 이는 상대방을 비인간화dehumanization하는 경향으로 이어진다.

역겨움, 비인간화

2015년 큰 인기를 끌었던 영화 〈인사이드 아웃Inside Out〉은 성장기 10대 소녀의 감정 변화에 대한 이야기이다. 이 영화에서는 다섯 가지 인간의 감정인 기쁨joy, 슬픔sadness, 분노anger, 공포fear, 역겨움disgust이 주인공으로 등장한다. 사람들이 느끼는 다양한 감정 중에서 유독 이 다섯 가지 감정을 내세운 이유는 영화를 만든 사람들의 자의적인 결정이 아니라 심리학 연구에서 근거를 찾을 수 있다. 이 다섯 가지 감정들이 인간이 느끼는 기본 감정이라는 것이 심리학자들 간에 공유되는 지식이기 때문이다.

일반적으로 감정emotion은 "외부 자극에 대한 즉각적이고 무의식적인 반응"이라고 정의된다. 기쁨과 같은 긍정 감정은 우리가 추구하는 일을 방해하는 요인이 없고 수월하게 진행되거나, 바라는 바를 성취할 때 느끼는 감정이다. 반면 슬픔과 같은 부정 감정은 우리의 노력이 보상받지 못하거나 아끼는 대상을 잃어버릴 때 느끼는 감정이다. 분노의 경우, 기본적으로 우리의 앞길을 가로막는 장애물에 대해 느끼는 부정 감정이긴 하나, 그 장애물을 적극적인 행동으로 제거할 수 있다는 믿음에 근거한 것이다. 우리 앞을 가로막는 장애물이 우리가 감당하기 어려운 것이면 분노 대신 공포와 좌절을 느낄 가능성이 높다. 공포(혹은 걱정)는 불확실한 상황에서 생겨나는 감정이다. 마지막으로 역겨움은 우리의 몸에 피해를 줄 것이라고 여겨지는 대상을 회피할 때 느껴지는 감정이다.

역겨움이라는 감정은 인간의 건강과 생존을 위협하는, 눈에 보이지 않는 병원균을 무의식적으로 피하기 위한 동기에서 비롯된 것이라고 한다. 몸에 이미 들어온 병원균과 싸우는 내재된 면역 체계와 구분하기 위해, 병원균이 있다고 의심되는 대상을 "몸으로" 피하는 기제를 행동면역체계behavioral immune system라고 이야기 한다. 인간이 오감을 통해 병원균의 존재 여부를 파악하는 데는 한계가 있기 때문에, 일반적으로 행동면역체계는 우리에게 낯설거나 생소한 자극이 주어지면 그것을 모두 회피하는 방향으로 작동하게 된다. 예를 들어 썩은 내가 나는 고기, 평소에 보지 못하던 화려한 색의 버섯, 온갖 종류의 벌레들이 기어 다니는 동굴 등은 우리의 건강을 손상시키고, 더 나아가 생명에 위협을 주는 요인들을 담고 있을 가능성을 배제할 수 없기 때문에, 피해야 되는 대상이 된다. 문제는 이러한 행동면역체계가 물건 또는 장소가 아닌, 서로 다른 인종, 종족, 국적을 갖는 사람들에게까지 적용될 수 있다는 점이다.

사회과학 분야에서 축적되어온 경험 연구 결과를 살펴보면 몇 가지 흥미로운 사실을 확인할 수 있다. 역겨움을 주는 대상에 민감하게 반응하는 사람들은 성소수자와 다른 언어 및 문화권에 속하는 이민자들과의 접촉을 회피하려고 하는 경향을 보인다는 것이다(Crawford et al., 2014; Karinen et al., 2019). 이러한 결과는 사람들이 성소수자 혹은 이민자 자체에 대해 역겨움을 느껴서 발생한 것은 아니다. 그 대신 이 결과는 다음과 같이 순차적으로 해석되어야 한다. (1) 역겨움을 유발하는 자극에 유독 민감하게 타고난 사람(소위 "비위가 약한 사람")과 상대적으로 그러한 자극에 둔감한 사람이 있다. (2) 이 중에서 역겨운 자극에 민감한 사람들은 상대적으로 보다 활성화된 행동면역체계를 가지고 있다. (3) 행동면역체계는 병균으로부터 감염되는 것을 피하기 위해 낯선 것, 이질적인 것, 익숙하지 않은 것들을 피하게 만든다. (4) 성소수자와 이민자는 보통 그 수가 적을 뿐만 아니라, 최근에서야 가시적인 사회집단으로 인식되었기 때문에, 상대적으로 이질적인 존재이다. (5) 따라서 역겨운 자극에 민감한 사람들은 자신들의 의사와 상관없이, 행동면역체계가 활성화되어 즉각적으로 무의식중에 성소수자와 이민자를 회피하는 태도를 보인다.

이러한 연구 결과의 연장선상에서 정서 양극화가 서로 상대방 진영에 대한 역겨움을 자극한다는 논리를 이해하기란 어렵지 않다. 진보-보수 간의 간극이 더 이상 의견의 차이에 기반한 것이 아니라, 감정에 뿌리를 내리고 있다면 서로 회피하는 상황이 연출될 것이다. 여기서 또 다른 감정인 분노와 역겨움을 구분하는 것이 중요하다. 분노는 회피avoidance 동기가 아니라 접근approach 동기와 연관된 감정이다. 어떤 대상에 대해 분노를 느낀다는 것은 그 대상에게 행동의 교정을 요구하는 무의식의 발로이다. 즉, 화를 냄으로써 자신이 불쾌하다는 것을 명확하게 밝히고, 그 메시지를 상대방이 받아들여 앞으로는 분노를 자극하는 행동을 하지 않기를 기대하는 경우에 분노라는 감정이 작동하는 것이다. 반면 역겨움은 상대방에게서 개선의 여지를 바라지 않는 감정이다. 상대방이 보여주는 이질성에 대해 부정 감정을 느껴, 상대방을 피하고, 배척하고, 소외시키고자 하는 행동에 역겨움이라는 감정이 담겨 있는 것이다.

어떤 대상에 대해 역겨움을 느낀다는 것은 곧 그 대상을 동등한 지위에 있다고 생각하지 않고, 절멸의 대상으로 삼는다는 말과 일맥상통한다. "나와는 다른" 대상으로서 상대방을 대하는 행위를 심리학에서는 비인간화라고 부른다(Haslam and Loughnan, 2014). 상대방 집단에 대한 고정관념, 편견, 차별이 비인간화 과정을 겪는 예는 어렵지 않게 찾아볼 수 있다. 제2차 세계대전 당시 독일군이 집단수용소에서 유대인을 학살하기 전, 인간의 몰골을 갖추지 못할 정도로 굶겨 죄책감을 줄이고자 했다는 보고가 있다. 동물을 죽이는 것이 사람을 죽이는 것보다 덜 죄책감을 느낀다는 말이다. 제도화된 인종차별이 심한 미국에서 흑인은 동물로 취급되곤 했다(Kim, 2015). 1994년 르완다에서 다수 종족인 후투족이 소수 종족인 투치족을 학살할 때도 투치족을 "바퀴벌레"라고 지칭했던 사실 역시 잘 알려져 있다(Strauss, 2013). 한국의 일부 온라인 커뮤니티를 중심으로 널리 사용된 혐오 표현인 "~충(벌레)" 역시 비인간화와 연관되어 있다고 볼 수 있다.

예시

특정 집단에 대한 비인간화 인식이 한국에서 어떻게 전개되는지를 보기 위한 설문 자료를 살펴보았다. 비인간화라는 주제에 관심을 갖는 심리학자들이 개발한 "노골적 비인간화blatant dehumanization" 척도를 활용했다(Kteily et al., 2015). 노골적 비인간화 척도는 설문 응답자들에게 원숭이부터 현생 인류까지 진화하는 모습을 담은 그림(그림 2-1)을 보여주고 설문에 제시된 집단이 원숭이에 가깝다고 생각하는지 아니면 현생 인류에 가깝다고 생각하는지를 판단해 달라는 질문에 대한 답을 얻어 비인간화 인식을 측정한다. 여기서는 2020년 네이버의 도움을 받아 구축한 온라인 설문 자료(전체 응답자 수 2034명)에서 페미니즘과 지지 정당을 대상으로 삼은 결과를 보여준다.

우선 "페미니스트"라는 집단을 제시했을 때 응답자들이 보인 반응부터 살

그림 2-1 **노골적 비인간화 측정 도구**

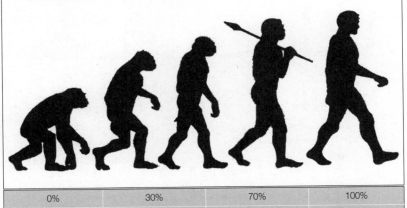

세상을 살다 보면 다양한 사람들을 마주하게 됩니다. 어떤 사람들은 성숙한 사고와 가치관을 갖고 있는 것처럼 보이는 반면 어떤 사람들은 동물과 다를 바 없어 보이기도 합니다. 아래의 그림을 참고하여 슬라이더를 통해 다음의 각 집단의 구성원들이 평균적으로 얼마나 '성숙한' 인간다운 인간인지에 대해서 표시해 주십시오. 표기되는 숫자의 의미는 100을 성숙한 인간다운 인간이라고 볼 때 몇 퍼센트(%) 정도로 성숙한 인간다운 인간이라고 판단할 수 있는지를 의미합니다(슬라이더를 움직이면 숫자가 자동으로 표시됩니다).

0%	30%	70%	100%
동물과 다를 것이 없음	동물과 다를 것이 없는 편	성숙한 인간에 가까운 편	**성숙한 인간다움**

펴본다. 그림 2-2의 [개를 보면 전체 응답자들의 페미니스트에 대한 비인간화 인식이 어떠한지를 확인할 수 있다. 이 그림에서 0은 원숭이와 페미니스트를 동일한 진화 단계에 있다고 보는 것을 의미한다. 그리고 음수(-)값은 원숭이에 비해 페미니스트가 현생 인류에 가깝다는 것을 의미하고, 반대로 양수(+)값은 원숭이가 페미니스트보다 현생 인류에 가깝다는 것을 의미한다. 즉, 그래프의 가로축이 양수값을 보이는 응답자는 페미니스트를 원숭이보다 못한 존재로 생각한다는 것이다. 그리고 그래프의 가로축에 있는 값이 크면 클수록 페미니스트에 대한 비인간화 인식이 높음을 의미한다. 그림 2-2의 [개는 대부분의 응답자들이 페미니스트를 원숭이보다 현생 인류에 가깝다고 보지만 무시하지 못할 비율의 응답자들이 페미니스트를 비인간화하고 있음을 보

그림 2-2 페미니스트에 대한 비인간화 인식

[가] 비인간화(전체 샘플)

n=2,034; mean=-0.27; sd=0.39

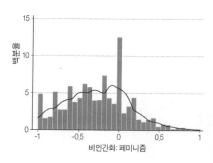

[나] 비인간화(성별 구분)

남성 n=1,013; mean=-0.20; sd=0.38
여성 n=1,021; mean=-0.34; sd=0.39

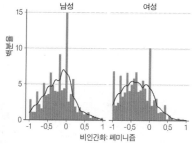

[다] 비인간화(성별 구분, 20대)

남성: n=168; mean=-0.07; sd=0.39
여성: n=171; mean=-0.51; sd=0.42

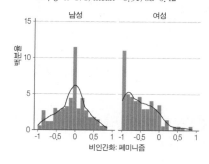

[라] 비인간화(정보원 구분, 남성)

오프라인: n=649; mean=-0.23; sd=0.38
온 라 인: n=364; mean=-0.15; sd=0.38

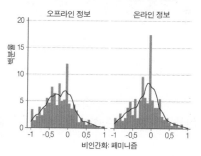

여준다.

그림 2-2의 [나]는 전체 응답자를 성별로 구분해 본 결과를 보여준다. 놀랍지 않게 페미니스트를 비인간화하는 경향은 여성보다 남성에게서 더 높은 것으로 확인된다. 남성 응답자의 경우 평균값이 -0.20인 반면, 여성 응답자의 평균값은 -0.34로 더 작기 때문이다. 그림 2-2의 [다]에서 응답자를 20대로 한정시켜서 보면, 페미니스트에 대한 비인간화 인식의 남녀 차이가 훨씬 더 두드러진다. 20대 남성 응답자의 페미니스트 비인간화 평균값이 -0.07인 것에 비

해, 20대 여성 응답자의 평균값은 -0.51이다. 20대 남성 응답자의 평균값이 0에 가깝다는 사실은 이들이 원숭이와 페미니스트를 같은 진화 단계에 놓고 있다는 이야기이다.

보다 흥미로운 결과는 그림 2-2의 [라]에 제시되어 있다. 남성 응답자 집단 내 비인간화 인식의 차이가 어디서 발생하는지를 보여준다. 남성 응답자 집단을 주된 정보원이 온라인인 집단과 오프라인인 집단으로 나누었다. 뉴스를 얻기 위해 사용하는 주요 정보원이 (1)인터넷 뉴스(포털 및 언론사), (2)SNS 및 온라인 커뮤니티, (3)유튜브 등 동영상 플랫폼, (4)팟캐스트 등 오디오 플랫폼인 경우를 "온라인 정보" 집단으로, 그리고 주요 정보원이 (1)TV 뉴스, (2)라디오 뉴스, (3)종이 신문, (4)구독형 뉴스레터인 경우를 "오프라인 정보" 집단으로 나누었다. 결과를 보면 정보를 온라인으로 얻는 남성이 오프라인으로 얻는 남성보다 페미니스트에 대한 비인간화 인식이 더 강함을 알 수 있다. 온라인 정보에 의존하는 남성 응답자의 비인간화 평균값이 -0.15인데, 오프라인 정보를 이용하는 남성 응답자의 평균값은 -0.23으로 나타나기 때문이다.

그림 2-3은 정당에 대한 비인간화 인식이 어떠한지를 보여주고 있다. 우선 전체 설문 응답자 중에서 2020년 4월 국회의원 선거에서 지역구 의원 투표와 정당 투표에서 모두 여당인 더불어민주당과 제 1야당인 미래통합당을 선택한 응답자만을 선택했다. 그리고 이들이 상대 정당 지지자를 어느 정도 비인간화하는지를 그림 2-1에 제시된 방법을 사용하여 측정했다. 그림 2-3의 [가]를 보면 더불어민주당을 지지하는 응답자에 비해 미래통합당을 지지하는 응답자가 더불어민주당 지지자를 비인간화하고 있음을 알 수 있다. 더불어민주당을 지지하는 응답자의 더불어민주당 지지자 비인간화 평균값이 -0.49인 데 비해, 미래통합당을 지지하는 응답자의 평균값이 -0.18이기 때문이다. [가]에 제시된 그래프를 보면 미래통합당을 지지하는 응답자 중에 약 15%가 0의 값을 준 것을 알 수 있다. 이들은 더불어민주당 지지자와 원숭이 사이에 진화 단계의 차이가 전혀 없다고 생각하는 것이다. 마찬가지로 그림 2-3의 [나]를 보면 더불

그림 2-3 정당에 대한 비인간화 인식

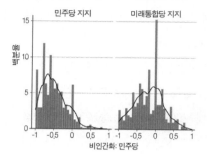

[가] 비인간화: 민주당
민주당 지지자: n=679; mean=-0.49; sd=0.34
미통당 지지자: n=405; mean=-0.18; sd=0.39

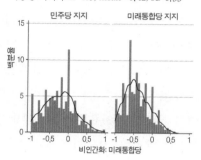

[나] 비인간화: 미래통합당
민주당 지지자: n=679; mean=-0.24; sd=0.41
미통당 지지자: n=405; mean=-0.42; sd=0.33

어민주당을 지지하는 응답자가 미래통합당을 지지하는 응답자보다 상대적으로 미래통합당 지지자를 더 비인간화하고 있음을 알 수 있다.

결론

미디어 환경의 변화와 표현의 자유가 맞물리게 되면서 자유민주주의 국가에 사는 개인들은 보다 다양하고 풍부한 정보를 접할 수 있게 되었지만 동시에 서로 대화와 설득이 어려운 상황을 겪고 있다. 특히 정치적 시사점을 갖는 사회 현안을 둘러싸고 진보 진영과 보수 진영 간 갈등 양상이 이념 양극화를 넘어 정서 양극화로 진행되고 있어 우려가 크다. 정서 양극화가 심화되는 과정에서 상대방 진영에 대한 역겨움은 증폭되어 결국 비인간화로 이어지게 되고, 이는 상대방 진영에 대한 노골적인 차별 행위를 정당화하는 기제로 작용할 위험이 있다.

이념적으로, 그리고 정서적으로 벌어진 두 진영 간의 괴리를 줄이기 어려운 가장 결정적인 이유는 이 두 집단이 접하는 정보의 성격이 완전히 다르기 때문이다. 정파성을 띤 미디어, 그리고 SNS를 통한 개인 방송이 일상화된 상황에서 특정 사회 현안에 대해 보수 성향의 사람과 진보 성향의 사람은 서로 다른 정보를 얻는 것이 일반적이다. 다른 진영에 속해 있는 사람들의 생각이 어떠한지, 주어진 사회 현안을 다른 방식으로 해석할 가능성은 있는지 여부는 더 이상 중요하지 않게 되었다. 앞의 예시에 본 바와 같이 페미니스트에 대한 비인간화 정도는 여성보다는 남성에게서 강하게 나타나는데, 그 정도가 20대에서 다른 세대에 비해 더 크고, 평소 자주 사용하는 정보원이 온라인 매체인 남성의 경우 더 컸다.

이는 온라인 정보 매체에 사회적 책임성을 요구해야 함을 시사해 준다. 두가지 정도 생각해 볼 수 있다. 하나는 온라인 정보 매체의 알고리즘 문제이다. 물품의 판매가 주된 업무인 온라인 커뮤니티에서 한 소비자의 소비 패턴을 파악해 그가 선호할 만한 물품을 지속적으로 보여주는 것은 그 자체로 문제가 되지 않는다. 하지만 정보와 아이디어의 교환이 이루어지는 온라인 공간에서 진보 성향의 사람들에게는 그 입장을 공고화 해 주는 정보를, 보수 성향의 사람들에게는 역시 그 입장을 나름 옹호하는 정보를 보여준다면, 이념 양극화와 정서 양극화의 문제는 더욱 심각해질 것이다. 표현의 자유는 다양한 아이디어의 "시장"에서 경쟁력 없고 지지받지 못하는 아이디어가 도태되는 상황을 전제로 해선 안 된다. 즉, 사회 현안이 논의되는 온라인 공간은 신자유주의적 시장 논리로 이해해서는 곤란하다는 것이다.

두 번째로 온라인 공간에서의 표현의 자유 제한 가능성에 대해 심각하게 논의해야 한다. 온라인 공간 안에서 생성된 편견, 차별, 혐오를 조장하고 재생산하는 발언들은 반드시 제한되어야 한다. 하지만 어떤 종류의 발언을 어느 정도까지 제한할 것인가의 문제는 간단하지 않다. 표현의 자유 제한의 주체가 국가인가? 아니면 온라인상 의견과 아이디어를 교환하는 메커니즘에 대한 결정권을 가진 회사인가? 그것도 아니면 일반 유권자에 대한 시민교육을 강화하여 개인 차원에서 스스로 규율할 수 있게 해야 하는 문제인가? 이러한 질문에 대한 적절한 해답을 찾는 것이 국가의 역할일 것이다. "자유의 아이러니"에서 비롯된 부작용을 치유하는 과정에서 우리가 오랫동안 당연히 여겨왔던 표현의 자유와 같은 자유민주주의의 핵심 가치에 수정이 필요할지도 모른다.

참고문헌

Bozdag, Engin. 2013. "Bias in Algorithmic Filtering and Personalization." *Ethics and Information Technology*, 15(3), pp.209~227.

Crawford, Jarret T., Yoel Inbar, and Victoria Maloney. 2014. "Disgust Sensitivity Selectively Predicts Attitudes toward Groups that Threaten (or Uphold) Traditional Sexual Morality." *Personality and Individual Differences*, 70, pp.218~223.

Della Porta, Donatella, Massimiliano Andretta, Angel Calle, Helene Combes, Nina Eggert, Marco G. Giugni, Jennifer Hadden, Manuel Jimenez, and Raffaele Marchetti. 2015. *Global Justice Movement: Cross-national and Transnational Perspectives*. London: Routledge.

Fukuyama, Francis. 1992. *The End of History and the Last Man*. New York: Free Press.

Ginsburg, Tom, and Aziz Z. Huq. 2018. *How to Save a Constitutional Democracy*. Chicago: University of Chicago Press.

Haslam, Nick, and Steve Loughnan. 2014. "Dehumanization and Infrahumanization." *Annual Review of Psychology*, 65, pp.399~423.

Iyengar, Shanto, Yphtach Lelkes, Matthew Levendusky, Neil Malhotra, and Sean J. Westwood. 2019. "The Origins and Consequences of Affective Polarization in the United States." *Annual Review of Political Science*, 22, pp.129~146.

Karinen, Annika K., Catherine Molho, Tom R. Kupfer, and Joshua M. Tybur. 2019. "Disgust Sensitivity and Opposition to Immigration: Does Contact Avoidance or Resistance to Foreign Norms Explain the Relationship?" *Journal of Experimental Social Psychology*, 84, pp.103~817.

Kim, Claire Jean. 2015. *Dangerous Crossings*. New York: Cambridge University Press.

Kteily, Nour, Emile Bruneau, Adam Waytz, and Sarah Cotterill. 2015. "The Ascent of Man: Theoretical and Empirical Evidence for Blatant Dehumanization." *Journal of Personality and Social Psychology*, 109(5), pp.901~931.

Levitsky, Steven, and Daniel Ziblatt. 2018. *How Democracies Die*. New York: Broadway Books.

Lodge, Milton, and Charles S. Taber. 2013. *The Rationalizing Voter*. New York: Cambridge University Press.

Mittelstadt, Brent Daniel, Patrick Allo, Mariarosaria Taddeo, Sandra Wachter, and Luciano Floridi. 2016. "The Ethics of Algorithms: Mapping the Debate." *Big Data & Society*, 3(2), pp.1~21.

Mounk, Yascha. 2018. *The People vs. Democracy: Why Our Freedom is in Danger and How to Save It*. Cambridge, MA: Harvard University Press.

Muirhead, Russell and Nancy L. Rosenblum. 2019. *A Lot of People Are Saying: The New*

    Conspiracism and the Assault on Democracy. Princeton, NJ: Princeton University Press.

Murray, Douglas. 2017. *The Strange Death of Europe: Immigration, Identity, Islam*. London: Bloomsbury.

Przeworski, Adam. 2019. *Crises of Democracy*. New York: Cambridge University Press.

Scott, Joan Wallach. 2009. *The Politics of the Veil*. Princeton, NJ: Princeton University Press.

Straus, Scott. 2013. *The Order of Genocide: Race, Power, and War in Rwanda*. Ithaca, NY: Cornell University Press.

Zaller, John R. 1992. *The Nature and Origins of Mass Opinion*. New York: Cambridge University Press.

단절사회에서 더불어 살려면

개인화된 한국 사회와 플랫폼 사회의 도래

임동균 서울대학교 사회학과

들어가며: 개인화된 사회와 플랫폼 사회의 교차

2021년 현재 한국 사회를 요약하는 단어로 가장 빈번하게 언급되는 것은 각자도생各自圖生이다. 개인들 모두가 각자의 살 길을 꾀해야 하는 형국을 일컫는다. 한국 사회가 이러한 성격을 가지게 된 것은 IMF 이후 신자유주의와 세계화의 물결이 등장하면서부터라고 말한다. 즉, 경제적 여건이 이와 같은 개인화된 사회를 만들어냈다는 것이다.

그런데 한국 사회에 짙게 드리워져 있는 각자도생이라는 풍경의 이면에는, 경제적인 측면만큼이나 문화와 가치관적 측면 또한 강하게 자리 잡고 있다. 서로를 신뢰하고 상대의 인격을 존중하며, 다 같이 손을 잡고 있는 따뜻한 연대의 모습을 현재 우리 사회에서는 찾기 힘들다. 공동체의 규범은 약화되고, 사회적 갈등과 균열은 다차원적으로 심화되어 있으며, 개인들은 자신의 둘레에 성벽을 치고 방어적으로 타인을 대하는 개인화된 상태가 현시대 우리 사회의 모습이다. 공동체적 규범이나 결속, 헌신을 강조하는 것은 시대적 윤리에 반하는 것으로 여겨진다.

이러한 개인화의 상태는 정보통신기술과 모바일 기기의 발전, 플랫폼화에 의해 더욱더 심화되었고, 그러한 경향성은 코로나19를 통해 특히 가속화되었다. 삶의 대부분의 영역이 스마트 기기들과 그것을 장악한 플랫폼 기업의 생태계 안에서 그 신진대사를 유지할 수 있게 된 사회에서, 개인들 간의 단절, 개인화의 심화는 피할 수 없는 흐름처럼 보인다.

이와 같은 경제적·문화적·기술적 환경의 변화하에 놓인 단절된 개인들은 어떻게 서로 더불어 살 수 있을까? 현재 그러한 거시적 힘들은 모두 개인들을 서로 떨어뜨려 놓는 쪽으로 작동하고 있는 것은 아닐까? 이 글에서는 이러한 질문들에 답하기 위해 현대 한국 사회에서 나타난 개인화의 양상을 살펴보고, 플랫폼 사회로의 진전이 그러한 흐름에서 어떠한 의미를 가지는지를 논의해 보고자 한다. 먼저 현재 우리 사회 개인화의 특성과 그러한 경향성을 만들어 낸 몇 가지 원인들을 짚어보고, 한국 사회가 서구 사회에 비해 추가적으로 겪는 어려움을 지적해 본다. 이어 이러한 개인화된 문화 안에서 사람들이 온라인을 통해 새로운 만남을 추구하고자 하는 욕구를 가지고 있음을 설문 자료를 통해 살펴본다. 마지막으로 플랫폼 사회에서 개인화의 심화 문제를 극복하기 위해 우리가 어떠한 모습의 플랫폼 사회를 상상해 볼 수 있을지를 논의하며 글을 마치고자 한다.

개인화된 한국 사회의 미시적 풍경

서로가 불편한 한국 사회

앞서 던진, 서로 단절된 사회에서 어떻게 하면 더불어 같이 살 수 있을까라는 질문은 한편으로는 정당한 질문으로 들리지만, 그 이면에는 정반대의 질문이 남겨져 있다. 지금 과연 개인들이 원하는 것이 더불어 사는 것일까? 혹시 새로운 문화적 환경 안에 사는 이 개인들은, 서로 더불어 살기를 원하지 않는 것은 아닐까?

문화인류학자 루스 베네딕트Ruth Fulton Benedict는 『국화와 칼The Chrysanthemum and the Sword』(1946)이라는 책에서 다음과 같이 일본의 가족문화를 소개한 바 있다. "일본에서는 한때 '아들이 부모에게 의견을 말하는 게 왜 승려에게 머리를 기르라고 요구하는 것과 같을까?'라는 수수께끼가 유행한 적이 있다. 정답은 바로 '아무리 하고 싶어도 할 수 없기 때문'이다." 강력한 집단주의 문화 속에 사는 개인들이 어떠한 제약과 불편 속에서 살아야 하는지를 잘 나타내주는 부분이다. 그런데 답답한 승려가 자유를 찾기 위해 절을 뛰쳐나가듯, 집단주의의 제약에서 탈출하기 위해 개인들이 꿈꾼 것이 자유주의적·서구적·해방적 개인주의라면, 그리고 공동체의 담장 밖에는 그런 자유가 있었다면, 그렇게 자유의 세계를 꿈꾸며 담장을 넘어간 사람들은 자유로운 주체들로서 서로를 기꺼이 만나고 더불어 살았을 것이다.

그런데 현재 대부분의 산업적·경제적으로 발전한 사회들의 문화적 양상을 살펴보면, 자유로운 개인들이 서로 아무런 부정적 제약이 없는, 충만하고 행복한 만남을 영위하는 것과 현실은 거리가 멀다. 막스 베버Max Weber는 『프로테스탄트 윤리와 자본주의 정신Die Protestantische Ethik und der Geist des Kapitalismus』(1905)에서, 종교개혁은 기존의 가톨릭 질서를 유럽의 많은 지역에서 약화시키고, 경제적 전통주의의 속박으로부터 개인들을 벗어나게 하며 종교적 권위에 대한 회의적 물음을 던질 수 있게 했다고 했다. 그런데 베버는 여기에 중요한 사실을 덧붙인다. "종교 개혁은 개인의 일상에 대한 교회의 통제력을 제거한 것이 아니었다. 기존의 통제의 방식은 새로운 통제 방식으로 대체되었다." 즉, 기존의 가톨릭은 표면적으로는 사람들의 삶에 매우 강력한 제약을 가하는 것 같았지만, 사실상 그 제약은 사실상 많은 경우 매우 느슨한 통제였으며, 실제로는 엄격히 지켜지지 않는 것이었다. 반면에 그것을 대체하고 새롭게 나타난 청교도주의적 삶의 양식은 개인들 삶의 공식적·비공식적 영역에 깊숙이 침투

하여 무거운 통제력을 발휘하는 그것이었다. "이단자에게는 엄격하지만 죄인들에게는 관대"했던 기존의 종교적·사회문화적 문법은, 이제는 개인 생활의 모든 영역에 걸쳐 죄의 잣대를 쉴 틈 없이 들이대는, 죄인의 죄목을 찾아내는 것으로 바뀌었다.

그런데 그와 같은 변화가, 즉 삶을 관장하는 종교적 질서가, 더불어 살지 않는 현대의 개인들이 겪는 문화적 제약과 유사성을 가지고 있을 가능성은 없을까. 우리가 현재 살고 있는 현대 문화는 개인들 간의 사회적 경계에 있어 잠시라도 방심하거나 의도와 관계없이 그 경계를 넘어서는 실수를 하면 '죄인sinner'이 되는 맥락을 서서히 갖추어 가고 있다. A라는 사람이 B라는 사람을 불편하게 하는 행동을 하면, 그 행위의 의미는 단순히 A가 B에게 개인적으로 잘못한 것으로 그치는 것이 아니라, A가 그 사회의 중대한 공적 규칙을 위반한 죄인이 되는 의미를 가지게 된다. 에밀 뒤르켐Émile Durkheim, 어빙 고프먼 Erving Goffman, 한스 요하스Hans Joas 등의 사회학자들이 일찍이 지적한 대로, 현대 사회의 숭배의 대상이 되는 것은 개인이며, 개인의 자아는 마치 '작은 신little god'과 같은 대우를 받는다. 이러한 과정을 역사적으로 살펴보면, 근대가 본격적으로 심화되기 이전, 개인의 자율성과 자주성은 종교적으로 영혼soul이라는 개념을 통해 상상되었다. 하지만 근대로 오면서 개인에 대한 신성화는 영혼이 아닌 자아self라는 개념으로 대치되었다(Joas, 2013).

개인과 그의 자아라는 것이 성역의 대상이 될수록, 개인의 권리와 사적 영역은 절대로 침범 되어서는 안 되는 것이 된다. 이러한 개인의 신성화는 단순히 수동적 모습을 띠지 않는다. 즉, 개인화의 과정은 개인의 사적 영역이나 권리, 취향이 침범을 받는 것에 대한 수동적 반응이기만 한 것이 아니다. 오히려 개인이 적극적으로 불편함을 드러내고, 정당한 불편의 영역을 보다 확장적으로 주장하는 것이 도덕적 행위가 된다. 서로가 불편하게 여겨야 하는 영역을 보다 넓고 분명하게 규정짓는 것이 시대적으로 도덕적 정당성을 가진다.

이러한 사회문화적 배경에서 개인들은 서로를 불편함을 일으킬 수 있는 존재로 인식한다. 영국 작가 마틴 아미Martin Amis가 1996년에 이미 말한 대로, "다른 사람을 불편하게 하지 않으려는 것, 그리고 상대방의 무엇인가에 대해 불편해하는 것, 이것이 현대 문화의 두 가지 집착이다Being inoffensive, and being offended, are now the twin addictions of the culture"[*The Sunday Times*(London), 1996.3.17]. 집단의 억압으로부터 벗어나고자 승려가 담을 넘으면서 꿈꾸었던 자유와 행복이 이제는 스스로를 배신하는 모습이다. 서로가 불편한 개인들은 각자 서로 '질척'대지 않고, '엉키지' 않고, '엮이지' 않으려 하면서 서로에게서 멀어진다.

탈산업사회 개인의 존재적 불안정성

이러한 문화적 변동은 순수한 문화적 논리에 의해서만 혹은 순수한 가치관의 진화에 의해서만 나타나는 것만은 아니다. 여기에는 물질적 조건의 변화로 인해 야기된 부분도 분명히 있다. 사회학자 앤서니 엘리엇Anthony Elliott, 찰스 레머트Charles Lemert는 20세기 후반 들어 생겨난 '새로운 개인주의new indivi-dualism'를 언급하면서 그 안에 담긴, 세계화로 인해 생겨난 감정적 비용emotional costs에 주목했다. 세계화에 의해 가속화된 사회경제적 변화 속에서 개인들은 개인적 취약함personal vulnerabilities을 위험으로 안게 되고, 그리하여 개인들은 끊임없이 자신을 개량해야 하고, 그것을 남들에게 전시해야 하는 프로젝트를 짊어지고 살게 된다. 엘리엇과 레머트는 자본이 빠른 속도로 끊임없이 이동하는 세계화로 인해 파생된 문화적 조건들은 개인들로 하여금 스펙과 커리어 쌓아올리기, 네트워킹, 강박적 소비, 끊임없는 정체성 (재)구성, 성형수술 등 자신을 재발명하고 개량하는 데 집착하게 한다고 역설한다. 그리고 그것은 건강한 노력이라기보다는 각종 정신질환으로까지 이어지는 감정적 소모를 일으킨다고 그들은 주장한다(Elliott and Lemert, 2006).

거시적이고 구조적인 힘들이 개인화의 과정에 영향을 미치는 과정은 이 밖에도 여러 가지로 생각해 볼 수 있다. 역사학자인 이언 모리스Ian Morris는 인간 문명이 주로 어디에서 에너지를 얻는가, 즉 어떠한 산업을 '하부구조'에 두고 있는가에 따라 해당 문명이 집중하고 더 강조하는 가치가 달라진다는 주장을 편 바 있다. 그와 같은 시각은 이 글에서 다루는 개인화의 문제에도 적용할 수 있다. 자본주의적 질서가 무르익으면서 자본을 제외한 모든 존재가 평등해지자, 새로운 사회의 문화적 문법으로 사람들은 위험과 안전, 권력과 불공정이라는 렌즈를 통해 미시적 질서들을 통제하게 되었다. 인류학자 메리 더글러스Mary Douglas, 정치학자 에런 윌다브스키Aaron Wildavsky의 시각을 빌자면, 위험risk을 개념화 하는 문화적 모델이 사회적으로 달라진 것이다. 그러한 문화적 변동하에서 개인들은 부정적 신호에 집중negative filtering하다 보니, 끊임없이 불편함과 상처의 위험에 노출된다. 개인의 감정적 정체성의 유일한 뿌리가 되는 자신의 정체성과 기분이 그러한 위험에 노출되지 않도록 하는 작업들이 현재 산업적으로 발달한 선진사회의 주요한 문화적 초점이 되었다.

조금 다른 거시적 관점으로 성찰을 해본다면 다음과 같다. 미국 사회학에서의 관계주의적 사회학relational sociology, 혹은 '새로운' 관계주의적 접근'new' relational approach에서는 사회구조가 변동을 겪을 때 그 안의 행위자들이 어떻게 새로운 환경에 맞추어 기존의 문화적 범주들을 다시 코딩하고, 재구성하는지, 그리고 새로운 사회적 문법logic이 창발적으로 출현하는지에 관심을 가진다. 인류 역사에서 적어도 수 만년 동안 인간의 가장 큰 적은 자연 그 자체였다. 따라서 생존 그 자체, 즉 죽음, 굶주림, 질병 등에 맞서 인간의 삶을 영속시키기 위해서 발전된 것은 집단 생존 메커니즘이었다. 근대사회가 무르익으면서 그와 같은 문제들에서 인간의 문명이 어느 정도 해방되자, 생존을 위해 장착되었던 공격성에 대한 욕구와 절대적인 것을 지키고자 하는 욕구는 새로운 지향점을 찾게 되었고, 이러한 과정에서 나에게 불편과 해를 끼칠 수 있는 가장 큰 염려의 대상이 되는 것, 단죄의 대상이 되어야 하는 것은 다른 개인들이 되었다. 전통적 규범과 관행, 일상생활 합리성이 재조정되는 이러한 맥락에서 모든 사회적 상호작용은 불편함, 안전, 권력, 침해, 상처, 불공정, 차이의 렌즈를 통해 새롭게 해석된다.

위에서 설명한 여러 관점을 종합해 볼 때, 탈산업화와 세계화를 통해 빠른 속도로 일어나는 사회적·기술적 변화, 형체를 쉽게 포착할 수 없는 잠재적 위협, 그로 인해 생기는 개인 수준에 있어서의 불안감은 개인들로 하여금 자신을 프로젝트의 주체로 대상화하게끔 했다. 이러한 과정에 개인주의는 자신을 보호하는 개별화의 원리로 작동했다고 할 수 있고, 이는 위험과 불편이 어디로부터 오는가의 초점이 자연이 아닌 인간으로 이동하는 과정이었다고 볼 수 있다.

냉소적 태도와 그것의 원동력

위와 같은 설명들은 표면적으로는 정치적 올바름political correctness: PC 문화에 대한 비판으로 해석될 수 있으나, 여기에는 PC문화를 넘어서는, 개인 간에 어느 정도의 거리를 두어야 하느냐proxemics라는 근본적 문제가 내포되어 있다. 문화인류학자 에드워드 홀Edward Hall은 개인 간의 친밀도에 따라 상호작용 시 거리가 어떻게 달라지는지를 관찰했다. 그에 따르면 개인 간 거리가 15cm에서 46cm면 아주 친밀한 관계, 그 이상부터 122cm까지는 비교적 가까운 관계, 그리고 최대 7.6미터 이상 정도는 떨어진다고 보았다(Hall, 1963). 친밀도에 따라 사람들 사이에 무의식적으로도 물리적 거리가 조정이 된다는 것인데, 개인화된 사회에서 물리적 거리뿐 아니라 심리적 거리두기가 강렬하게 작동하고 있다. 즉, 현대 문화에서 각자 가지고 있는 인간적 영역, 사적 영역 주위에 얼마나 길고 깊은 해자moat를 두르느냐는 핵심적인 문제이다. 여기서 해자의 비유는 외로운 현대인의 기본 자세라고 할 수 있는 방어적 교구주의·지역주의 defensive parochialism를 반영한다. 문제는 이러한 방어적 자세의 근본 에너지가 단순히 모르는 타인을 경계하는 모습, 타인이 범죄자는 아닐지에 대한 공포나 두려움, 불안이기만 한 것이 아니라는 점이다. 방어적인 자세는 상당 부분 냉소주의에 입각해 있다.

앤서니 기든스Anthony Giddens는 냉소주의cynicism를 비관주의pessimism와 다른 것이라고 하면서, 세상에 대한 불안이 자신에게 주는 감정적 영향을 차단하기 위한 태도라고 말했다. 이런 설명은 어느 정도는 정확하지만, 시니컬한 태도를 가진 이들이 가지게 되는 또 다른 감정적 보상을 간과한 측면이 있다. 냉소는 단순히 세상이 표면적으로 제시하는 메시지를 믿지 않거나 세상이 가지라고 하는 열정에 대해 냉담한 것에 그치지 않는다. 냉소하는 주체가 누리는 또 다른 심리적 보상은 냉소를 통해 타인의 존재성을 최대한 실각시키거나 자신의 존재적 경계에서 삭제시켜, 자신이 누리는 사회적 관계의 폭과 경계를 자기 자아의 주변으로 한정한 후, 그 안에서 보편적 존재자로서의 위치universal position를 누리는 것이다. 이는 근본적으로 권력power이다. 즉, 냉소주의는 잃어버린 존재적 안정성을 위해 확보해야 하는 권력에 대한 요청인 것이다. 따라서 냉소에 깔려 있는 정동은 권력에 대한 욕구이고, 스스로 인식하지 못하면서도 지속적으로 냉소하는 이유는 그 이차적 특징으로서 나르시시즘이란 형식과 구조를 가지기 때문이다.

'개인의 신성화'라는 것이 반드시 이러한 결과를 낳아야 하는 것은 아니다. 요하스가 지적했듯이, 사람의 신성성sacredness of the person이 아닌 개인의 신성성sacredness of the individual에 집중할 때, 이는 자신의 자아에만 집중하는 나르시시즘적, 자기중심적 사고를 낳는 것이다(Joas, 2013). 물론 이러한 심리적 경향성들은 모두 아무 이유 없이 갑작스럽게 생겨난 것은 아니다. 앞서 언급했듯, 이는 상당 부분 개인의 신성화가 탈산업화, 세계화, 불평등 등의 각종 위험으로 인해 생겨난 존재적 취약함과 불안에 대한 대응으로 생겨난 것으로 볼 수 있다. 이는 자기 스스로가 자기 자신을 책임지거나 그렇지 않으면 복지국가의 도움을 받아야 하는 제도화된 개인주의institutionalized individualism의 모습이기도 하다(Beck and Beck-Gernsheim, 2002).

개인주의 문화의 위계적 구조

개인화의 경향성이 사회적 위험에 의해 파생된 것이라 할 때, 그러한 위험은 모두에게 공평하지는 않을 것이다. 철학자 에마뉘엘 레비나스Emmanuel Lévinas는 타자의 얼굴은 이웃의 얼굴로서, 우리가 응답해야 하는 얼굴로서, 우리로 하여금 환대hospitality를 요청한다고 이야기한 바 있다. 여기서의 환대는 나의 집 울타리 안으로 타자를 구별 없이 들인다는 것을 의미한다. 하지만 우리 사회를 성찰해 보면, 타자의 얼굴은 그런 환대의 감정을 불러일으키는 무엇이 아니다. 내 주변의 사람들은 어색하고 무관심한, 갈등의 원천이 될 수 있는 이웃이고, 사회적 거리두기에 깔려 있는 감정적 에너지들은 그러한 이웃을 내 담장 안으로 초청하지 않는다.

문제는 여기에 계층과 계급의 문제가 작동할 수밖에 없다는 것이다. 내 담장 안으로 초청될 수 있는 이는 나와 최대한 비슷한 사람이어야 하고, 적절한 '프라이버시'를 지켜줄 이, 즉 사적 관계에서 적절하게 '밀당'하면서 거리를 좁혀나갈 세련된 문화적 지식을 가진 사람이어야 한다. 서로 다른 계급 문화는 여기서 큰 장애물이 되는데, 중상류층의 문화적 맥락 안에 있는 사람은, 하위 계층의 문화적 문법을 가진 존재들이 자신에게 접근할 때 느끼는 불편함을 안전, 권력, 침해, 상처, 불공정, 차이 등의 렌즈를 통해 정교하면서도 정당하게 막아낼 수 있다. 즉, 위계적인 계급적 구조가 사람들의 상호작용 구조 또한 분화시킨다.

흥미롭게도 이 책의 주제인 '플랫폼'이 만들어낼 수 있는 문제 또한 이와 비슷하다. 예를 들어 플랫폼 자본주의에서 인종차별은 데이터 접근 (불)가능성으로 인해 만들어지는 '블랙박스 사회'의 특징이다. 이런 방식의 인종차별은 (주로 기업들의) 데이터의 사유화privatization에 의해 그 과정이나 전략이 불명료obfuscation해지고, 겉으로는 모든 사람에게 접속할 기회를 균등하게 열어놓는 포용성inclusion을 내세우지만, 실질적으로 더 배제exclusion하는 것이다(Cottom, 2020). 개인이 서로 한 발자국 더 가까이 갈수록 작동하는 심리적 반발repulsion은, 서로 다른 계층 간에 더 강하게 밀어내는 기제로 작동한다. 즉, 프라이버시와 타인에 대한 포용이라는 다양성 이데올로기의 핵심 개념들은 역설적으로 현대 사회의 사회관계를 관장하는 문화 이데올로기가 의도치 않게 불명료한(즉, 숨어 있는) 배제의 논리로서 적극적으로 활용되게 만든다.[1]

한국의 개인화가 가진 이중적 어려움

위에서 서술한 개인화의 과정과 특징, 그리고 그것을 낳는 거시적이고 경제적인 원인들은 경제적으로 발전한 많은 국가들에서 어느 정도 공통적으로 나타나는 경향이라고 할 수 있다. 그런데 여기서 서구 사회와 달리 한국 사회가 가지고 있는 추가적 어려움이 있다. 집단주의 문화가 가진 압박감과 부조리함으로부터 벗어나고자 했던 한국의 개인은, 개인주의를 만들 수 있는 시간조차 없이 일단 먼저 개인화를 달성했다. 그렇게 개인화를 먼저 겪은 개인들은, 어느 정도 연대의 가능성을 가진 개인주의를 성숙시키기 이전에 이미 원자화된 개인들이 되어버렸다.

압축적 근대화의 과정 속에서 빠르게 변화하는 문화적 문법이 가져다준 사회 인지적 혼돈은 개인들이 다양한 사회적 상황들에 던져졌을 때 사용할 수 있는 대처자원coping resources을 마련할 여유를 주지 못했다. 즉, 집단주의나 공동체주의가 약화되더라도, 내 집단이 아닌 사람들과도 자유롭게 소통할 수 있는 문화적 대본cultural script이 있으면 다른 방식의 소통과 연결이 가능하다. 그러한 문화적 자원이 부족한 우리 사회에서는 사람들이 자유롭게 소통하면서

---

1   문화인류학자 조문영은, 이와 관련하여 한국 사회에서 플랫폼이 얼마나 다양성의 가치를 '범람'케 하면서도, 실제로는 얼마나 다양성을 '몰살'시키는가에 대한 물음을 던질 필요가 있다고 했다. 즉, 플랫폼은 매우 평등해 보이고 다양성이 넘치는 열린 공간처럼 보이지만, 그러한 틀 안에서 오히려 끝까지 더욱 견고하게 나타나는 것은 계급적 성격을 가진 위계화 된 구조라는 것이다(한국사회학회-네이버 개최 심포지엄 '플랫폼 사회가 온다' 토론, 2020.10.23).

만들어내는 즉흥적인 관계의 가능성들이 부재하고, 비교적 좁은 사적 관계 범위를 벗어난 영역은 어색한 침묵과 고립으로 덮이게 되었다.

그 과정에서 한국 사회에서는 개인주의라고 하는 것이 자유롭고 평등한 개인들의 수평적이고 열려 있는 관계로 발전되지 못했다. 근대사회가 발전하면서 개인주의를 공동체의 결속을 저해시키는 부정적인 것으로 보았던 토크빌Alexis de Tocqueville과 같은 학자들과 달리, 20세기 후반부터 나온 연구들은 개인주의가 보다 포괄적이고 평등한 사회적 연대를 만드는 데 도움을 준다는 것을 발견했다(Gheorghiuet al., 2009; Realo and Allik 2009; Delhey et al., 2011). 하지만 그러한 대부분의 결과는 서구 사회를 바탕으로 도출된 결론이었다. 최근 연구를 보면 한국의 경우에는 서양과는 정반대로, 개인주의 성향이 높은 사람들이 좁은 신뢰의 반경을 보여준다(Lim, Im and Lee, 2021). 즉, 개인주의가 높은 사람들이 자신이 모르는 사람들out-group에게는 무관심하거나 적대적인 태도를 보이는 사회인 것이다. 이는 한국 사회의 개인주의는 아직 개인화의 모습을 가지고 있는 심리적 레짐regime으로서, 수평적인 연대와 열린 태도의 성숙한 사회심리로는 발전하지는 못했음을 보여준다.

개인화된 한국인이 가진 이러한 문화 성향은 역설적으로 집단적인 것이기도 하다. 즉, 개인이 개인화 되어 있는 상태로 있어야 사회적 의례와 규칙을 따르는 것이다. 그러한 비공식적 규범 속에서, 개인화된 한국인은 고독해도 모르는 타인과 말을 섞을 수 없다. 고프먼의 개념으로 표현하면 남들을 모른 척하고, 서로 침묵을 지키고, 편안하게 시선을 교환하면 안 되고, 함부로 남에게 말을 걸지 않아야 하는 시민적 무관심civil inattention을 계속 수행해야 하는 것이 공공장소에서 따라야 하는 비공식 규칙이다.

필자가 수행한 설문조사 결과,[2] 대부분의 한국인은 공공장소나 근린시설

---

2   2019년 한국학중앙연구원의 지원을 받아 이루어진 '현대인들의 사회의식과 일상생활에 관한 조사'의 설문 결과이다.

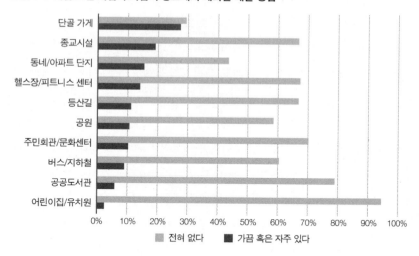

그림 3-1 **처음 보는 사람과 다음의 장소에서 대화를 해본 경험**

단골 가게
종교시설
동네/아파트 단지
헬스장/피트니스 센터
등산길
공원
주민회관/문화센터
버스/지하철
공공도서관
어린이집/유치원

0% 10% 20% 30% 40% 50% 60% 70% 80% 90% 100%

■ 전혀 없다   ■ 가끔 혹은 자주 있다

등에서 모르는 사람과는 대화를 나누어 본 경험이 없다(그림 3-1). 동네의 단골 가게나 교회와 같은 종교시설이 아니면 사람들 간에 별로 말을 섞지 않음을 볼 수 있다. 특히 공원, 공공도서관, 대중교통, 주민회관 등 '공공시설'이라고 일컫는 곳에서 거의 타인과 상호작용을 하지 않는다는 것은, 한국 사회가 자신의 생활 영역에서 조금만 벗어나도 남들과 교류할 수 있는 기회가 크게 줄어드는 것을 보여준다.

커피숍에서 커피를 한잔 사면서 점원과 주고받는 눈인사, 미소, 시시껄렁한 농담이나 짧은 잡담이 사람들의 정서적 상태를 더 긍정적으로 만들 수 있고 모르는 타인을 아는 사람weak tie의 관계로 만들 수 있는 기회임을 기존 연구는 보여준다(Sandstrom and Dunn, 2013). 하지만 한국인은 이런 기회를 누리기 힘들다. 사회학자 마리오 스몰Mario Small의 연구에 따르면, 사람들은 자신 인생의 가장 심각한 문제에 대해 가까운 가족이나 지인이 아니라, 그냥 알고 지내는 사람이나 심지어 비행기 옆에 우연히 앉게 된 사람에게 더 잘 털어놓는다고 한다. 강한 집단주의적 신뢰가 급속히 해체되고 개인화한 한국 사회는 이러

한 약한 관계weak tie의 혜택도 누리지 못해 이중의 어려움을 겪고 있음을 시사한다.[3]

한국 사회에서 이와 같은 어려움은 1인 가구의 경우 더욱 심화된다. 1인 가구는 현재 전체 가구의 30% 이상을 차지하면서 우리 사회에서 가장 흔한 가구 형태가 되었다. 1인 가구의 경우 가족을 포함한 타인과의 교류가 상대적으로 적을 수밖에 없다. 위의 설문조사에 따르면, 1인 가구 전체 응답자 628명 중 약 10%에 해당하는 61명이 점심, 저녁, 저녁 이후 만남을 포함하여 일주일에 단 한 번도 타인과 식사를 같이 하지 않는 것으로 나타났다. 기준을 약간 느슨하게 하여 1주일 동안 점심, 저녁, 저녁 이후 만남을 포함하여 총 세 번 이하만 타인과 식사를 하는 사람의 비율은 무려 32%에 달한다. 이는 코로나19 이전 통계로서, 그 이후에는 그 비율이 더욱 늘어났을 가능성이 크다. 타인과 식사를 같이 하지 않음은 많은 사람에게 사회적 고립을 의미한다.

이러한 사회적 고립에 더해, 이웃과 교류가 상대적으로 적은 것 또한 한국 사회의 개인화 경향이 커질 것을 시사한다. 그림 3-2는 이웃과 교류를 한 경험을 4점 척도로 물어본 것이다(1: 전혀 없었다 / 4: 자주 있었다). 결과를 보면 1인 가구가 비1인 가구에 비해 대체로 이웃과의 교류도 약한 것을 알 수 있다. 1인 가구뿐 아니라 일반 가구들 또한 이웃과의 교류가 대체로 적은 것을 알 수 있다. 사회적 자본의 기초는 이웃neighborhood 수준에서부터 구축된다는 것을 고려할 때 한국 사회의 사회적 자본의 토대가 매우 허약한 것을 알 수 있다.

그렇다면 이렇게 개인화된 한국인들은 코로나19로 인해 이루어진 대면 만남의 비대면화에 대해 어떻게 생각할까? 이에 대해 2020년 8월에 한국사회학회가 네이버Naver의 후원으로 전국 2034명을 대상으로 실시한 온라인 설문조

---

[3] 한국 사회의 개인들이 서로 해를 끼치지 않는 것에 집착하게 되면서 개인화가 심화된다는 필자의 의견에 대해 사회학자 김홍중은 어느 정도 동의하면서도 어쩌면 젊은 세대의 경우 '무해함의 윤리'라는 새로운 윤리를 만들어낸 것일 수도 있다고 제안한 바 있다. (한국사회학회-네이버 개최 심포지엄 '플랫폼 사회가 온다' 토론, 2020.10.23).

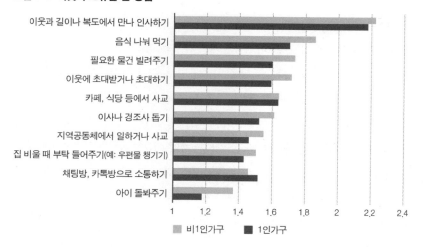

그림 3-2 **이웃과 교류를 한 경험**

이웃과 길이나 복도에서 만나 인사하기
음식 나눠 먹기
필요한 물건 빌려주기
이웃에 초대받거나 초대하기
카페, 식당 등에서 사교
이사나 경조사 돕기
지역공동체에서 일하거나 사교
집 비울 때 부탁 들어주기(예: 우편물 챙기기)
채팅방, 카톡방으로 소통하기
아이 돌봐주기

1   1.2   1.4   1.6   1.8   2   2.2   2.4

■ 비1인가구   ■ 1인가구

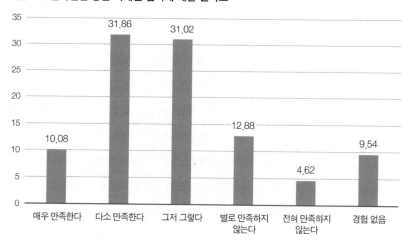

그림 3-3 **온라인을 통한 비대면 접촉에 대한 만족도**

매우 만족한다 10.08
다소 만족한다 31.86
그저 그렇다 31.02
별로 만족하지 않는다 12.88
전혀 만족하지 않는다 4.62
경험 없음 9.54

사인 '플랫폼 사회 인식·경험 조사'를 살펴보자. 응답자 중 온라인을 통한 비대면 접촉 경험에 얼마나 만족하는지를 물어본 질문에 대해 약 42%의 사람들이 매우 만족하거나 다소 만족하는 것으로 나타났다. 반면 불만족하는 사람들의 비율은 17% 정도이다(그림 3-3). 전반적으로 비대면 접촉에 만족하는 비율이 더 높은 것을 알 수 있다.

타인을 상대한다는 번거롭고 불편한 일이 비대면으로 전환될 수 있다는 것은 한국인들에게 그다지 부정적인 일만은 아닌 것으로 보인다. 그렇다면 이렇게 개인들이 서로를 불편해하고, 공공장소에서 모르는 사람과 갑자기 상호작용 하는 것은 사회적 의례의 규칙에서 벗어나 있으며, 이웃과의 관계도 서먹한, 비대면이 편한 한국인들은 개인화의 경향에 안주하며 묵묵히 서로에게 거리를 두면서 살아갈 것인가? 플랫폼 사회는 여기에 어떤 의미나 기회를 제공할 수 있을 것인가? 이러한 제반 상황에서 '플랫폼 사회'에 던져진 한국인들이 더불어 살기는 어떠한 방향으로 나아갈 것인가?

플랫폼 앞에 선 개인

플랫폼이 주는 환상

글 서두에 언급했던 베버의 '자본주의 정신'은 21세기 안으로 깊숙이 들어와 있는 지금 거의 대부분 사라졌다. 베버가 말한 종교적 금욕주의에 기초한 세속적 성공을 향한 정신은 사라지고, 이제는 볼탕스키Bontanski와 치아펠로Chiapello가 말하는 '새로운 자본주의의 정신'이 현대 사회의 모습을 설명하는 데 더 적합한 것이 되었다. 그러한 새로운 정신적 방향성spirit은 무엇인가? 과거 유럽을 기점으로, 특히 19세기에 산업혁명과 시민혁명의 이중혁명이 개인주의가 본격적으로 출발할 수 있는 구조적 틈을 열어놓았고, 그러한 경제적·정치적 구조변동의 힘이 20세기까지 지속되어 오면서 개인주의를 전면으로 추진시키는 힘이 되었다. 달리 표현하면, 자본주의가 개인주의를 추진하는 동력이었다. 그러나 20세기 후반부터는 개인주의가 자본주의의 새로운 정신으로서 자본주의를 추진하는 심리적 에너지이자 욕망의 에너지로서 작동해

왔다고 할 수 있다.

한 손에는 커피를 들고, 캐주얼한 옷차림으로 모종의 '팀 프로젝트'에 자율성을 가진 팀원으로 참여하면서 그러한 노동이 자율성, 개인성, 혁신성, 진정성, 사회적 책임성과 윤리적 성격을 가진다고 생각하는 새로운 주체를 만들어낸다고 생각하는 경향은 20세기 후반부터 본격화했다. 볼탕스키와 치아펠로가 말하는 새로운 자본주의 정신이 바로 그것이다. 하지만 표면적으로는 생산라인에서 벗어나 자율성을 획득하고 창조적인 일을 하는 듯한 모습의 노동자이지만, 물질적·심리적 불안정성을 감내해야 하는, 자본의 힘에 변함없이 종속된 모습이다.

이러한 새로운 자본주의 정신이 과연 청교도적 자본주의 정신이 과거에 그랬던 것처럼 행위자에게 깊은 의미를 제공하고 할 수 있을까. 안타깝게도 현대의 노동자는 새로운 자본주의 정신으로부터 종교적 소명의식을 얻기보다는, 소비주의적 쾌락을 얻기 위한 노동과 상징적 소비를 통해, 일시적으로만 주어지는 존재적 안정성을 얻기 위해 끊임없이 노력을 반복하는 것으로 보인다.

이러한 상황에 놓인 개인에게 플랫폼은 대단한 가능성과 욕망의 공간으로 다가온다. 그러한 공간이 될 수 있는 이유는 크게 두 가지로 정리할 수 있다. 첫째는 플랫폼 서비스를 자신의 정체성을 구축할 수 있는 지지대(비계scaffolding)로 활용할 수 있기 때문이다. 브루베이커Rogers Brubaker가 사람들이 플랫폼을 통해 자신의 자아를 '만들어낸다produce'고 했듯이(Brubaker, 2020), 사람들은 각종 플랫폼 서비스를 통해 자신의 취향을 바탕으로 한 작은 세계를 화면 안에 구축하고, 소비, 친밀 표시, 알고리즘에 의해 구축되는 자신의 취향 데이터를 축적하며, 그것을 바탕으로 타인들과 온라인으로 상호작용 하거나 소셜미디어를 통해 남들에게 전시할 수 있다. 이는 반 데익José Van Dijck 등이 플랫폼의 특성 중 하나로 뽑았던 개인화personalization와 관련되어 있다(Van Dijck et al., 2018). 무엇이 유행을 하고 트렌드가 되는지 살펴보고 그것을 선택하며,

화면 위에 흐르는 정보들을 자신이 조절하고 부분적으로 자신의 정체성 기호로 삼으면서 자신만의 개인화된 플랫폼의 모습을 만들어가는 것이다. 소셜미디어 플랫폼에서 보이는 자신의 모습을 이렇게 가꿀 수 있다는 것curate은, 앞서 언급한 엘리엇과 레머트가 말한 '세계화로 인해 파생된 새로운 개인주의적 욕구'를 가진 개인들에게 매우 큰 유혹으로 다가온다.

두 번째 이유는 개인화된 사회에서 인간이 가지는 연결에의 욕구이다. 손에 들려 있는 모바일 디바이스는 신체의 일부가 되어 호모 모빌리쿠스Homo Mobilicus를 만들어내며, 외부를 향한 타인 지향적 인간, 그리고 동시에 '접속된 인간'을 만들어낸다(김홍중, 2011). 인간의 다섯 가지 근본적인 사회적 동기social motives 중 가장 핵심에 놓여있는 연결과 소속belonging에 대한 동기(Fiske, 2018)로서, 플랫폼 서비스와 모바일 기기는 내가 원하면 언제든지 연결에 대한 가능성을 느끼게 해줌으로써, 매우 짧은 순간, 지극히 얕은 수준에서지만 그러한 동기를 충족시켜 주는 기능을 한다.

자신의 정체성을 온라인 공간에서 새롭게 (재)구축하고, 남들과 연결되어 있다는 가상의 느낌을 주는 플랫폼의 이러한 기능들은, '개인'이 되기 위해 전통의 압력으로부터 뛰쳐나온 개인에게 욕망하는 자유와 행복을 너무나 손쉽게 제공해 준다. 그러나 동시에 바로 같은 이유로 개인이 '선택'한 자유와 행복이 개인을 배신하게 되는 결과를 낳는다. 소셜미디어 플랫폼을 통해 24시간 지속적으로 남들과 연결되어 있다는 것은 가능성일 뿐, 실체가 아닌 이미지를 바탕으로 한 환상에 가깝다. 예술 작품을 재생산할 수 있게 해주는 기술 장치들이 우리가 예술을 접하고 마주하는 방식을 바꿔버린다고 했던 벤야민Walter Benjamin의 주장처럼, 플랫폼을 통해 만들어지고 스크린에 표류하는 타인들의 모습에서 발견하는 기호를 통해 우리는 타인을 어떻게 소비할 것인지 결정한다.

여기에는 분명 타인과 상호작용을 하거나, 타인으로부터 자신의 존재를 인정받기를 원하는 욕구, 그리고 현실에서도 더 깊이 있는 만남을 원하는 욕구들이 잠재해 있을 것이다. 그런데 이러한 근접 만남에의 욕구compulsion of proximity(Boden and Molotch, 1994)는 과잉 근접에의 두려움fear of overproximity과 떼어낼 수 없는 쌍으로 움직인다. 온라인을 통해 만나는 대부분의 사람들은 가끔씩 만나거나 온라인으로만 만나는 관계로 남는다. '취미와 여가'라는, 무해하고 유쾌한 느낌의 기호들은, 사실상 정확히 그만큼 무해하고 유쾌한 관계적 거리를 가정에 두고 성립된 꿈과 같은 것들이라 할 수 있다. 플랫폼의 미디어스케이프mediascape를 통해, 손끝에서 실시간으로 쉽게 실현되는 쾌락과 편리함은, 그만큼 불편함과 불안감이 쉽게 손끝으로 만들어지는 신체-사물 연계를 만들어낸다. 삶의 편리를 위해 준비된 모든 기기에 쉽게 접근 가능하고, 모바일 기기를 통해 초연결hyperconnectivity된 상태로 있는 개인은 손에 잡히지 않는 불안감으로 플랫폼이 제공하는 SNS의 거울을 통해 자신과 타인들을 본다.

여기서 에드거 앨런 포Edgar Allan Poe의 단편 「고자질 하는 심장Tell-tale heart」에 나오는 구조가 소셜미디어를 통해 남들의 사생활을 보는 개인들의 심리 상태로서 작동한다. 포의 단편에서 화자는 자신이 어떤 노인을 살해하는 과정을 서술하는데, 독자는 화자가 제정신이 아닌 것을 눈치채지만 화자의 서술과 설명을 통해 어떤 일이 일어나는지를 아는 수밖에 없다. 독자는 화자의 서술과 진실에 당연히 간극이 있는 것을 알지만 그 왜곡된 스토리에 의존할 수밖에 없다. 소셜미디어 또한 마찬가지 구조다. 미디어를 통해 접하는 타인의 이미지, 타인들의 경험에 대해 우리는 그것이 진실이 아니며 현실과는 간극이 있을 것임을 알고 있다. 하지만 타인들에 대해 알기 위해서는 그 왜곡된 이미지들을 주의 깊게 보지 않을 수 없고 진지하게 받아들이지 않을 수 없다. 포의 단편의 화자가 정상이 아닌 것처럼, 소셜미디어 플랫폼 또한 현실을 왜곡한 정보를 전달한다는 것을 안다. 양자 모두 그것의 소비자는 그것을 진지하게 받아들일 수밖에 없고 그 외부로 벗어나올 수가 없다.

온라인 플랫폼이 주는 희망

소셜미디어와 같은 플랫폼 기반 서비스가 위와 같은 잠재적 한계를 가지고 있다고 해서 그것이 긍정적 기능이 없거나 약한 것은 전혀 아니다. 플랫폼은 가능성의 공간으로서, 참여자들의 새로운 상상력을 통해 그 위에서 얼마든지 정치적인 움직임, 공공성을 추구하는 노력들까지도 수행할 수 있다.

한국사회학회가 실시한 설문조사에 따르면, 설문조사 전체 응답자 2034명 중 약 22.7%인 457명이 지난 1년간 인터넷, SNS, 혹은 스마트폰 어플리케이션 등 온라인 플랫폼을 통해 오프라인에서 새롭게 만나게 된 사람이 있다고 응답했다. 적은 숫자라고 할 수 없다. '지난 1년'에 해당하는 기간 중 절반이 코로나19 시기와 겹쳤기 때문에 일반 시기였다면 그 비율이 조금 더 높았을 것이라 짐작할 수 있다.

그렇다면 온라인을 통해 그렇게 새로운 사람을 만난 사람들은 누구를 어떠한 목적으로 만난 것일까? 위 질문에서 새로운 사람을 만났다고 하는 사람들을 대상으로 어떠한 맥락에서 그 사람들을 만났는지를 질문했다. 표 3-1이 그 결과이다. 온라인으로 새로운 사람을 만난 경험이 있는 사람들 중 약 68%에 해당하는 사람들은 '취미나 여가를 공유하기 위해'라고 응답했다. 취미와 여가를 공유하는 느슨한 공동체를 온라인뿐 아니라 오프라인에서도 영위하고자

표 3-1 지난 1년간 온라인을 통해 오프라인에서 새롭게 사람을 만난 경험이 있는 경우 그 목적

목적	비율(%)
취미나 여가를 공유	67.6
정보나 데이터, 자료 등을 공유	25.8
같은 출신 학교, 고향인 사람들과의 커뮤니티	14.2
직장 업무 또는 사업 목적	11.4
학습 목적	7.8
집회나 시위, 정치적 의사 표출	6.1

주: 복수응답 허용.

표 3-2 **온라인을 통해 오프라인에서 새로운 사람을 만난 경우 그 관계는 어떻게 되었는가**

관계 유형	비율(%)
가까운 사이이며 자주 보는 관계	8.3
가까운 사이이며 가끔씩 만나는 관계	34.8
가까운 사이지만 주로 온라인에서 만남	43.3
오프라인에서의 교류는 없어졌고 온라인에서 만난다	13.6
처음 몇 번 만난 후에 만난 적이 없다	0.00

하는 것이 중요한 동기임을 알 수 있고, 플랫폼 서비스는 그 점에 있어 긍정적
기능을 할 수 있음을 알 수 있다.

그렇다면 그렇게 해서 형성된 사회적 관계는 얼마나 지속력이 있고 어느
정도의 강도를 가질까? 온라인을 통해 오프라인에서 새로운 사람을 만난 경
험이 있는 사람들을 대상으로 '온라인을 통해 오프라인에서 만나게 된 사람들
과의 관계는 대체로 어떠하십니까?'라는 질문을 했다. 표 3-2는 그 결과를 보
여준다. 가장 선택을 많이 받은 경우는 '가까운 사이지만 주로 온라인에서 만
남'이고(43.3%), 이어 '가까운 사이이며 가끔씩 만나는 관계'(34.8%)가 많은 선택
을 받았다. '가까운 사이이며 자주 보는 관계'가 되었다는 경우도 약 8.3%에
달했다. 이 결과는, 표 3-1에 나온 목적을 가지고 사람들을 새롭게 만나는 경
우 그 관계가 어느 정도 지속성을 가지고 이어진다는 것을 보여준다. 온라인,
특히 소셜미디어와 같은 플랫폼 서비스의 특성상, 연락을 취하거나 상대방의
활동을 파악하는 것이 매우 간편하기 때문에, 지속적인 관계의 유지가 비교적
쉽게 이루어지는 것이라고 생각할 수 있다.

그렇다면 지난 1년간 온라인을 통해 새로운 사람을 오프라인에서 만난 경
험이 없는 사람들은 그러한 만남의 욕구를 가지고 있을까? 이에 대해 지난 1
년간 그런 경험이 없는 사람 1577명 중에서 약 23.7%인 374명이 온라인으로
새로운 사람을 만날 의향이 있다고 응답했다. 전체 응답자 중에서는 35.4%의
사람들이 앞으로 그럴 의사가 있다고 했다. 앞으로 온라인으로 새로운 사람을

표 3-3 온라인을 통해 주로 어떠한 목적에서 새로운 사람을 만나고 싶은가

목적	비율(%)
취미나 여가를 공유	81.2
정보나 데이터, 자료 등을 공유	35.0
학습 목적	12.0
같은 출신 학교, 고향인 사람들과의 커뮤니티	11.4
직장 업무 또는 사업 목적	10.0
집회나 시위, 정치적 의사 표출	5.1

주: 복수응답 허용.

만나고 싶은 경우, 그 목적이 무엇인지를 물어본 결과는 표 3-3에 나타나 있다. 역시 취미와 여가를 공유하고자 하는 목적이 가장 두드러지게 나타난다.

결국 소셜미디어와 플랫폼 서비스를 통해 새로운 사람을 만나고자 하는 경우, 그것은 모종의 취향 공동체에 대한 욕구의 반영임을 알 수 있다. 서로 어떠한 권리나 의무 관계에 구속받지 않으며, 자유로운 만남과 즐거움을 공유할 수 있는 부담 없는 관계를 추구하는 것이다. 개인화된 사회에서 개인들이 추구하는 만남과 상호작용은 이와 같이 근본적으로 무해한, 즐거움을 추구하는 것임을 알 수 있다.

그렇다면 그와 같은 가볍고, 느슨한 관계는 사람들에게 얼마나 '공동체'의 느낌을 줄까? 그림 3-4에 나오는 대상들에 대해 얼마나 '내가 속한 모임이나 커뮤니티'라고 생각하는지를 5점 척도(1: 매우 그렇지 않다 / 5: 매우 그렇다)로 물었다. 결과를 살펴보면 역시 가족이나 친구가 가장 높은 동의 정도를 얻었다. 반면 SNS에서 교류하는 사람들이나, 팔로우하는 사람들, 자주 가는 인터넷 커뮤니티는 대략 비슷한 수준의 동의를 얻었다. 즉, 사람들은 인터넷이나 SNS를 통해 자주 접하는 이들에 대해서는 가족이나 친구 다음으로 어느 정도의 친숙함을 느끼고 있음을 알 수 있다. 심지어 그것이 구체적인 사람이 아니어도, 자주 방문하는 인터넷 사이트에 대해서는 어느 정도의 소속감을 느낀다는 것을 이 결과는 보여준다.

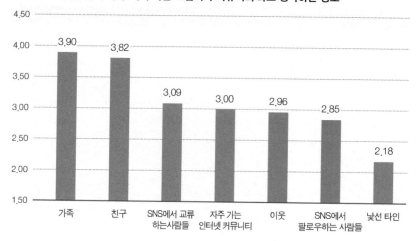

그림 3-4 **각 대상들에 대해 '내가 속한 모임이나 커뮤니티'라고 생각하는 정도**

이와 같은 설문 결과가 곧바로 플랫폼을 통한 새로운 가상적 공동체의 형성에 대한 낙관적인 기대를 가질 수 있게끔 하는 것은 물론 아니다. 다만 우리 사회 개인화의 심화 과정에서 새롭게 생겨나는 사회성의 한 종류로 긍정적으로 볼 수 있는 측면을 조명해 준다고 볼 수 있다. 이러한 비교적 긍정적 기대는 표 3-4에 나온 설문 결과에서도 반영된다. 표 3-4는 주어진 문장들에 대해 응답자가 어느 정도 동의하는지를 요약하여 보여준다. 표 3-4의 오른쪽에는 각 문장에 5점 척도에서 매우 동의하거나 동의한다고 응답한 사람들의 비율을 나타낸 것이다.

결과를 보면 사람들이 온라인의 정치·사회·경제적 기능에 대해 비교적 긍정적으로 생각하는 것을 알 수 있다. 민주주의의 발전, 나와 다른 사람들에 대한 관용 등 정치사회적 측면에 있어서도 온라인 공간의 역할을 다수가 긍정적으로 평가한다. 소비와 같은 경제적 영역에 있어서도 대부분이 온라인에서 이루어질 것으로 예측한다. 또한 사회적 관계에 있어서도 약 28%의 응답자들이 온라인에서의 관계가 더욱 중요해질 것으로 예측하고 있다. 이러한 응답들은 향후 플랫폼 사회가 보다 본격적으로 닥쳐오며 생길 결과에 대해 반드시 부정

표 3-4 각 문장에 '매우 동의' 혹은 '동의'하는 비율

각 문장에 대한 동의	비율(%)
온라인을 통한 정치 참여가 한국의 민주주의 발전에 기여할 것	50.83
대부분의 소비, 지출은 온라인을 통해서 이루어질 것	76.7
온라인에서 맺는 인간관계는 오프라인에서 맺는 인간관계보다 더 중요한 인맥이 될 것	27.73
온라인 공간에서는 (성별, 인종, 문화, 종교 등에 있어서) 나와는 다른 사람들에 대해 더 관대해질 것	40.51

적으로 생각하고 있지는 않음을 보여주고, 플랫폼 공간이 적어도 긍정적 가능성의 공간으로 인식되고 있음을 보여준다.

나가며: 플랫폼이 희망의 공간이 되려면

다시 원래 질문으로 돌아가, 개인화된 단절사회에서 더불어 산다는 것은 무엇일지, 그리고 그것은 플랫폼 사회에서 어떠한 모습으로 가능할지를 생각해 본다. 그 가능성의 한 가지 실마리는 '다양성'에 있다고 본다. 개별화의 강력한 힘에 의해 멀어진 개인들을 더 가깝게 만들고자 한다면 결국 다양성의 적극적 발현에 그 해답이 숨어 있다고 볼 수 있다. 보다 다양한 삶의 경로, 다양한 정체성이 인정받고 그것의 수평적 공존이 가능한 사회가 열릴 때, 개인들이 숨통을 틀고 살 수 있는 사회적 조건이 형성이 되고 그 안에서 여러 사회적 경계들을 넘어 서로 함께 할 수 있다는 것이다.

그런데 여기서 중요한 함정이 있다. 그것은 지금까지 개인들을 서로 밀어낸 힘 중 하나가 바로 '다양성의 이데올로기'라는 것이다. 서로 다른 존재들을 인정하고, 상처주지 않고, 폭력적 관계를 없애며, 불필요한 권력의 작동을 최소화하는 것은 적극적으로 추구할 일이다. 그러나 그것이 이데올로기화 되기 시작하면, 앞서 말한 대로 모든 관계적 가능성을 소수의 개념적 렌즈로 투영

시키게 된다. 그 결과 본질적으로 어지럽고, 불확실하고, 실망스럽거나, 귀찮을 수 있고, 작은 상처들을 입을 수 있는, 하지만 그 이상의 보상과 의미와 삶의 풍부함을 줄 수 있는 모든 사회적 관계의 출발점에 소독제와 표백제가 뿌려진다.

따라서 적정한 개인 간 기본 사회적 거리가 서로 멀리 떨어진 사회에서 필요한 것은 '다양성의 이데올로기'가 아니라 거꾸로 '이데올로기의 다양성'이다. 근본적으로 서로 다른 삶의 모습, 매우 보수적인 정체성부터 가장 급진적인 정체성까지 스펙트럼이 시각적으로 펼쳐진 모습이 바로 이데올로기의 다양성이다. 플랫폼이 개인화된 주체들에게 제공해 줄 수 있는 구원의 밧줄은 그러한 차이와 균열, 불균등, 헤테라키heterarchy, 그리고 연결성이 극대화된 공간의 힘이다. 이러한 가능성의 공간 안에서 개인은 자신의 삶을 유사하게 기획할 수 있는 생애 과정의 동지를 찾을 수 있다. 단단함, 오래됨, 전통, 밀착, 진정성, 노력 등과 같은 모든 과거의 유산을 녹여내며 동시에 다원화된 개인들을 연결할 수 있는 공간이 플랫폼이다. 김정훈(2015)의 표현으로는, 주관적 개인주의가 발전하면서 정체성의 다원화를 용인하는, 진보적이고 수평적 연대를 지향하는 사회통합의 심리적 토대가 만들어질 수 있는 공간이 될 수 있다.

물론 플랫폼에서 계층과 시장의 힘과 같은 위계적 힘과 개인주의의 수평적 힘 간의 균형이 조정될 수 있을지는 여전히 불확실하다. 정보사회에 대한 많은 연구를 해온 닉 쿨드리Nick Couldry가 말하듯, 자본주의라는 주인공이 물질세계를 잠식하고 결국 데이터 식민주의data colonization의 방식으로 인간 삶의 모든 영역까지 착취의 영역으로 자본화 하는 것이 현대 정보사회의 진면목이라 할 수 있다. 그 안에서 자칫하면 개인들은 플랫폼 기업들이 만들어낸 알고리즘에 갇혀 뉴스를 보고, 타인과 관계를 맺고, 소비를 하면서 그러한 종속이 만들어내는 감정적 비용을 치러야 할지도 모른다. 그러므로 플랫폼에서 공공가치와 사회적 가치가 작동하게 하려는 노력, 플랫폼을 둘러싼 시장-시민사회

-국가라는 이해관계자 간 힘의 균형점을 끊임없이 재조정하는 정치적이고 실천적인 노력들이 필요하다. 그리고 그렇게 하는 과정에서 원자화된 개인을 만들어낸 거시적 힘들이 약해지는 결과를 얻을 수 있을지 모른다.

이 글에서 강조한 '개인화'는 역설적으로 진정한 의미에서의 개인은 탄생되지 못했음을 의미하기도 한다. 신자유주의, 세계화, 탈산업화 등의 파생물로 생겨난, 속이 텅 빈 개인주의는 존 듀이John Dewey가 『오랜 개인주의와 새로운 개인주의』(1930)에서 말했던 대로, '개인의 침몰submergence of the individual'에 가깝다. 자신의 일과 생활이 경제적 효율성에 종속된 삶을 살기 때문이다. 따라서 개인화에는 진정한 의미에 있어서 개인은 없고, 자본의 강력한 힘이 개인의 자아selfhood로 드러난 것이라 할 수 있다. 개인의 자아는 수많은 거시적 힘들이 충돌하는 미시적 경기장arena이다. 개인의 자아와 정체성 가장 깊은 곳에 사회의 수많은 힘이 서로 충돌하며 작동하다는 후버트 허먼스Hubert Hermans의 해석(Hermans, 2018)이 플랫폼 사회에 놓인 개인의 모습에 깊은 통찰을 제시한다.

결국 단절사회에서 더불어 살려면, 플랫폼은 개인들을 개인화의 힘으로부터 벗어나게 할 수 있는 가능성의 공간, 이데올로기의 다양성이 넘쳐나는 인지적 해방cognitive emancipation의 공간이 되어야 한다. 그 안에서 새로운 시민사회의 윤리가 점진적으로 만들어질 수 있을 것이다. 그리고 그러한 공간은 가만히 있어도 저절로 만들어지는 것이 아니라, 복합적이고 중층적인 거시적 힘들과 끊임없이 경쟁하고 저항하는 정치적 산물로서 가능할 것이다.

참고문헌

김정훈. 2015. 「개인화의 양면성과 새로운 정치의 가능성」. ≪동향과 전망≫, 94, 9~44쪽.
김홍중. 2011. 「미디어스케이프와 모바일 성찰성」. ≪문화와 사회≫, 10, 135~173쪽.

Beck, Ulrich and Elisabeth Beck-Gernsheim. 2002. *Individualization: Institutionalized Individualism and its Social and Political Consequences*. Sage Publications Ltd.

Brubaker, Rogers. 2020. "Digital Hyperconnectivity and the Self." *Theory and Society*, pp.49, 771~801.

Elliott, Anthony and Charles Lemert. 2006. *The New Individualism: The Emotional Costs of Globalization*. Psychology Press.

Gheorghiu, Mirona, Vivian Vignoles, and Peter B. Smith. 2009. "Beyond the United States and Japan: Testing Yamagishi's emancipation theory of trust across 31 nations." *Social Psychology Quarterly*, 72(4), pp.365~383.

Hall, Edward T. 1963. "A System for the Notation of Proxemic Behaviour." *American Anthropologist*, 65(5), pp.1003~1026.

Hermans, Hubert J. M. 2018. *Society in the Self: A Theory of Identity in Democracy*. Oxford University Press.

Joas, Hans. 2013. *The Sacredness of the Person: A New Genealogy of Human Rights*. Washington DC: Georgetown University Press.

Lim, Chaeyoon, Dong-Kyun Im, and Sumin Lee. 2021. "Revisiting the "Trust Radius" Question: Individualism, Collectivism, and Trust Radius in South Korea." *Social Indicators Research*, 153, pp.149~171.

McMillan Cottom, Tressie. 2020. "Where Platform Capitalism and Racial Capitalism Meet: The Sociology of Race and Racism in the Digital Society." *Sociology of Race and Ethnicity*, 6(4), pp.441~449.

Molotch, Harvey, and Deirdre Boden. 1993. "The Compulsion of Proximity." In Deirdre Boden, and Roger Friedland(eds.). *Now/here: Time, Space and Social Theory*. University of California Press.

Realo, Anu and Jüri Allik. 2009. "On the relationship between social capital and individualism-collectivism." *Social and Personality Psychology Compass*, 3(6), pp. 871~886.

Sandstrom, Gillian M., and Elizabeth W. Dunn. 2014. "Is Efficiency Overrated?: Minimal Social Interactions Lead to Belonging and Positive Affect." *Social Psychological and Personality Science*, 5(4), pp.437~442.

Van Dijck, José, Thomas Poell, and Martijn de Waal. 2018. *The Platform Society: Public Values in a Connective World*. Oxford University Press.

20대와 50대의 단절과 전승

1980~2019 한국 현대문학 연구 텍스트 분석

이원재 한국과학기술원 문화기술대학원

김병준 성균관대학교 인터랙션사이언스학과

오늘날 세대 연구의 중요성

무언가를 이해하려면, 일련의 범주들을 만들어 이해하려는 대상을 이에 따라 쪼개야 한다. 쪼개어 탐구한다는 뜻에서 우리는 이를 "분석分析, analúo"이라고 한다. 그러나 이 분석이 사회 연구에 적용되는 방식은 매우 다양하다. 1980년대 뜨거웠던 "사회구성체 논쟁"은 민족과 계급이라는 범주를 통해, 우리 사회를 대립적 분석 요소들이 구성해 내는 총체로 이론화했다. 이는 기본적으로 닫힌 체계를 가정하는 규범 이론적normative theory 성격이 강했다. 분석 요소들 사이의 역사적·현재적 관계를 통해 당시 한국 사회의 성격을 규정함과 동시에 앞으로의 실천적 방향성까지도 도출해 내려고 했기 때문이다. 이 안에서 분석 요소의 역사적 변화를 전제하는 "세대"는 부차적이거나 의미 없는 것이었다. 예를 들어 규범 이론가에게 노동자란 항상 변하지 않는 것이어서, 1929년 원산의 노동자를 2011년 현대자동차 노동자의 "오래된 미래"(박승옥, 2011)로 상상하는 것이 가능하다.

이 같은 닫힌 틀을 벗어나 우리 사회를 세대로 쪼개 보려는 시도는, 기존의 규범 이론이 담지 못하는 경험들을 진지하게 고려해 보는 실증 이론적positive theory 자세를 요구한다. 그러나 모든 인식의 변화가 그러했듯이 세대에 대한 자각은 불쾌함 속에서 싹을 틔웠다. 한낮의 전투가 지나간 교문 밖 뒷골목에 모여들던 락카페의 X세대를 "선배"들은 사회구성체의 틀 밖으로 밀어냈다. 그러나 30여 년이 더 흘러간 지금, X세대에 단호했던 선배들은 이제 자신들이 낳고 기른 청년 자녀들의 불쾌한 시선에 어쩔 줄 몰라 하는 중이다. 1990년대 후배로부터 느꼈던 일상의 거리감은 오늘날 일자리와 공정함 같은 경제적·정치적 거리감으로 확장되고 말았다.

그러나 2021년 우리 사회의 50대에게 세대에 대한 자각을 불러일으킨 보다 결정적인 계기는 젊은이 혹은 자녀들과의 괴리가 아니라, 이들과 연합하여 달성해 낸 정치적 승리들 때문이었다. 2016년 이후 5년 동안 50대는 자신과 후배 세대들이 연합했을 때 만들어낼 수 있는 정치적 효능감을 만끽해 왔다. "짧았던 내 젊음도 헛된 꿈이 아니었다"는 감격은 이전 세대의 인구학적 축소 때문에 비로소 가능해졌다. 사실상의 양당 체제에서 특정 출생 집단들의 연합이 전체 유권자의 50%를 넘기 시작한 효과가 나타나기 시작한 것이다. 제도 정치의 규칙 안에서 젊은 세대를 포섭하고 관리하는 것이 기성세대의 정치적 성패를 가르는 관건이 되었다. 이들이 과거 후배들을 배제했던 것과 같은 이유로, 이제는 20~30대를 적극 포섭하려 하고 있다.

하지만 청년의 가난을 최우선 순위에 두고, 수당을 시혜하는 자세가 오히려 청년의 자유를 제약하는 가부장주의paternalism이며, IMF 이후 태어나고 자라난 세대들의 협소해진 사회적 기회와 공간을 넓혀주는 것이 아니라는 비판을 제기할 수 있다. 입시와 채용의 공정함을 스스로 실천할 도덕과 지혜가 부족하다는 점에서 오늘날의 50대는 오히려 그 이전 세대와 더 비슷하다. 50대가 1987년에 그러했듯, 오늘날 20~30대에게 있어서도 자신의 자유와 복리를 증진하는 것과 사회 전체를 더 나은 수준으로 전진시켜야 하는 공적 책무 사이의 간극이 빠르게 줄어들고 있다.

그러나 2021년의 젊은이들이 스스로를 조직화하여, 자신의 의지를 전체의 일반의지로 만들어낼지는 의문이다. 우리가 경험적으로 관찰한 사실은 세대 사이의 불일치와 불화는 모든 시대에서 동일하지만, 각 시대의 특성상 세대별 결집의 강도가 다르다는 점이다. 오늘날 50대는 항상 결집해 온 반면, 20대 내부의 다양성은 시간이 지날수록 증가하고 있다. 이 비대칭 속에서 결집한 집단의 "라떼"는 회고가 아니라 상대를 정의하고 설명하는 권력이 되고 있다(cf. Said, 1978).

하지만 시간은 젊은이의 편이다. 이들이 지상에 더 오래 존재한다. 이 예정된 인구학적 전환이 한국 사회의 전진으로 이어질 것인지, 아니면 상실과 침묵의 세대로 결과할지는 이들만이 지켜볼 수 있다. 따라서 젊은이들이 삶의 더 고단한 시간에 진입하기 전, 어느 선배 세대에게도, 젊은이 자신을 규정할 권리가 없다는 것을 이해할 필요가 있다. 자신을 정의하는 권리는 자신에게만 있다. 이 권리를 행사한다는 것은 세계와 역사를 개척하고 그 과정에서 스스로의 자유를 쟁취한다는 것과 같다.

이 장에서 우리는 오늘날 한국 사회 연령-출생 집단들의 성격과 이들 사이의 관계 변화에 대한 경험적 분석 결과를 제시한다. 이 분석이 젊은이들이 자신과 기성세대를 이해하고, 자신을 스스로 정의하는 데 필요한 안목이 되길 바란다.

우리는 세대를 어떻게 이해해 왔는가

세대는 상대적 개념이다. 특정 세대는 다른 세대와의 관계를 통해서만 이해된다.

한국 사회에서 20대에 대한 대중적 관심은 1990년대의 X세대론으로 거슬러 올라간다(이원재, 2018). 이후로 우리 사회의 세대론은 사실상 20대론이었다. 1990년대의 20대는 오늘날 40대가 되었다. 20대를 평가하던 30대는 이제 50대가 되었다. 이 같은 시간의 흐름과 이에 따른 인구 구성의 변화에도 불구하고, 전 세대가 떠난 자리에 다시 젊은 세대가 채워지면, 이들에 대한 평가는 대체로 이들이 이전 세대에 비해 특이하거나, 반대로 미성숙하다는 인상 비평에 그치곤 했다. 이는 사실상 세대를, 특히 20대를 특정 이미지에 고정하고, 몰역사화 시키는 것이다. 시대에 상관없이 고정된 20대는, "요즘 젊은이들은 버릇이 없다" 식의 일반화된 민속지가 되어 버리고 만다.[1]

이 같은 관습적 세대 담론, 혹은 20대론을 벗어나기 위해서는 1)세대 사이의 관계를 중심으로, 2)시간에 따른 변화를 통해 들여다봐야 한다. 우리는 이 같은 관점하에서 실제 우리 역사를 살아온 세대들의 생각의 차이와 시간적 변화를 실증적으로 분석하고자 한다. 이를 위해 우리는 1980~2019년 사이에 1818명의 저자가 쓴 한국 현대문학 학술지 논문KCI과 석·박사 학위논문 1만 3399건을 수집하고, 이를 자연어 처리와 네트워크 방법론을 통해 분석했다.

우리는 이 같은 빅데이터 분석이 객관-주관-구성으로 구분되는 담론 분석 방법론에 새로운 접근 방법을 제시해 준다고 믿는다(김선기, 2016). 우리 방법론은 사회구성원의 일반적 의식의 흐름을 시간에 따라 변하는 사회 구조의 역사적 성격과 연결시킨다. 이를 통해 세대 집단 간의 차이와 이 차이의 역사적 변화 양상에 대한 여러 가능한 객관적 근거들 중 하나를 제시할 수 있을 것이다.

우리 연구는 세대, 혹은 연령-출생 집단에 관한 다음의 두 가지 관찰로부터 시작하고, 이를 분석한다.

---

1   일반화된 민속지(generalized ethnography) 가 가능하냐는 건 또 다른 학문적 논쟁거리이다. 이 글에서는 민속지에 대한 교과서적 이해를 바탕으로, 일반화하지 않아야 할 것을 일반화한다는 의미에서 사용했다.

두 가지 관찰: 20대와 50대 사이의 기억의 단절과 역사 구조적 차이

20대와 50대 사이 기억의 단절

영화 〈1987〉에서 박처원(김윤석 扮, 이하 '김윤석')의 역할은 사실 임철우의 소설 〈붉은 방〉에 나오는 최달식을 빌려온 것이다. 그는 한국전쟁 때 경찰 가족이라는 이유로 부모를 제외한 가족이 몰살당하는 비극을 겪었다. 이 이북 출신 경찰의 공산당에 대한 증오는 고문당하는 이의 생애 기억과 날카롭게 대조된다. 그러나 무자비한 고문 경찰의 사적 경험에 고문을 당하는 이는 물론, 이를 지켜보는 관객조차도 일말의 공감을 느낄 여지가 없다. 고문 경찰과 고문 희생자 사이의 심연과 같은 단절은 죽음이라는 파국에 절대적 무게를 지운다.

그러나 이 예술적 장치를 걷어내고, 극 중 김윤석과 운동권 학생의 나이를 생각해 보자. 그의 생애사를 감안했을 때, 극중 김윤석의 나이는 50대로 추정된다. 6.25가 직접적인 기억의 대상이었던 1980년대의 50대와 사회 변혁을 꿈꾸었던 당시 20대 사이에, 굳이 고문이라는 폭력이 개입하지 않더라도, 매우 깊은 기억의 단절이 있었을 것이라 짐작할 수 있다.

2019년, 민주당의 몇몇 여당 386 정치인들이 20대 청년들을 부정적으로 평가했다. 이들은 1980년대의 김윤석이 6.25를 떠올리듯이, 1987년을 거론했다. 김윤석이나 386 정치인에게 6.25와 1987년은 모두 30여 년 전 사건이었다. 이 주장의 객관성이나 도덕성과는 별도로, 이 50대 386들은, 1980년대 50대처럼, 오늘날의 20대를 도저히 이해할 수 없다고 생각한다.

그렇다면 50대의 386에게 사회경제적 양보를 요구하는 오늘날의 20대는, 1980년대 50대에 저항했던 20대 운동권과 마찬가지로 깊은 기억의 단절을 갖고 있는 것이 아닐까? 약 30년의 격차를 두고 다른 역사를 살아온 세대들 사이의 거리는, 부모 자식 간의 거리처럼 자연스럽게 발생하는 것이 아닐까?

20대와 50대 사이 역사 구조적 차이: 인구

20대와 50대 사이의 단절이 부모 자식 간의 차이처럼 자연스러운 것이라면, 이 두 집단을 둘러싼 환경도 시대를 불문하고 같은 것일까? 우리 사회에 대한 기초적인 데이터는 그렇지 않음을 가리키고 있다.

그림 4-1은 최근 한국의 인구구조를 시각화한 것이다(국토지리정보원, 2018). 가운데가 불룩한 단지 모양의 인구구조는 "인구가 감소"하는 상황을 잘 보여주고 있다. 여기서 가장 큰 규모를 가진 세대 집단은 40~50대이다. 이들은 규모면에서도 가장 크지만 생애 주기를 감안할 때 가장 큰 경제력, 특히 가장 높은 소비력을 가진 집단이기도 하다.

안치환에서 서태지에 이르기까지, 1980~1990년대의 20대는 문화적 변화를 주도했다. 그리고 이 같은 문화적 헤게모니는 이들이 40~50대에 이른 오늘날까지 지속되고 있다. 여기엔 두 가지 사정이 작용한 것으로 보인다.

첫째, 20세기 동안 대학생 집단은 항상 높은 문화적 정당성을 누렸다. 왜냐하면 이들이 다른 연령 집단에 비해 항상 평균적으로 높은 학력 수준을 가졌기 때문이었다. 1980~1990년대 대학 입학률이 급증한 가운데, 20대는 부모 세대보다 항상 평균 학력이 높았다. 학생운동에 대한 정치적·사회적 지지 또한 이들이 가졌던 인적 자본, 즉 교육 자산을 모든 세대가 인정했기 때문이었다.

둘째, 인구가 감소 추세로 돌아서면서, 이들 1960~1970년대생들이 우리 사회 경제활동의 중추임과 동시에 가장 큰 소비 집단의 지위를 놓치지 않았다. "응답하라" 시리즈의 흥행은 이를 자신의 이야기로 여기는 인구 집단이 가장 규모가 크고, 이를 스스로 소비해 줬기 때문이다.[2]

---

2 1960~1970년대생들이 우리 사회의 중추가 될 것이라는 예측은 X세대를 중심으로 한 세대 논쟁 이후로 꾸준히 제기되어왔던 것이었다. 이에 대해서는 다음을 참조하라. 김영경 (1999), 이내영(2002), 이내영·신재혁(2003), 이현우(2005), 정한울(2011), 최세경(2003), 홍성태(2004).

그림 4-1 2010년 한국 인구 피라미드

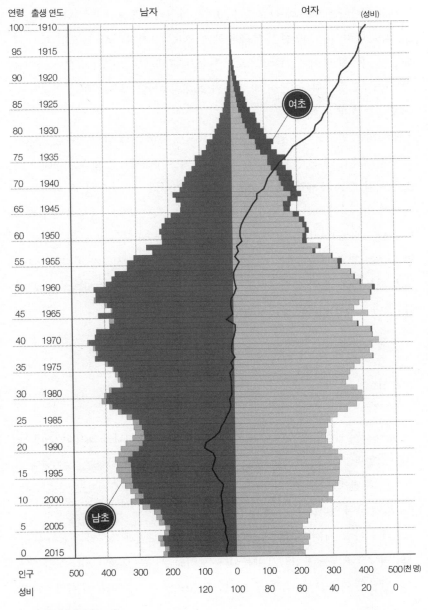

자료: 국토지리정보원(2018).

이 두 가지 사정은 오늘날 대중문화에서 20대를 찾아볼 수 없다고 한 지적을 뒷받침한다(허지웅, 2011). 오늘날 20대는 자신의 부모보다 평균 학력이 높지도 않고, 따라서 과거만큼의 문화적 헤게모니를 가지지 못했다. 또한 과거 세대만큼 자신들의 이야기를 스스로 소비하여 흥행시킬 만큼의 규모와 여력을 갖고 있지도 못하다. 이는 마치 20대가 20대의 이야기를 외면하는 것처럼 보이게 만들었다.

감소하는 인구구조의 압력은 20대 중에서도 특히 20대 남성 집단에 특별한 난관을 더하고 있다. 인구가 증가하는 국면에는 상대적으로 젊은 연령대가 더 많은 사람 수를 가지고 있다. 평균적으로 결혼은 나이 많은 남성과 어린 여성 사이에 일어난다. 따라서 인구가 증가할 때의 결혼 시장은 남성의 교섭력이 더 크다. 왜냐하면 신붓감이 신랑감보다 많기 때문이다. 반대로 인구가 감소할 때에는 결혼 시장에서의 남성의 교섭력은 떨어진다. 신랑감이 신붓감보다 많기 때문이다. 동일 연령대에서 남초 현상이 발생하면 이 현상은 더 심해진다. 연령 차를 고려하면 남초 비율이 더 증가할 것이기 때문이다.

가설

위 두 가지 관찰들은 상호 모순되는 것처럼 보인다. 하나는 20대와 50대 사이의 경험과 기억의 거리가 일반적이라는 것이고, 다른 하나는 1980년대의 20대-50대 관계와 2019년의 20대-50대 사이의 관계가 역사적으로 서로 다른 구조하에 놓여 있다고 보기 때문이다.

그러나 이 두 가지 관찰이 모순될 필요는 없다. 보편과 특수가 결합하여 하나의 역사적 맥락을 구성하기 때문이다. 오히려 우리는 오늘날 20대를 둘러싼 여러 담론이 이 두 가지 측면 중 하나만을 고려하고 있기 때문에 불완전하다고 생각한다.

20대를 보수적이라고 힐난한 386은, 1980년대 자신들의 6.25에 대한 망각 또는 거리감이 특별하다고 생각한다. 자신들이 가지고 있었던 역사철학의 보편성을 믿기 때문이다. 오늘날 20대가 1987년에 대해 갖는 거리감 혹은 망각이 왜 자신들의 망각과 다른지도 아마 이 같은 1980년대 역사철학을 통해 주장하고 있는 것인지 모른다.

가설 1

우리는 분석을 통해 20대와 50대의 거리는 거의 모든 시기에 존재했음을 보일 것이다. 이 결과를 통해 386 역사철학의 보편성이 적어도 한국 현대문학 문학연구자들의 텍스트 안에서는 나타나지 않았다고 주장할 것이다. 만약 386 역사철학이 실재하는 것이라면 문학연구자들의 생각은 386을 중심으로 결집했어야 할 것이다. 그러나 20대와 50대 사이의 생각의 거리가 시대를 불문하고 일반적인 것이라면, 1980년 이후 모든 시기를 거쳐 이 두 연령 집단별 생각의 거리는 일정한 패턴을 보일 것이다.

가설 2

모든 시대가 같은 삶의 조건을 부여하는 것은 아니다. 어느 역사든지 풍요의 시대가 있고 빈곤의 시대가 있듯이, 개별 집단들이 처한 역사적 조건들도 다르다. 우리는 인구 집단의 구조에 주목한다. 가장 많은 인구를 가지고 있는 집단들, 특히 1980~1990년대 경제 호황과 대학 진학률 급증의 혜택을 입은 386은 매 시기 새로이 진입하는 젊은 20대에 비해 의식의 다른 패턴을 보일 것이다.

논문 수와 연구자 수로 본 현황: 기술(descriptive) 통계

  1980년도부터 두 자리 수에 불과하던 등재지 및 학위논문 수는 2002년을 기점으로 200편을 넘었다. 이는 2000년 이전 시기 논문 및 저널의 디지털 아카이빙이 제대로 되지 않았기 때문이다. '학진' 체제와 등재지 제도 성립 이후에야 여러 학회 및 저널 자료의 디지털화가 진행되었다. 2010년대에는 매해 900여 편의 논문이 게재되었으며, 2015년 1027편으로 정점을 찍은 후 감소세를 보이면서 2019년 9월 현재 525건의 논문이 게재되었다(그림 4-2).

  연도별로 논문을 게재한 연구자 역시 2002년에 169명(중복 제거)으로 세 자리 수를 기록했다. 2010년대에 들어와 600여 명의 연구자가 논문을 게재했고, 연구자별로 연평균 1.5편 정도의 논문을 쓰는 것으로 확인되었다(그림 4-3).

  1980년부터 지난 40년간 연구자들의 세대별(논문 게재 당시 나이) 평균 비율은 30대 이하 약 33%, 40대 약 44%, 50대 이상은 약 22%였다. 학진체제가 정립된 2000년 이후로 좁혀보면 30대 이하 비율은 꾸준히 감소해 2018년에는 30대 이하 연구자의 비율은 25%에 불과했다(그림 4-4).

그림 4-2 **연도별 논문 수(1980~2019)**

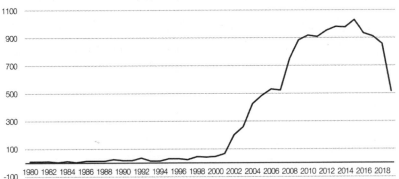

그림 4-3 **연도별 저자 수(1980~2019)**

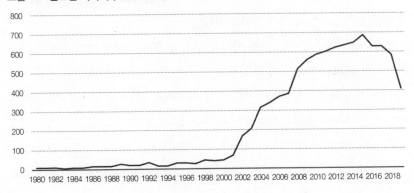

그림 4-4 **연도별 연구자 세대 비율 변화(1980~2019)**　　　　　　　　(단위: %)

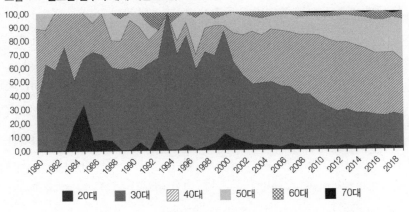

네트워크 분석을 통해 본 20대와 50대 사이의 단절과 역사 구조적 변화: 해석과 결론

우리는 역사적 시기를 정권을 중심으로 나누었다. 이는 지난 우리의 연구에서 문예지들에 나타난 단어 사용의 변화가 대통령 선거를 기점으로 변해왔다는 사실을 확인했기 때문이다(김병준·전봉관·이원재, 2017). 1980년 이후 총 여덟 개의 정권이 있었으며, 이를 p1에서 p8로 이름 붙였다. 이는 전두환에서 문재인에 이르는 여덟 개의 정권을 가리킨다.

연령 집단 내부의 단어 사용 차이와 연령 집단들 사이의 단어 사용 차이를 분석하기 위해 주성분 분석을 사용했다. 이를 통해 밝혀진 시기별, 연령 집단별 단어 사용의 차이들을 네트워크로 재구성하여 시각화했다. 시기별, 집단별 단어 사용의 차이를 표준화하기 위해 변동계수coefficient of variance[3] 기법을 사용했다. 변동계수는 표준편차를 평균으로 나눈 값으로 상대적인 표준편차이다. 표준 편차만으로 서로 측정 단위가 다른 자료의 퍼진 정도(산포도)를 비교하기 어렵기 때문이다. 예컨대 A국가의 1인당 소득 평균이 100달러이며 표준편차가 5, B국가의 1인당 소득 평균이 50달러이고 표준편차가 5라고 가정해 보자. 두 나라의 표준편차는 5로 같지만 측정 단위가 다르므로 동일 선상에서 비교할 수 없다. 따라서 변동계수 계산을 통해 A국가의 변동계수 5%, B국가의 변동계수 10%이므로 B국가의 소득 격차(빈부격차)가 더 심한 것을 알 수 있다.

이 연구의 변동계수의 시각화는 연령 집단의 차이가 크면 거리가 멀도록, 내부의 다양성과 차이가 크면 원이 커지도록 처리했다.

이를 통해 얻어낸 수치 정보를 네트워크 행렬로 전환하여 시각화한 시기별, 연령 집단 내·외부의 차이는 그림 4-5와 같다. 그림 4-5에서 나타나듯이 20대 연구자가 데이터에 포착된 김대중 정권 시기 이후, 노무현 정권을 제외하고, 모든 시기에서 20대와 50대는 가장 거리가 멀다.

이는 1980년대 6.25를 겪은 50대와 학생운동의 주체였던 20대, 그리고 오늘날 1987년의 저항을 완성하겠다는 386과 상대적으로 보수화되었다고 힐난받는 20대 사이의 단절이 특별한 게 아니라는 사실을 보여준다. 50대와 20대는 연령 구조상 부모 자식 간의 관계이다. 이 같은 의식의 단절은 이 관점에서 보면 매우 자연스럽게 보인다.

---

3   https://en.wikipedia.org/wiki/Coefficient_of_variation

그림 4-5 **시기별, 연령 집단 사이, 연령 집단 내부의 단어 사용 차이(1980~2019)**

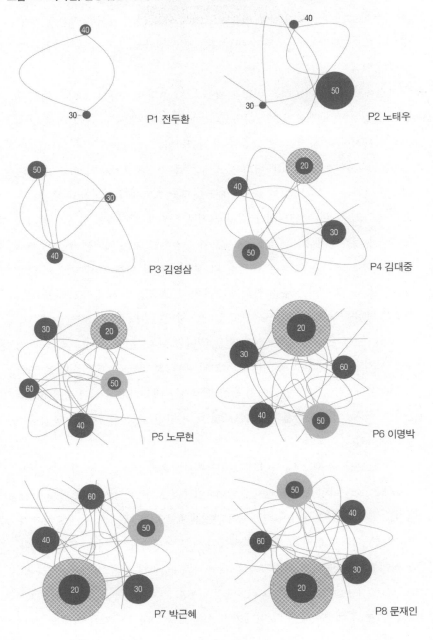

P1 전두환

P2 노태우

P3 김영삼

P4 김대중

P5 노무현

P6 이명박

P7 박근혜

P8 문재인

두 번째로 주목할 것은 연령 집단 내의 거리, 즉 내적 다양성이다. 표 4-1에서도 보이듯이 우리가 수집한 연령별 작가 수와 논문 수에서 50대는 항상 20대보다 많다. 사람 수와 논문 수가 많다는 것은 집단 내부의 다양성이 높을 가능성이 크다는 뜻이다.

그럼에도, 20대와 50대를 비교해 봤을 때는 반대로 50대가 20대에 비해 훨씬 다양성이 떨어지는 것으로 나타났다(그림 4-5). 특히 표 4-1에서 네모 및 볼드체로 표시한 각 시기별 386의 흐름이 특별하다.

그림 4-6은 386과 이에 대비되는 20대의 움직임을 표시하기 위해 그렸다. 여기서 나타난 것처럼 분석 기간 내내 20대의 텍스트에서는 내적 다양성이 꾸준히 증가했다. 다른 연령대가 김대중 정부 시기에 일시적인 다양성 증가를 보였다가 일정해진 것과는 별도로 새로이 진입하는 젊은 세대는 꾸준히 새로운 목소리를 내려고 했다. 이는 한국의 젊은 세대가 변화지향적이라는 점을 가리킨다. 그리고 이는 우리 사회가 정체하지 않고 젊은 세대의 유입을 통해 새로운 방향을 지속적으로 모색하고 있다는 증거이기도 하다.

그러나 표 4-1에 네모로 표시된 연령 집단을 보자. 이들은 대략 김영삼·김대중 시기의 30대, 노무현·이명박 시기의 40대, 박근혜·문재인 시기의 50대를 구성한다. 김대중 정부 들어서 문학 연구가들 내부의 다양성이 집단적으로 증가한 이후, 연령대를 옮겨가며 386의 내적 다양성, 혹은 반대로 응집도는 변화가 없었다.

이는 오늘날 386과 20대 사이의 갈등 담론에 다음과 같은 함의를 가지고 있다.

20대는 소수이면서 결집되지 않았다. 이들이 소수인 것은 인구 자체가 줄었기도 했지만 문학 분야에 진출하여 자신의 목소리를 내는 젊은 세대 자체가 준 것 때문이기도 하다. 그럼에도 이들이 다른 연령 집단에 비해 꾸준히 다양한 언어를 구사하는 건 사회의 변화 혹은 진보를 위해 다행스러운 일이라 할 수 있다(김사과 외, 2010; 정원옥, 2016; 최유정·최샛별, 2013).

표 4-2는 김대중 정권부터 현재까지 시대별로 20대 연구자들의 주요 연구

표 4-1 **연령 집단별 저자 수와 논문 수**

	세대	인원	논문 수	생년
P1 **전두환**	30	37	46	1942~1961
	40	22	30	1929~1946
P2 **노태우**	30	62	68	1949~1962
	40	23	27	1940~1952
	50	14	18	1929~1941
P3 **김영삼**	30	74	82	**1955~1968**
	40	12	12	1945~1957
	50	14	18	1929~1946
P4 **김대중**	20	19	24	1970~1977
	30	177	220	1959~1972
	40	73	94	1950~1962
	50	38	57	1939~1952
P5 **노무현**	20	51	65	1974~1981
	30	381	974	1964~1977
	40	311	869	**1954~1967**
	50	108	257	1944~1957
	60	28	66	1930~1947
P6 이명박	20	61	87	1979~1986
	30	461	1402	1969~1982
	40	589	2098	**1959~1972**
	50	249	676	1949~1962
	60	64	150	1936~1952
P7 박근혜	20	52	93	1984~1990
	30	337	933	1974~1986
	40	579	1872	1964~1976
	50	338	854	**1954~1966**
	60	70	162	1939~1956
P8 문재인	20	23	38	1988~1993
	30	224	523	1978~1989
	40	422	1011	1968~1979
	50	306	593	**1958~1969**
	60	66	133	1939~1959

주: 볼드체로 표시한 부분은 각 시기별 386세대다.

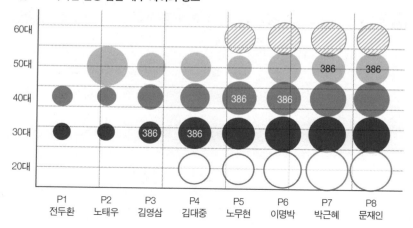

그림 4-6 **시기별 연령 집단 내부 차이의 정도**

성과를 정리한 것이다. 우리의 결과에 따르면 20대 연구자들은 꾸준히 내적 다양성이 증가해 왔다. 20대 연구자들의 실제 게재 논문 제목과 키워드를 살펴보면서 386세대와 어떻게 구분되는지 확인하고자 한다.

P4(김대중)에는 20대 연구자의 논문이 적어(24편), 세 편을 대표 논문으로 선정했다. 해당 시기의 20대 연구자들은 특정 작가/작품론이 아니라 '담론 연구'를 하거나 그 전까지는 잘 다뤄지지 않았던 전후 문학작품 연구를 시도했다('손창섭'). P5(노무현)에는 더 다양한 단어가 연구 제목과 키워드에 쓰였다. '신문 연재', '독자', '게임', '영화', '재만 조선인', '타자' 등 정전Canon[4] 연구를 벗어나 '문화론적 연구'(천정환, 2007)로의 이행을 보여준다. P6(이명박) 시기의 20대 연구자들은 P5 시기의 문화론적 연구를 계승하면서 대중서사(TV 드라마, 과학소설, 인터넷 소설 등)와 기계/테크놀로지까지도 한국 현대문학 학술장으로 편입했다. P7(박근혜)에는 '페미니즘 리부트' 이후 여러 페미니즘 및 여성문학 연구가 각광받았고, 국어국문학과 대학원 내 유학생의 증가 등을 이유로 비교문학 연

---

4   교과서에 실리거나 많은 연구자의 연구 대상이 된 소수의 작품.

표 4-2 **시대별 20대 참여 대표논문 정리**

시대	저자	논문 제목	키워드	논문
P4 **김대중**	황호덕	한국 근대 형성기의 문장 배치와 국문 담론: 타자·교통·번역·에크리튀르·근대 네이션과 그 표상들		박사
	채상우	지리학적 상상력과 위생학의 문법 그리고 전구경쟁의 내면화: 개화기 학회지의 세계인식방법과 문학론		KCI
	박재석	1950년대 손창섭 소설 연구: 한국전쟁 직후 경험의 서사적 구성 방식을 중심으로	한국전쟁, 남한, 잉여, 방공간, 정체성, 경계, 구획, 육체, 자기폭로	석사
P5 **노무현**	전은경	조일재 신문연재소설에 나타난 근대적 여성관: 1910년대 신문·작가·독자의 상호소통성을 중심으로	신문연재소설, 1910년대 독자, 상호소통성, 일탈적 여성, 응시, 분열, 근대적 여성관	KCI
	이정엽	디지털 게임의 서사학 시론	에이전시, 다중 시점, 디지털 게임, 서사학, 게임학, 1인칭, 2인칭, FPS	박사
	이화진	식민지 영화의 내셔널리티와 향토색	조선영화, 조선적인 것, 민족적이고 대중적인 것, 저널리즘, 문화 엘리트, 농촌, 식민지인의 민족 이야기, 향토색	KCI
	김진아	재만 조선인 문학 연구: 싹트는 大地 수록 작품을 중심으로	근대성, 내선일체, 만주(Manchuria), 만주개척, 오족협화, 의사제국주의, 친일소설, 타자	KCI
	양윤의	최인훈 소설에 나타난 얼굴의 도상학(圖像學): 『가면고』를 중심으로	최인훈, 가면, 얼굴, 도상(학), 초점자, 시각중심주의, 타자, 타자성	KCI
P6 **이명박**	임유경	디아스포라의 정치학: 최근 중국-조선족 문학비평을 중심으로	중국-조선족, 민족(성)/국민(성), 정체성의 정치, 디아스포라, 디아스포라적 사유, 디아스포라/민족의 이중역학, 디아스포라의 정치학	KCI
	박미란	TV드라마 〈다모(茶母)〉의 서술 방식과 재현 방식 연구	텔레비전 드라마, 〈다모〉, 일상성, 분절적 수용, 현전성, 지연, 회상, 환기	KCI
	김종방	한국 과학소설의 성립과정 연구	한국과학소설, 애국계몽, 제국주의, 개화기	석사

시대	저자	논문 제목	키워드	논문
	박인성	인터넷 소설의 작은 역사	인터넷 소설, 키치, 오타쿠, 하이퍼픽션, 팬 픽션, 데이터베이스, 컴퓨터 매개 의사소통, 전자 담화, 트위터 소설, 브리콜라주	KCI
	오혜진	기계의 눈과 우울한 오브제: 기술제국의 시각지배와 식민지의 사진 (무)의식	사진(기), 사진 읽기, 흔들리는 텍스트, 예술사진, 선전사진, 가시성, 시각장, 시각 테크놀로지, 기술제국, 시각지배, 스파이 담론, 예술의 규칙, 파시즘	KCI
P7 박근혜	홍단비	투명인간 모티프에 나타난 젠더 정치성 연구: 90년대 이후의 소설을 중심으로	투명인간 모티프, 변신모티프, 남성성, 여성성, 젠더 정치성, 유동적 젠더성	KCI
	이수은	한국과 중국에서의 『인형의 집』 수용과 노라	근대극, 입센, 인형의 집, 양건식, 신여자, 후스, 신칭니엔	KCI
	mayan	한·중 칙릿(Chick-Lit) 비교: 『달콤한 나의 도시』와 『상하이 베이비』를 중심으로	칙릿, 현대 여성, 소비의 이중성, 결혼제도, 섹슈얼리티, 정체성	KCI
	허주영	최승자 초기시의 은유구조를 통한 세계인식 연구	최승자, 초기시, 자기 존재, 시대, 사랑, 죽음, 세계인식, 삶으로서의 은유, 개념적 은유, 혼성 은유, 인지언어학, 조지 레이코프, 마크 존슨, 질 포코니에르, 마크 터너	석사
	조서연	누아르와 멜로드라마 사이의 좌절: 1990년대 후반기 조폭영화의 남성성	조폭영화, 감정의 구조, 누아르적 세계, 멜로드라마적 인식, 동성사회성, 가족 로망스, 진정성	KCI
P8 문재인	정고은	2015~2016년 페미니즘 출판/독서 양상과 의미	페미니즘, 베스트셀러, 페미니즘 도서, 페미니즘 출판, 독서 문화	KCI
	김선	매일신보 역사소설 삽화의 구성과 재현 양상: 삽화가 이승만의 작품을 중심으로	이승만, 역사물 삽화, 매일신보, 삽화예술, 삽화사	KCI
	반재영	1960년대 한국 민족주의와 최인훈 소설의 담론적 대응에 관한 연구: 탈식민주의적 관점을 중심으로	1960년대, 민족주의, 최인훈, 회색의 의자, 회색인, 서유기, 총독의 소리, 주석의 소리, 민족, 국민, 민족국가, 제국주의, 식민주의, 후기식민지, 탈식민주의, 보편주의, 4·19, 5·16, 동원, 사상계, 세대, 청맥, 매판, 난민, 단독적 보편성, 세습적 회생자의식, 정치적 주체화	석사

구도 활성화되었다('한중 비교' 등). 마지막으로 P8(문재인) 시기에는 P7과 마찬가지로 페미니즘 연구와 지금까지 주된 연구 대상으로 삼지 않았던 여러 텍스트('삽화', '미술' 등)를 분석하거나 탈식민주의 연구가 주를 이루었다.

반면 오늘날의 50대이자, 386은 그 상대적 규모에도 불구하고, 살아오는 내내 특정한 정도로 결집된 상태를 지금까지 유지해 오고 있다. 이는 1980년 이후 가속도가 붙은 국문학 연구가 이전 세대와의 급격한 단절을 통해 부흥했고, 이들이 가졌던 사상적·사회적 동질성이 지금까지 단단하게 유지되고 있다는 것을 뜻한다(강진호, 2013).[5] 해당 동질성의 연원 중 하나는 1988년 월북/납북 문인에 대한 해금조치였다. 해금은 그 전까지 제대로 다루지 못했던 카프KAPF, 광복 직후의 좌우 이데올로기 대립 등의 연구를 가능케 했다. 386은 87년 체제가 낳은 해금이라는 '시혜'를 마음껏 누릴 수 있었고, 이후 지금까지의 국문학 연구에도 큰 영향을 끼쳤다(유임하, 2018).

이 같은 역사적 특수성이 정치나 언론과 같은, 우리 사회의 다른 부문들로 일반화할 수 있는 것이라면 오늘날 20대와 50대의 대립과 갈등을 상정하는 것은 몇 가지 이유로 무의미할 수 있다. 첫째, 이 같은 결집도와 다양성, 세력의 차이는 어느 세대도 의도한 것이 아니다. 1980년대의 날카로운 경험이 지속되는 인구 집단이 자신의 문화적 정향을 재생산하는 물적 기반과 소비 시장을 장악하고 있는 한, 이들 20대가 시대의 총아가 되는 자기 수정적, 혹은 진보적 상황이 발생하기 어렵다.

둘째, 문제는 분석 기간 내내 각 시대의 20대가 항상 보여준 다양성이 어떤 식으로 좌절되어 왔는가가 우리 사회의 미래를 가늠하는 데 훨씬 유용하다는 점이다. 이는 50대가 20대에게 정치나 경제 권력을 양위하는 데서 해결책을 찾는 시각과 다른 것이다. 이는 애초에 불가능한 목표이기 때문이다. 오늘날 50

---

5   1970년대생과의 대비를 통해 386의 내적 결집을 논한 연구들은 다음을 참조하라. 이동연(2003), 김세균(2010), 박병영(2006).

대가 자신의 것을 포기하는 순간, 자기가 부양하는 20대에게도 영향을 미친다.

중요한 것은 권력의 양위가 아니라, 기회를 열어주는 것이다. 어찌 보면 같은 말이기도 하지만, 50대가 구성하고 있는 문화적·사회적·정치적 소비 시장에 20대가 진입할 수 있는 기회를 열어주는 것이 청년에게 공천과 지원금을 주는 것보다 훨씬 현실적인 갈등 해소 방안이 될 수 있다. 50대가 20대의 정신과 문화를 소비하는 방향으로 나아가야 한다는 것이다. 그러나 이 같은 문화적 목표가 몇몇 선각자들의 자발적 운동으로 일어나지 않을 것임을 우리는 역사적 경험을 통해 잘 알고 있다. 진정한 해결은 이 비대칭적인 인구구조가 생물학적으로 해소될 때 가능하게 될지도 모른다.

이 연구를 통해 우리는, 우리가 설정한 기준 아래에서, 지난 40여 년간 한국 사회에서의 세대 사이 관계와 각 세대의 시간적 변화 과정을 가늠할 수 있었다. 이를 통해 우리는 다음의 질문들에 대한 답을 하고자 했다. 이 글을 다시 질문으로 마무리하는 이유는 우리가 제시한 몇 가지 대답들과 다른 새로운 답변들이 여전히 요청되기 때문이다.

1. 1980년대에는 386이 20대였다. 당시 50대는 20대를 어떻게 보았을까를 감안하면, 오늘날 386이 20대에게 던지는 문화적·정치적 힐난의 정당성 또한 되물어야 하지 않을까?(이원태, 1997; 임민, 1996; 정진민·황아란, 1999)

2. 이 같은 세대 차이의 일반성에도 불구하고, 오늘날 386의 사회적 권력의 역사-구조적 원인 또한 간과해서는 안 된다. 이들이 현재 누리고 있는 경제·문화 권력은 언제 어떤 방식으로 양위될 수 있을 것인가. 이들의 생물학적 퇴장을 기다리는 사이 젊은 세대의 새로운 문화적 다양성과 이를 통한 우리 사회의 문화적 진보가 질식할 가능성은 없는가.

참고문헌

강진호. 2013. 「문학과 사회, 그리고 문학연구」. ≪상허학보≫, 37, 11~45쪽.

국토지리정보원. 2018. 『대한민국 국가지도집 3』. 서울: 국토지리정보원.

김병준·전봉관·이원재. 2017. 「비평 언어의 변동: 문예지 비평 텍스트에 나타난 개념단어의 변동 양상, 1995~2015」. ≪현대문학의 연구≫, 61, 49~102쪽.

김사과·정다혜·한윤형·정소영. 2010. 「20대 얘기, 들어는 봤어?」. ≪창작과비평≫, 38(1), 269~299쪽.

김선기. 2016. 「'청년세대' 구성의 문화정치학」. ≪언론과 사회≫, 24(1), 5~68쪽.

김세균. 2010. 「한국의 정치지형과 청년세대」. ≪문화과학≫, 63, 47~65쪽.

김영경. 1999. 「한국의 정치세대에 관한 경험적 연구: '민주화세대'와 '신세대'의 비교를 중심으로」. ≪동향과 전망≫, 41호(봄여름호), 119~133쪽.

박병영. 2006. 「세대와 정치적 정체성」. ≪한국사회학대회논문집≫, 197~198쪽.

박승옥. 2011. 「협동조합, 노동운동의 활로」. ≪녹색평론≫, 119.

유임하. 2018. 「해금조치 30년과 근대문학사의 복원」. ≪반교어문연구≫, 50, 69~96쪽.

이내영. 2002. 「세대와 정치이념」. ≪계간 사상≫, 54호(가을호), 53~79쪽.

이내영·신재혁. 2003. 「[일반논문] 세대정치의 등장과 지역주의」. ≪아세아연구≫, 46(4), 283~309쪽.

이동연. 2003. 「[기획]세대정치와 문화의 힘」. ≪문화과학≫, 33, 95~108쪽.

이원재. 2018. 「사회의 혁신과 세대의 역할」. ≪사회적 가치와 사회혁신≫, 박명규·이재열 엮음. 서울: 한울아카데미, 222~238쪽.

이원태. 1997. 「김구가 누구냐는 X세대의 정치적 출구」. ≪월간 말≫, 134호(8월호), 150~153쪽.

이현우. 2005. 「2030세대와 참여정치 거버넌스」. ≪IITA] 정보통신연구진흥원 학술정보≫.

임민. 1996. 「특집3: 한국의 세대론-정치의식과 사회의식 20대-정신도 육체도 '자유'로운 신세대」. ≪역사비평≫, 34호(봄호), 155~162쪽.

정원옥. 2016. 「재난 시대, 청년 세대의 문화정치」. ≪문화과학≫, 88, 157~175쪽.

정진민·황아란. 1999. 「민주화 이후 한국의 선거정치」. ≪한국정치학회보≫, 33(2), 115~134쪽.

정한울. 2011. 「[세대연구] 안티 한나라당 세대, 30대의 정치행태 분석」. ≪EAI오피니언리뷰≫, 1~8쪽.

천정환. 2007. 「문화론적 연구의 현실 인식과 전망」. ≪상허학보≫, 19, 11~48쪽.

최세경. 2003. 「한국언론에 나타나는 사회적 갈등담론의 구조」. ≪한국방송학회 학술대회 논문집≫, 231~268쪽.

최유정·최샛별. 2013. 「연령대별 세대 의식과 정치적 태도를 통해 본 세대의 경계」. ≪사회과학연구논총≫, 29(2), 159~201쪽.

허지웅. 2011. 「20대와 세대론의 결별」. ≪세계의문학≫, 36(2), 289~301쪽.

홍성태. 2004. 「[특집 : 위기의 청년] 세대갈등과 문화정치」. ≪문화과학≫, 37, 154~172쪽.

Said, Edward W. 1978. *Orientalism*. New York: Pantheon Books.

자료와 텍스트에 대한 양적 분석 방법

자료: 한국 현대문학연구 논문 서지 데이터

우리는 한국 현대문학 비평 텍스트와 저자·연구자들의 사회학적 배경 사이의 관계를 연구해 왔다(김병준·전봉관·이원재, 2017). 문학 비평 텍스트가 한국 사회를 바라보는 가장 예민한 정신세계를 대표해 왔다고 생각하며, 시대적 담론을 선도해 왔다고 믿기 때문이다.[1]

시기와 연령 집단을 대표하는 데이터를 수집하기 위해, 우리는 기존 데이터의 범위를 늘렸다. 1980~2019년 사이에 1818명의 저자가 쓴 한국 현대문학 학술지 논문KCI과 석·박사 학위논문 1만 3399건을 수집하고, 이를 자연어 처리와 네트워크 방법론을 통해 분석했다. 이를 통해 연령 집단 사이의 차이와 연령 집단별 시대적 변화들을 수치화하여 분석할 것이다.

자료(data) 수집

우리는 총 세 곳에서 파이썬Python을 활용해 데이터를 수집했다. 첫째, 한국연구재단이 운영하는 KCI 국내학술지 인용색인 정보 사이트(www.kci.go.kr)에서 국어국문학 분과 관련 논문 서지정보를 수집했다. 논문검색 탭에서 주제

---

1   실제로 2018년 국내 일반대학원 언어/문학(어문) 계열 석·박사 학위자 총 1522명 중에 약 57%인 864명이 국어국문학 전공자로 가장 많은 비율을 차지했다. 철학, 사학 등이 포함된 전체 인문 계열 내에서도 심리학과(889명)에 이어 두 번째로 많은 학위자를 배출했다(출처: 한국교육개발원 교육통계서비스, https://kess.kedi.re.kr/). 많은 학위자를 배출한 것이 시대정신을 곧바로 선도한다고 보기는 어려우나 국문학이 가장 활발한 연구가 이뤄지는 분야임을 알 수 있다.

구분	데이터 종류	건수	출판 연도	비고
KCI	학술지 서지정보	51,198건	1980~2019	국어국문학 분과 모두 포함 (현대문학, 고전문학, 어학)
RISS	학위논문 서지정보	21,815건	1955~2019	국어국문학 분과 모두 포함 (현대문학, 고전문학, 어학)
KRI	연구자 인구사회학 정보	6,692명	(생년) 1914~1994	국어국문학 분과 모두 포함 (현대문학, 고전문학, 어학)

분류에 '인문학-한국어와문학'을 선택해 정규 논문 및 비정규 논문을 포함해 총 5만 1198건의 논문 서지정보를 가져왔다(2019년 9월 30일 기준). 둘째, 한국교육학술정보원에서 운영하는 RISS(www.riss.kr)에서는 국어국문학과 석·박사 학위논문 서지정보를 수집했다. 학위논문 검색 탭에서 출신학과에 '국어국문' 혹은 '국문'이라고 입력해 총 2만 1815건(2019년 9월 30일 기준)의 서지정보를 정리했다. 이때 KCI/RISS의 논문 서지정보에는 논문의 제목, 저자, 학술지, 출판 연도, 주제어, 초록, 목차 등이 포함되어 있다. 셋째, 연구자들의 인구사회학적인 정보(나이, 성별, 최종학위 등)는 한국연구재단에서 운영하는 한국연구자정보(www.kri.go.kr)에서 수집할 수 있었다. 총 세 가지 영역의 데이터를 정리하면 부표 1과 같다.

데이터 전처리

이 연구의 데이터는 국문학 분과 중 '현대문학' 관련 연구로 한정했다.[2] 1단계로 KCI 학술지 서지정보에서 어학이나 고전문학 관련 연구를 여러 질의어를 활용해 제외했다. 예를 들어 한시, 고전소설, 통사론, 음운론 등의 단어가 제목이나 논문 초록 등에 포함되어 있을 경우 제외했고, 고전문학 혹은 어학 관련 학회가 운영하는 학술지(예: 한국고소설학회의 고소설연구)의 경우도 역시 제

---

2   국어국문학 연구 분과는 크게 '어학', '고전문학', '현대문학'으로 구성된다.

부표 2 전처리 후 데이터

구분	데이터 종류	건수	출판 연도	비고
KCI	학술지 서지정보	12,734건	1980~2019	현대문학 분과
RISS	학위논문 서지정보	825건	1980~2018	현대문학 분과
KRI	연구자 인구학적 정보	1,818명	(생년) 1929~1993	현대문학 관련 연구자만 추출

표 3 논문 서지정보 컬럼

제목	문예지를 매개로 한 한국 소설가들의 사회적 지형: 1994~2014
저자	전봉관
학술지	현대소설연구
출판 연도	2016
주제어	〔'문학 권력', '사회 연결망 분석', '정실주의', ≪창작과 비평≫, ≪문학동네≫, ≪문학과 사회≫〕
초록	우리는 1994년에서 2014년까지 간행된 ≪창작과 비평≫, ≪문학동네≫, ≪문학과 사회≫ 전체의 서지정보를 조사했다. (중략)
연구자 생년	1971
당시 연구자 만 나이	45

외했다. 2단계로 KCI '한국어와문학' 분류의 논문을 쓴 모든 연구자의 세부전공 정보를 KRI에서 수집해 현대문학 연구자들만 따로 뽑아내고, 해당 연구자들의 연구를 현대문학 연구로 판단했다. 마지막으로 현대문학 연구자로 구분한 연구자의 최종 학위논문을 RISS에서 가져와 데이터에 포함했다. KRI 연구자 정보에 적힌 연구자의 최종학력이 '석사'라면 해당 연구자의 이름, 생년, 최종학위 학교 정보를 활용해 해당 연구자의 '석사학위논문'을 RISS 논문 서지정보(이름, 학위수여 대학, 석·박사 학위 구분)와 매칭했다. 데이터 전처리 과정을 통해 연구의 분석 대상 데이터는 부표 2와 같다.

그리고 부표 3과 같이 총 1만 3559건(KCI/RISS)의 논문 데이터와 연구자 정보를 하나의 표로 만들어 분석에 활용했다.

부표 3에 사용된 논문의 경우 세 명의 저자가 참여했는데 위와 같이 복수의 저자가 참여한 논문은 제1저자를 해당 논문의 대표 저자로 처리했다.

형태소 분석

데이터 전처리를 통해 확보한 총 1만 3559건의 논문의 제목, 주제어, 초록, 목차(학위논문만 있음)를 하나의 텍스트 컬럼으로 합친 후 해당 텍스트를 형태소 분석을 통해 '명사'만 추출하는 과정을 거쳤다. 자연어 처리는 인간의 언어인 자연어를 컴퓨터가 알아들을 수 있는 형태로 변경하는 작업(디지털화)을 뜻한다. 문장 형태의 텍스트는 컴퓨터가 이해할 수 없기 때문에 의미를 가진 최소의 단위인 '형태소'로 문장을 분절화한다.

일단 형태소 분석에 앞서 텍스트 데이터에 있는 모든 한자를 한글로 변환했다. Python의 hanja 패키지[3]로 자동변환이 가능했다. 두 번째, 형태소 분석기는 Python 패키지 중 PyKomoran[4]을 활용했다. PyKomoran의 사용자 사전 추가 기능을 바탕으로 주요 문인과 연구자들의 인명과 주요 복합명사(예: '근대문학', '한국문학', '현대문학', '시인론', '김수영' 등)를 사용자 사전에 추가했다. 만약 '근대문학'이라는 단어가 형태소 분석기 내 기본 사전에 등록되어 있지 않다면, 해당 단어는 '근대', '문학'이라는 두개의 단어로 인식되기 때문이다. 이 과정에서 약 1900여 개의 단어를 사용자 사전에 추가할 수 있었다. 데이터 전처리 과정에서 예시를 든 논문의 텍스트를 형태소 분석 과정을 거치면 부표 4와 같다.

그다음에는 추출된 명사 리스트에서 불용어Stop words[5] 처리를 통해 문법적인 역할을 하거나 의미 없는 단어들을 제거했다. 불용어 리스트에는 대명사, 지시어, 그리고 논문의 특성상 항상 등장하지만 의미 없는 단어들('연구', '내용',

---

3   https://github.com/suminb/hanja
4   https://github.com/shineware/PyKOMORAN
5   https://en.wikipedia.org/wiki/Stop_word

부표 4 **형태소 분석과정 예시**

저자	텍스트	명사
전봉관	- 문예지를 매개로 한 한국 소설가들의 사회적 지형: 1994~2014 - 우리는 1994년에서 2014년까지 간행된 ≪창작과 비평≫, ≪문학동네≫, ≪문학과 사회≫ 전체의 서지정보를 조사했다. (중략)	- 문예지, 매개, 한국, 소설가, 사회, 지형, 우리, 간행, 창작과 비평 (중략)

'필자', '결론' 등)을 포함시켰다. 풍부한 사용자 사전과 정교한 불용어 처리는 텍스트 데이터 분석에서 가장 중요한 과정이기에 수차례의 반복 작업을 거쳤다.

TF-IDF

우리는 형태소 분석 과정에서 도출된 명사 말뭉치를 한국 현대문학 연구자들의 개념단어로 보고 주요 개념단어군을 만들었다. 인문학 연구에서 관념이나 개념은 해당 연구의 트렌드나 시대상을 반영하는 중요한 요소로 디지털 인문학Digital Humanities 연구에서 큰 줄기(김병준·전봉관·이원재, 2017)를 이룬다. 이때 우리는 단순 개념단어의 빈도수Term Frequency가 아니라 역문서 빈도Inverse Document Frequency를 반영한 TF-IDF[6]를 활용했다. 역문서 빈도는 전체 문서 수에 해당 단어를 포함한 문서의 수로 나눈 다음 로그를 취해서 구한다. 그리고 빈도수와 역문서 빈도를 곱해 TF-IDF 가중치를 구할 수 있다. 이를 테면 TF-IDF 가중치는 단어의 상대적인 중요도를 뜻한다. 어떤 학생이 국어와 수학 점수를 각각 80점과 50점을 받았다고 한다면, 절대적인 점수로 봤을 때는 국어 과목에서 더 높은 성취를 기록했다고 할 수 있다. 하지만 각 과목의 평균 점수가 국어 80점, 수학 20점이라면 수학 50점을 받은 것이 상대적으로 더 높은 성취를 이뤘다고 할 수 있다. TF-IDF는 단어의 절대적인 빈도만을 고려했

---

6   https://ko.wikipedia.org/wiki/TF-IDF

부표 5 **문서-단어 행렬 예시**(13599 x 2000)

	소설	여성	한국	근대	...
문서1	3.422	1.52	0.12	4.243	
문서2	...	...	...	...	
문서3	...	...	...	...	
....	...	...	...	...	
문서 13599	0.4521	4.22	1.234	0.543	

을 때 무시되는 상대적인 중요도를 보완하는 상대적인 점수이다. 예컨대 우리 데이터에는 거의 대부분의 논문에서 '소설', '시' 같은 단어가 등장한다. 해당 단어들은 문학 연구에서 가장 중요한 개념단어들이지만 거의 모든 문서(논문)에 등장하기에 해당 문서만의 특징을 드러내는 고유 단어로 보기 어렵다. 이런 문제를 해결하기 위해 소수의 문서에만 등장하는 단어들에 가중치를 부여하는 TF-IDF를 사용한다.

이 연구에서는 1만 3559건의 논문에 등장한 명사의 TF-IDF 가중치 상위 2000개의 단어를 개념단어군으로 설정했다. 2000개 단어는 논문에서 등장한 2만 784개의 단어 중 상위 10%에 속하는 범위다. 모든 분석은 2000개의 공통 단어군을 기준으로 했다. 선정된 단어를 바탕으로 한 문서(논문)-단어 행렬Document-Term Matrix은 부표 5와 같다.

문서-단어 행렬을 기반으로 저자-단어 행렬을 만들었다. 예컨대 문서(논문) 1, 3, 5번의 저자가 A일 때 A 저자의 문서-단어 행렬 벡터Vector 값을 모두 더하면 해당 저자의 저자-단어 행렬의 벡터값이 된다. 여기서 주의할 점은 단순히 고유한 저자만 고려하지 않고, 해당 저자의 논문 게재 당시의 나이까지 고려했다는 것이다. 예컨대 연구자 김윤식의 논문이 1990년에 발표되었을 당시의 김윤식의 나이는 만 54세로 해당 논문의 저자는 '김윤식_50대'로 표기한다. 즉, 2000년에 김윤식이 발표한 논문의 저자는 '김윤식_60대'로 처리해 '김윤식_50대'와 서로 다른 저자로 구분되게 했다. 저자와 당시 나이를 모두 고려해

부표 6 저자 나이 - 단어 행렬 예시(3293 x 2000)

구분	소설	여성	한국	근대	...
김윤식_50대	3.422	1.52	0.12	4.243	
김윤식_60대	...	...	...	...	
천정환_40대	...	...	...	...	
....	...	...	...	...	
저자_OO대	0.4521	4.22	1.234	0.543	

보니 1818명의 연구자는 3293명으로 증가했다(부표 6).

주성분 분석

주성분 분석Principal Component Analysis: PCA은 변수 추출feature extraction과 차원 축소dimensionality reduction로 많이 쓰이는 방법론이다. 주성분 분석을 통해 원 데이터의 분산Variance을 최대한 보존하면서 가장 주요한 성분이 무엇인지 확인할 수 있다. 예컨대 강아지를 식별하는 알고리즘이라면 강아지 사진에서 강아지의 전체 모습을 보는 것이 아니라 강아지만의 고유한 특징(입과 코 모양, 이빨 등)을 가져와 분석하는 게 효율적이고 더 높은 정확도를 보인다. 이 연구에서는 TF-IDF 가중치 기준으로 상위 2000개의 단어를 활용하는데, 문서-단어 혹은 저자-단어 행렬에서 2000개의 차원이 존재함을 뜻한다. 즉, 개별 단어가 하나의 차원이며 각 문서 혹은 저자가 2000개의 차원을 갖고 있다. 주성분 분석은 하나의 문서나 저자를 설명하는 2000개나 되는 고차원의 데이터를 저차원으로 바꿔준다. 이 연구에서는 가장 주요한 두 개의 차원(PC1, PC2)을 활용해 2차원 좌표(PC1: x좌표, PC2: y좌표)를 생성했다. 이때 R을 활용했고, 각 연구자의 논문 게재 횟수가 다르므로 주성분 분석 패키지prcomp[7] 내 표준화scale 기능을 추가해 연구를 진행했다.

---

7   https://stat.ethz.ch/R-manual/R-devel/library/stats/html/prcomp.html

코로나가 일으킨 클래식 음악계의 지각변동

조은아 경희대학교 후마니타스칼리지

"미래는 이미 와 있다. 단지 골고루 퍼져 있지 않을 뿐이다The future is already here, it's just not evenly distributed"(*The Economist*, 2001.6.21). 윌리엄 깁슨William Ford Gibson의 이 문장이 새로운 기술시대에 대한 확신을 보여준 지 벌써 20년이 지났다. 그동안 디지털 기술은 여러 분야에서 지각변동을 일으켰지만 유독 공연장과 강의실만큼은 이 변화를 애써 외면하며 둔감했었다. 관객과 학생은 21세기 디지털 세대로 첨단을 달리는데도 예술가와 교육자는 20세기의 양식에 매달려 19세기와 다름없는 공연장과 강의실에서 벗어나지 못했던 것이다.

그러다 지구를 강타한 코로나19로 인해 보수적인 공연계마저 그 누구도 겪어본 적 없는 새로운 변화를 맞닥뜨리게 되었다. 전 지구적 감염병에 대한 우려는 사람들이 함께 어우러지는 공동체 특성이 강한 공연 예술계에 특히 치명적이었다. 불특정 다수가 모이는 집합적 공간에 대한 불신은 공연장과 강의실을 온라인 공간으로 다급히 이동시키는 중이다. 코로나19는 근대적인 공연장에 미래기술을 단박에 퍼뜨린 계기가 되었지만, 반강제로 등 떠밀려 마주한 언택트 문화는 공연예술계의 근간을 흔들고 있다.

클래식 공연의 오래된 미덕

클래식 음악계는 독특한 공연문화를 갖고 있다. 윤리적인 에티켓이라 여길 정도로 콘서트홀의 청중들은 음악이 연주되는 동안 엄숙하고 진지한 침묵 속에서 온 정신을 몰두해 음악을 감상한다. 대중음악 공연장에선 옆 사람에게 음악이 잘 안 들리니 조용히 해달라 부탁하지 않는다. 그러나 클래식 공연장에선 이 요청이 용인될 만큼 집중·몰입과 침묵이 우선한다. 악장 사이 박수가 금지될 정도로 음표 뒤에 숨어 있는 맥락과 의미까지 찾아내기 위해 심혈을 기울여 감상하는 것이다.

이렇게 콘서트홀에서 연주되는 곡들은 작곡가가 죽은 후에도 연주되는, 소위 음악 박물관에 살아남은 작품들이다. 청중의 호불호와 시간의 풍화를 견뎌낸 이 곡들을 음악계에선 '레퍼토리repertory'라 일컫는다. 대중가요는 작곡자의 이름이 중요하지 않지만, 클래식 음악은 작곡가와 연주자 사이에도 수직적 위계가 형성될 정도로 보수적인 전통을 오랫동안 유지해 왔다. 불멸의 거장이 남긴 불후의 명곡들을 전문 연주가의 연주를 통해 재현했던 것이다.

클래식 음악가는 세상에 등 돌리고 개인의 표현에 몰두하는 것을 미덕으로 삼았다. 대중의 취향에 영합해 인기를 얻기 위해 노력하기보다는 오히려 대중성이 부족할수록 진지한 예술이라는 평가를 받았다. 순수 예술가에게 경제적 성공은 부러움이 아니라 비난당해야 마땅하다는 인식이 팽배했다. 일시적 유행을 좇아 이윤을 추구하는 것을 그 어느 분야보다 경계했다.

비일상적 공간, 콘서트홀

콘서트홀은 비일상적인 공간으로 오랫동안 기능했다. 18세기까지만 해도 객석에서 음식물을 먹거나 흡연이 가능할 정도로 지금보다는 훨씬 자유로운 분위기였다. 공연장이 사교와 오락을 위한 공간이었던 것이다. 그러다 조명기술이 발달한다. 조명의 원료가 되는 가스를 섬세히 조절하는 기술 덕택에 무대를 밝히고 객석은 어둡게 만드는 것이 가능해졌다. 덕분에 이전에는 3시에 시작해 5시에 끝나던 공연이 5시에서 7시로 늦춰질 수 있게 되었다. 어두운 객석에선 사교가 일어나기 어렵다. 게다가 공공음악회를 표방한 대형 공연장이 생겨나면서 익명의 관객들이 늘어났다. 어두운 객석에서 생판 모르는 낯선 사람과 수다를 나누기는 어려운 일이다. 무대에 집중하는 물리적 환경이 갖춰지면서 불후의 명작을 거장의 연주로 집중해서 듣는 문화가 서서히 자리 잡았다.

이렇듯 콘서트홀은 청중들의 집중을 북돋우며 일상으로부터 격리시킨다. 순수한 음악 감상을 위해 바깥소리는 완전히 차단되고 고도의 정신적인 체험이 일어나는 이상적인 공간이 되었다. 콘서트홀의 현장성은 나무악기의 살아 있는 배음이 자아내는 공간감으로 구현된다. 피부로 느끼는 생생한 울림, 라이브 공연의 매력에 수많은 청중이 매료되었다.

라이브 실황의 현장성을 지휘자 정명훈은 이렇게 비유하기도 한다. 음반을 통해서 듣는 음악은 식당에서 메뉴판의 사진을 보고 음식의 맛을 상상하는 것과 같고, 공연장에서 직접 듣는 음악은 실제 음식을 맛보며 혀와 이빨로 생생하게 느끼는 미각이라는 것이다. 바로 이 라이브의 현장성은 연주의 일회성이라는 특징으로 강화된다. 어떤 무대건 한 번 연주가 이루어지고 나면 다시 돌이킬 수 없다. 일회성은 연주자들의 무대공포증을 유발시키는 원인인 동시에, 청중들에게 연주의 희소성이라는 만족감을 높였다.

기술복제 시대, 음반의 등장

이렇듯 보수적인 악풍을 유지해 오던 클래식 음악계에 기술 발전은 여러 가지 패러다임 변화를 가져왔다. 1920년 기술복제 시대가 본격적으로 시작되면서 라디오와 레코드, 오디오 같은 기기가 음악계 판도를 바꿔나갔다. 예전에는 공연장에서만 실제 연주를 들을 수 있었지만, 이제는 가정이나 거리에서 언제 어디서든 감상하는 것이 가능해진 것이다. 비일상적인 콘서트홀에 묶여 있던 음악이 일상적인 공간으로 스며들고, 반복 가능한 감상을 통해 일회성역시 극복되었다.

음반 녹음의 발달은 연주 스타일에도 전격적인 변화를 가져왔다. 완벽하지 않은 연주를 영원히 기록할 수는 없는 법이다. 서투른 기교가 용납되지 않으니 기술적으로 완벽한 연주들만이 미덕으로 통했다. 음향의 섬세한 뉘앙스나음악의 깊이보다는 남들보다 빠른 연주, 고도의 테크닉을 시위하는 연주들이난무했다. 이렇듯 틀린 음을 제거하고 속도가 빨라진 연주 스타일은 지역성의개성마저 마모시킨다. 프랑스건 독일이건 러시아건 유사한 연주 스타일을 공유하게 된 것이다. 그래서 철학자 발터 벤야민Walter Benjamin은 콘서트홀 실황이 주는 현장성, 그 아우라aura를 상실하는 것에 대해 안타까움을 표했다. 아무리 서툰 연주라도 음반이 라이브를 이길 수는 없다 주장했다.

코로나, 클래식 음악계의 지각변동

음반산업의 발달이 가져온 음악계의 변화는 우리가 지금 겪고 있는 코로나가 불러온 변화에 비하면 완만한 것일지 모른다. 2020년 3월 이전엔 전혀 상상할 수 없던 비현실적 일상들이 펼쳐졌다. 코로나는 우리의 삶과 예술에 격렬한 지각변동을 일으키고 있다. 콘서트홀은 폐쇄되었고, 공연들은 기약 없이연기되거나 아예 취소되었다. 지나가는 태풍과 같이 일시적인 위기이길 바랐지만 조만간 회복되리라는 기대는 점점 무력해지는 중이다. 음악가들은 뿔뿔이 격리된 채 고립을 견디며 무관객 스트리밍, 랜선 공연이라는 새로운 형식의 돌파구를 찾게 되었다. 전염병에서 비롯된 공연 방식과 감상법의 진화는 기존 공연장을 물리적으로 개축하는 데까지 이를 정도로 거대한 패러다임의 전환을 가져오고 있다. 공연예술을 전혀 새로운 방식으로 정의하게 만든 코로나의 위기에 대해 클래식 음악계는 어떻게 대응하고 있는지 살펴보고, 미래의 변화에 대해 예측해 보도록 하자.

공연 영상화를 개척하다: 베를린 필 & 메트로폴리탄 오페라

코로나 이전, 클래식 음악계에서 영상화 작업을 가장 선구적으로 이끌어온 두 공연 단체가 있었다. 첫 번째는 뉴욕의 메트로폴리탄 오페라단으로 2006년부터 '시네마 라이브'[1] 서비스를 시작하며 대형 스크린과 훌륭한 음향시설이 설치되어 있는 영화관에서 오페라 전막을 상영했다. 한국에서도 코엑스의 메가박스, 롯데시네마, 마리아 칼라스홀 등의 공간에서 오페라 전막 공연을 영상으로 상영한다. 뉴욕에 있는 극장까지 갈 수 없던 지구촌 곳곳의 청중들이 메트로폴리탄의 수준 높은 공연을 감상할 수 있게 된 것이다.

2008년부터 시작된 베를린 필Berline Phil의 영상화 작업은 메트로폴리탄과는 그 방향이 달랐다. IT 기반의 스트리밍 서비스인데, 내 집 소파에 편히 앉아서 볼 수 있는 '디지털 콘서트홀'[2]을 시작한 것이다. 베를린 필은 2020년 3월 세계의 공연장이 코로나로 폐쇄되었을 때, 공연단체 중 거의 최초로 그동안 축적해 온 영상 아카이브를 전격 무료로 공개했다. 1960년대 카라얀Karajan의 영상부터 현 상임지휘자인 키릴 페트렌코Kirill Petrenko의 공연 실황까지 풍성한 영상들을 감상할 수 있게 한 것이다.

1 　메트로폴리탄 오페라, 시네마 라이브 https://www.metopera.org/season/in-cinemas/
2 　베를린 필하모닉, 디지털 콘서트홀 https://www.digitalconcerthall.com/ko/home

한국의 경우, 영상 공연의 인프라가 절대적으로 부족한 데다 개발에도 소극적이었다. 동영상 제작의 용도가 단지 공연 기록이나 증명에 있었기 때문이다. 동영상으로 수익을 내기 어렵다는 선입견도 팽배해 카메라 한 대로 단출하게 촬영하는 경우가 대부분이었다. 이런 공연의 단순한 기록 영상이 공연장으로 관객을 유인하기 위한 홍보 영상으로 천천히 진화하는 중이었다.

예술의전당, Sac on Screen

2013년, 한국의 예술의전당도 공연 영상화 사업Sac on screen을 야심차게 추진하기 시작했다. 메트로폴리탄 HD Live를 벤치마킹하면서 처음부터 영화관 상영을 목표로 공연을 제작했다. 시·공간의 제약을 넘어서 예술의전당 국보급 콘텐츠를 전방위로, 전국 방방곡곡에서 가깝게 감상할 수 있도록 제공하겠다는 목표를 내세웠다. 초창기에는 예술의전당 내부 구성원조차 사업의 성과에 회의적이었다. 영상 제작은 예술의전당의 본업이 아닌데다 자체 공연을 제작하는 메트로폴리탄이나 베를린 필과는 달리 예술의전당 대다수 공연은 대관으로 진행되었기 때문이었다. 대관공연의 영상 제작에서 저작권 문제를 어떻게 풀어갈지도 첨예한 이슈였다. 저렴한 가격에 공연 영상이 전파되면 누가 돈을 내고 굳이 공연장까지 찾아오겠느냐 우려도 있었다(≪시사뉴스≫, 2014.9.24).

영상 제작을 위해 4K 카메라 10대, 5채널 서라운드 음향 등 고가의 기기들이 투입되었다. 촬영은 한 번만 하는 게 아니라 3회차, 4회차까지 진행되면서 60명 이상의 제작진을 투입했다. 영상 하나를 제작하는 데 7개월 정도 소요되었으니, 공연 한 편당 평균 1억 원의 비용이 지출되었다. 예술의전당은 이를 수익성 사업으로 여기지 않았다. 오히려 지방 문예회관, 군부대로 음악문화의 저변을 확대하겠다는 공익적인 목표를 내걸었다. 이 Sac on screen는 코로나 이전에는 메트로폴리탄처럼 영상, 음향기기를 갖춘 곳에서 상영되다가 코로나 이후에는 베를린 필의 디지털 콘서트홀처럼 온라인 서비스로 전격 전환을 맞게 된다.

모자이크 앙상블

코로나 이후 밀집·밀폐의 위험을 가진 공연장들이 전격 폐쇄되고 공연 또한 줄줄이 취소되면서 클래식 음악계엔 자구책으로 온라인 랜선 콘서트가 우후죽순 생겨났다. 특히 격리된 연주자들이 각자의 집에서 핸드폰으로 자신의 연주를 촬영해 올리는 홈플레잉Home Playing 연주 방식이 급격히 증가하게 되었다. 연주 영상을 유튜브와 인스타그램, 페이스북 등의 개인 SNS에 공개하면서 무대에서는 접하기 힘들었던 연주자들의 사적인 모습, 이를테면 무대의상 대신 캐주얼한 복장을 입고, 응접실처럼 연주자들의 사적인 공간을 감상하는 또 다른 재미를 관객들에게 제공했다. 그러나 연습실 혹은 응접실 등 사적 공간의 공개는 음악가들의 경제적 수준을 가늠케 하는 척도로 작용해 가난한 음악가들의 사기를 꺾기도 했다.

여럿이 같이 협업을 이루는 앙상블의 경우 뿔뿔이 흩어져 있는 음악가들을 랜선으로 연결하는 '모자이크 앙상블'이 유행한다.

이 모자이크 앙상블을 제작하는 데는 몇 가지 규칙이 있다. 특정 곡이 정해지면 우선 어떤 템포로 연주할지 메트로놈의 숫자를 공유해야 한다. 연주자들은 각자의 집에서 캐주얼한 평상복을 입고 자신의 연주 모습을 촬영하는데, 이때 무엇보다 중요한 것은 미리 주어진 메트로놈 템포를 준수하는 것이다. 다른 사람의 연주에 즉흥적으로 공명하고 조응하는 앙상블의 미덕은 사후 편집의 편의성을 위해 억제되어야 하는 것이다.

그러므로 모자이크 앙상블의 매뉴얼에는 음악에 관한 지침보다는 부수적인 것이 상세하게 안내되어 있다. 단순한 배경을 선택하되 창문을 등지는 역광을 피해야 하고, 특정 브랜드를 노출한 의상은 자제하며, 세로보다는 가로 모드로 촬영하되 반주 트랙은 스피커가 아니라 헤드폰을 활용해 들어야 한다는 내용이다. 그렇게 녹화한 영상들을 개별적으로 수집해서 하나의 영상으로 연결하고 편집하는데 규모에 따라서 다르지만 일주일 이상의 기간이 필요하다고 한다.

이 모자이크 앙상블 중 주목할 만한 사건이 일어났다. 2020년 5월 밤베르크 심포니Bamberg Symphony는 디지털 음원 「희망의 반성REFLECTIONS OF HOPE」을 발표한다. 첼리스트 단원인 에두아르트 리사치Eduard Resatsch가 작곡한 이 곡의 부제는 '코로나 전염병에 대한 교향악적 답변A symphonic answer to the Corona pandemic'이었다. 단원 86명이 저마다 스마트폰으로 연주 모습을 촬영했는데, 곡 중반, 단원들은 20개가 넘는 각자의 모국어로 "질병" "감금" "백신" 같은 단어를 중얼거리며 코로나 시대의 경험을 공유하는 흥미로운 퍼포먼스를 펼치기도 한다. 이 곡은 무대에서 처음 선보인 것이 아니라 특이하게도 '디지털 초연'이란 방식을 선택한다. 영상의 엔딩 크레디트엔 지휘자의 이름이 빠져 있다. 그 대신 비디오 아티스트와 오디오 프로듀서의 이름이 중요하게 부각된다. 코로나는 오케스트라의 음악적 위계에도 거대한 균열을 일으키고 있는 것이다.

온라인 공연의 명과 암

온라인 공연의 가장 큰 장점은 시간과 장소의 제약을 받지 않는다는 점이다. 콘서트가 나의 개인공간으로 찾아와 공연장의 VIP 석보다 더 좋은 시야를 확보할 수 있어 '방구석 1열'이라 칭하기도 한다. 여러 대의 카메라가 앵글을 확보해 무대를 구석구석 비추고, 연주자의 땀방울까지 생생한 표정을 담을 수 있어 관객의 흥미를 북돋는다. 무료 스트리밍이 허다하니 티켓 가격에 대한 부담도 없다. 완성된 공연만 보여주는 게 아니라 무대 뒤에서 일어나는 사사로운 비하인드 신scene을 공개하기도 하고, 연주자들이 직접 채팅창을 통해 관객과 소통을 나누기도 한다. 청중의 자발적인 참여를 통해 공연에 대한 풍성한 피드백을 제공받을 수 있는 있는 것이다.

명이 있으면 암도 있는 법이다. 무료 스트리밍으로 전파되다 보니 음악가들 스스로 손해를 감수해야 한다. 연주 영상을 SNS 채널에 올린다 한들 실질적인 수입으로 연결되는 것은 불가능하다. 콘텐츠 제작의 대가와 수익이 공연자에게 오롯이 돌아가지 못하는 실정이다. 정부의 지원을 받는 국공립 예술단체는 그나마 상황이 낫겠지만, 민간예술단체나 개인 예술가들은 영상 제작을 위한 인프라도 제대로 갖추지 못한 상태이다. 열악한 장비와 인력은 허술한 공연 영상을 양산하기 마련이다.

그러니 앞으론 튼튼한 단체에 소속되어 있는 음악가 혹은 초엘리트 음악가들만 살아남으리란 위기감이 팽배하다. 가난한 음악가는 더욱더 가난해질 것이다. 2020년 3월 한국예술문화단체총연합회에서 음악가들을 상대로 설문을 진행했다(한국예총, 2020.3.18). 예술인 10명 중 9명은 전년 대비 수입이 감소했으며, 코로나19가 종료된 이후에도 여전히 감소할 것이라는 부정적인 대답이 84.1%에 이르렀다. 현장의 예술인들이 직면한 심각한 생계 위협을 드러내는 방증이었다.

영상 공연의 유료화: 네이버TV

이처럼 음악가들의 생계를 위해선 공연 영상의 유료화가 시급하다. 거대한 팬덤을 가진 케이-팝K-POP 아이돌 콘서트와 달리 클래식 공연은 모두 무료로 제공되어 왔는데, 원칙적으로는 관객들이 무료로 감상하더라도 출연진에게는 저작권료를 지불하는 게 타당하지만, 코로나19로 인한 비상시국이라는 이유로 저작권료를 지불하지 않거나 매우 소액만 지불하고 진행되는 경우가 많았다. 온라인 공연을 유료로 진행하려면 영상 제작비와 저작권료를 추가로 부담해야 한다. 그만큼 수익성 전망이 불투명해지니 유료화에 선뜻 나서지 못했던 것이다. 하지만 코로나19 위기가 길어지면서 유료 온라인 공연에 대한 절박한 인식의 변화가 일어나고 있다.

온라인 공연에 청중들은 과연 얼마까지 지불할 수 있을까. 지금까지는 선례 자체가 없었다. 1만 원대인 영화 신작 VOD보다는 높이 책정하되, 실제 공연 티켓보다는 저렴해야 한다는 정도의 공감대가 형성되고 있다. 최근 한국의 클래식 음악계에선 최초로 국립오페라단과 서울예술단이 온라인 공연 유료화의 첫발을 내딛었다. 오페라 〈마농〉, 뮤지컬 〈잃어버린 얼굴 1895〉이 2020년 9월 28~29일 네이버TV에서 상영되었다. 관람료는 두 작품 공히 2만 원으로 책정되었다.

이제껏 한국의 온라인 공연 중계를 선도해 온 네이버TV는 유료 과금 시스템을 갖추지 않았었다. 그러나 최근 '라이브 감상' 후원 리워드 기능을 새로 장착하면서 사실상 유료 온라인 공연의 플랫폼 역할을 개척하게 되었다. 공연단체가 최소 단위의 금액을 설정하면 그 이상을 후원한 사용자들이 해당 공연을 온라인으로 감상하는 시스템이다. 네이버는 송출료와 결제수수료를 최소화하고, 쿠폰 이벤트를 진행하는 등 온라인 공연 활성화를 적극 지원하겠다고 밝혔다.

코로나19 상황이 길어지면서 온라인 공연을 무한정 공짜로 제공할 수는 없다는 위기감이 팽배하고 있다. 온라인 유료공연을 시도하는 서울예술단과 국립오페라단은 사실은 예산을 지원받는 국립단체이다. 그럼에도 이들이 온라인 공연 유료화에 앞장선 것은 그나마 영상 제작에 투자할 여력이 있기 때문이었다. 국립극장과 국립극단, 국립현대무용단 등 다른 국립단체들도 유료 온라인 공연을 준비하는 중이다. 코로나19로 예술가들의 무대가 봉쇄된 상황 속에서, 온라인 공연을 유료화하면 창작자들에게도 저작권료 형태로 수입을 돌려줄 수 있어 생계유지에 큰 보탬이 될 것이다.

온라인 공연의 유료화가 성공할 수 있을까? 그러기 위해선 영상에 담기는 원콘텐츠가 좋은 것은 물론이고, 영상 제작 품질도 뛰어나야 한다. 관객들이 돈을 낸 만큼의 만족감을 제공해야 하는 것이다. 온라인 공연은 현장감과 박진감이 오프라인 공연보다 훨씬 떨어지지만, 앞서 살펴보았던 것처럼 공연장에서 접할 수 없는 앵글과 클로즈업으로 영상의 매력을 배가시킬 수 있다. 공연을 단순히 영상으로 옮긴다기보다는 공연을 바탕으로 하되, 새로운 영상 콘텐츠를 만드는 것이 무엇보다 중요하다.

영상 콘텐츠의 제작

그렇다면 클래식 공연의 영상 콘텐츠는 어떻게 제작해야 할까. 촬영, 녹음 장비 등의 하드웨어는 돈으로 해결할 수 있다 해도 마땅한 제작 능력을 갖춘 인력의 부재가 가장 큰 문제로 떠오르고 있다. 교향악단 공연을 동영상으로 제작하려면 오케스트라 총보를 볼 줄 아는 촬영기사, 각 악기군의 음향을 분별할 줄 아는 음향 엔지니어가 필요하기 마련이다. 현재는 이런 인력이 굉장히 드문데다, 있다 해도 코로나 특수로 한꺼번에 일이 몰리는 바람에 여러 현장을 동시에 뛰고 있다. 어느 악절에선 바이올린이 나오고 어느 때엔 오보에가 나온다면, 그 시점을 미리 알고 카메라가 준비해야 하는데 교육받지 못한 인력은 나중에야 겨우겨우 따라가 놓치는 일이 비일비재한 실정이다. 영상 콘텐츠의 제작을 위해선 인력의 양성이 무엇보다 시급하다는 반성이 음악계에 공유되고 있다.

일류 연주자들의 경우엔 그나마 기획사나 방송국, 공연장의 지원으로 동영상을 제작할 수 있겠지만 그렇지 않은 '보통의 음악가'들은 앞으로 어떻게 살아남을지 심각한 상황을 맞고 있다. 이제는 음악가들이 스스로 콘텐츠를 생산할 능력을 갖추어야 한다. 그 좋은 모범을 보여준 사례가 '또모'라는 유튜브 클래식 음악 채널[3]이다. 현재 구독자가 41만 명으로 클래식 음악 분야에선 꽤 수위를 다투는 채널인데, 대형 기획사가 아니라 한국의 젊은 음대생(연대, 서울대, 세종대, 한양대)이 재기발랄한 콘텐츠로 흥행을 이끌고 있다. 완벽한 연주를 들려주는 것이 이들의 목표는 아니다. 그 대신 '피아노 전공생은 얼마나 어려운 것까지 쳐봤을까,' '피아노 잘 치는 친구, 자동피아노로 참 교육하기' 등 기존 음악교육의 허를 찌르는 영상들이 조회 수 100만을 넘기면서 뜨거운 호응을 얻고 있다.

필자는 학생들에게 이런 창의적이며 자생적인 콘텐츠를 과감히 발굴해야 살아남을 수 있다고 늘 강조해 왔다. 그런데 음대 커리큘럼은 아직도 솔리스트를 양성하기 위한 교육과정, 즉 근대 19세기 방식에 머물러 있다. 변화하지 않으면 살아남을 수 없다는 사실을 음대 건물의 정교수들은 애써 망각하고 있는 듯하다.

온라인 음악교육 현장

유튜브 채널 '또모'의 제작자처럼 강의실에서 만나는 20대 초·중반의 대학생들은 유년 시절부터 온라인 문화를 온몸으로 터득한 디지털 원주민들이다. 이들에게 자기주도형 학습은 구글링과 다름없을 정도로 대부분의 지식정보를 인터넷을 통해 얻는다. 디지털 세대는 기술을 문화예술에 접목시킨 VR과 AR 같은 가상세계에 익숙하다. 하지만 가상假想은 단어 그대로 실제가 아니다. 가상세계의 모의 경험은 종종 실제 체험을 압도해 버린다. 그러므로 몸을 직접

---

3   유튜브 채널 '또모TOWMOO', https://www.youtube.com

움직이거나 살갗으로 접촉하는 감각은 서서히 퇴화되고 만다.

반면 교강사는 학생에 비해 디지털을 이해하고 활용하는 문해력, 즉 디지털 리터러시Digital literacy를 충분히 갖추고 있지 못한 편이다. 신기술을 받아들여 적응하는 데 속도가 더딜 뿐만 아니라 저항도 만만치 않다. 이 문해력은 교강사와 학생의 세대 간 편차를 점점 더 심화시키고 있다. 이왕 예술교육의 디지털화가 불가피하다면 단순히 오프라인 콘텐츠를 온라인으로 옮겨오는 데 그치지 않고, 기획 단계부터 온라인에 최적화한 완전히 새로운 유형, 즉 '본 투비 웹born to be web'의 콘텐츠 개발이 필요할 것이다.

그러나 디지털 가상과 실제 세상이 충돌하는 지점에서 예술은 인위적으로 왜곡되기 일쑤이다. 사람들은 실제 음악보다 조작된 음향에 감동하고 음악적 맥락과 무관한 카메라의 현란한 기교에 매료되며 기승전결의 유장한 서사를 생략한 채 클라이맥스만 과장한 악상에 환호한다. 퇴화해 버린 감각은 더욱 강렬한 말초적 자극을 열망하기 마련이다.

원격 레슨의 기술적 구현

온라인 원격 강의는 특히 음악대학의 실기수업에 격렬한 변화를 가져왔다. 원격 레슨을 낯설게 직면한 교강사들은 부지런히 정보를 주고받는다. 주로 교강사와 학생의 일대일 대면 레슨으로 진행되어 온 음대 실기수업의 경우 대부분 화상회의 프로그램을 통해 진행하는데 아직은 최적화된 플랫폼에 안착하지 못하고 있다. 카톡이나 페이스타임Facetime은 딜레이가 심해 순간의 악상을 다루는 음악 강의에 적합지 않고, 줌Zoom은 악보를 메모하고 화면을 편리하게 공유할 수 있으나 스카이프Skype만큼 음향을 선명하게 전달하지 못한다.

촬영과 녹음 등에 쓰이는 주변 기기의 성능도 교강사들의 주요 관심사이다. 피아노 건반을 카메라 앵글에 제대로 담기 위해선 175cm 장신의 탄소강 카메라 거치대가 필요하다거나, 내장 마이크보다는 별도의 외장 마이크가 음질이 뛰어나서 어느 모델을 추천한다거나, 줌의 미러링 기능을 사용하면 다양한 각도에서 악기를 비출 수 있다는 등의 정보들이 활발히 공유되고 있다. 그러나 아직은 초기 단계여서 기술적인 세팅에만 다급히 몰두하는 형편이다.[4]

한편 일반 학생을 대상으로 실기와 이론을 병행하는 교양과목의 경우, 구글 클래스나 유튜브 등의 온라인 플랫폼을 이용해 교강사와 학생 쌍방향을 연결하는 온라인 콘텐츠 교육 프로그램을 가장 많이 사용하고 있다.[5] 이런 수업들은 영상 강의의 특성을 살려 이미지와 애니메이션, 영상 자료를 적극 활용해 음악적 이해도를 높이는 경향을 보여준다.[6]

여럿이 협업을 이뤄 조화로운 앙상블을 이루는 실내악, 오케스트라, 합창 등에 대한 강의는 기술적 구현이 더더욱 요원해 보인다. 화상회의 프로그램을 통해 교강사와 학생 혹은 지휘자와 개별 연주자를 단선적으로 연결하는 것은 가능하다 해도 연주자들 사이 입체적 연결, 게다가 다른 사람의 소리를 경청하며 동시에 조응해야 하는 앙상블 본연의 미덕에는 기술력이 전혀 미치지 못하고 있기 때문이다. 코로나가 상당 부분 안정된다 해도 비말 감염을 방지하기 위한 비닐 커튼과 아크릴 차단벽을 동원해 교강사와 학생, 혹은 학생들 사이의 물리적 분리를 철저히 준비해야 한다(≪뉴스1≫, 2020.5.6). 필자의 학교에선 협업이 필요한 실기수업은 코로나가 안정된 이후 집중수업을 하도록 최대한 연기하고 있다.

---

4   유튜브 채널 '윤철희 Yoon Chul Hee'의 "Zoom을 이용한 화상레슨 팁"(2020.4.20), https://www.youtube.com/

5   경희대학교 후마니타스칼리지 교양과목 '오케스트라의 오늘'의 경우, 코로나 첫 학기인 2020년 1학기에는 비대면 강의의 플랫폼으로 구글 클래스를 활용했고 2학기부터는 경희대학교 자체 플랫폼인 e-campus 전환했다. 구글 클래스보다 출석과 시험, 팀티칭에 특화된 플랫폼이다.

6   유튜브 채널 '음큐채널'의 "온라인음악수업 4 뮤지컬의 모든 것! 1편"(2020.4.15), https://www.youtube.com

온라인 교육 콘텐츠, 본 투비 웹(Born to be Web)

2020년 4월, 서울문화재단은 '모두의 예술놀이'라는 공모를 통해 예술교육 온라인 콘텐츠 제작을 독려했다.[7] 단기간에 걸친 긴급지원 사업이었는데도 231개 프로그램 팀이 응모해 35개 콘텐츠가 선정되었다. 주목할 점은 지원자와 선정자 공히 미디어 아트와 시각예술의 비중이 가장 높은 반면, 공연예술의 비중이 가장 낮았다는 점이다.

이처럼 공연예술(교육)의 온라인 전환은 아직 걸음마 단계에 불과하다. 원격 실기 강습의 목표는 오프라인 레슨을 최대한 재연하는 데 급급하고, 앙상블의 입체적 연대는 단선적 연결에 제한되어 있으며, 공연예술 특유의 현장감과 즉흥성은 인위적인 편집으로 왜곡되고 있다. 단기적인 효율성에만 몰두하다 보니 장기적인 안목과 탄력성은 제대로 살피지 못하고 있는 형편이다.

이왕 예술교육의 디지털화가 불가피하다면 단순히 오프라인 콘텐츠를 온라인으로 옮겨오는 데 그치지 않고, 기획 단계부터 온라인에 최적화한 완전히 새로운 유형, 즉 '본 투비 웹Born to be Web'의 콘텐츠 개발이 필요할 것이다. 실황 녹화나 현장 중계의 수준을 벗어나지 못하고 있는 스트리밍 공연도 마찬가지이다. 교육 환경이나 공연 방식의 변화를 도모하기 이전에 공연예술에 대한 근원적 성찰이 요구되는 시점이 아닐 수 없다.[8]

이처럼 음악계, 혹은 음악교육계에 불어 닥친 언택트untact 문화의 핵심은 역설적이게도 '연결'에 있다. 원격과 비대면의 물리적 환경 속에서 교강사와 학생, 연주자와 연주자, 혹은 연주자와 청중의 관계를 어떻게 맺을 것인지 단순한 접속에 매몰되지 않을 소중한 접촉의 가치를 재정립할 수 있어야 하겠

---

7   서울문화재단은 예술놀이 온라인 콘텐츠의 제작을 긴급 지원했다(#모두의 예술놀이).
    서울문화재단 홈페이지 https://www.sfac.or.kr/

8   유튜브 채널 'Philharmonia Orchestra'의 "The Virtual Orchestra"(2020.2.27), https://
    www.youtube.com

다. ≪뉴욕 타임스*The New York Times*≫가 내건 캠페인 구호, 'Together Apart'[9] 처럼 물리적 거리는 떨어져 있더라도 정서적 거리는 가깝게 다가가는 것이 예술의 역할인 것이다.

설문조사: 코로나 이후 온라인 공연감상

디지털 기술의 활용이 공연예술의 감상에 어떤 영향을 끼치고 있을까. 필자는 코로나 이후 온라인 공연감상의 현황을 파악하기 위해 경희대학교 후마니타스칼리지 학생 208명과 음악애호가 150명 등 두 그룹을 대상으로 설문을 진행했다.[10] 경희대학교 후마니타스칼리지 예술교과에서 필자의 강의를 듣는 학생 208명과 독서클럽 트레바리 '음악의 힘 경청' 멤버 등 음악애호가 150명이 이 설문에 참여했다. 설문조사의 표본이 크지 않고 조사 방법의 정확도가 높지 않아 공식 자료로는 활용되기 힘들지만 최근 문화 향유의 트렌드가 된 온라인 공연에 초점을 맞춘 설문이라는 점에서 의미를 찾을 수 있겠다.

이번 조사는 학생과 음악애호가 그룹으로 나누어 진행했다. 두 그룹 모두 평소 클래식 음악에 대한 관심이 대체로 높은 이들이었다. 음악애호가 그룹에서 클래식에 관한 관심도 중 '높음'과 '매우 높음'을 택한 이들은 각각 43.3%(65명)과 31.3%(47명)으로 둘을 합치면 약 75%에 달했다. 학생 그룹에서도 '높음'이라고 답한 이들이 29.1%(60명), '보통'을 택한 이가 36.4%(75명)로 선호도가 평균 이상인 65%를 넘었다.

최근 코로나19 여파로 온라인 콘텐츠가 쏟아지고 있는 가운데 온라인 공연에 대한 호응은 상당히 높았다. 공연감상 플랫폼은 대부분 스마트폰과 노트북

---

9   'Together Apart'는 뉴욕타임스의 팟캐스트 채널명이다.
10   '코로나 이후 온라인 공연감상 현황 조사'(2020.5.11~2020.5.15).

이었다. 코로나19 확산 이후 온라인 플랫폼을 통해 음악공연을 감상한 적이 있다고 한 응답자는 학생이 92.3%(191명), 음악애호가 그룹이 89.2%(132명)에 달했다. 해당 온라인 공연을 어떤 경로를 통해 알게 되었는지 묻자, 평균 연령이 상대적으로 높은 애호가 그룹은 SNS 등 지인의 추천을 가장 유효하다 꼽은 반면, 대학생은 유튜브 알고리즘을 가장 많이 의존한 차이를 보여주었다.

무엇보다 눈길을 끄는 대목은 응답자들이 온라인 공연에 집중한 시간이었다. 장르나 작품마다 천차만별이지만 클래식, 오페라, 뮤지컬 공연 중 두 시간 이상 소요되는 작품도 적지 않았다. 조사 결과에 따르면 좌석에 앉아 무대를 보는 현장 공연과 달리 온라인 환경에서는 관극 몰입도가 현저히 떨어지는 것으로 나타났다. 학생과 음악애호가 그룹 모두 '잡념 없이 온라인 공연에 몰입한 시간'에 대한 질문에 '20분'이라고 답한 비율이 가장 높았다.

20분이라고 답한 학생은 23.8%(48명), 15분이 18.8%(38명), 10분이 15.3%(31명), 5분 8.4%(17명) 순이었다. 공연 전체를 집중한 상태로 봤다고 답한 이들은 19명으로 전체 응답자의 9.4%에 그쳤다. 음악애호가 그룹은 학생 그룹보단 비교적 응답이 고르게 분포했지만, 역시 '20분'을 택한 인원이 23명(16%)으로 가장 많았다. 전체를 집중해서 봤다는 이들은 20명으로 13.9% 정도에 그쳤다. 온라인 콘텐츠의 적정 길이에 대해서도 '30분 이내'라고 답한 인원이 학생과 음악애호가 그룹 각각 30.6%(63명)과 25.5%(37명)으로 가장 많았다.

집중력이 흐트러지는 이유로 '짧은 집중력의 문제'를 가장 많이 언급했다. 다만 음악애호가 그룹은 집중력의 측면에 외에도 음향 등 기술적 문제나 복잡한 일상도 공연에 대한 몰입도를 떨어뜨리는 중요한 문제로 꼽았다

온라인 공연에 대한 만족도는 대체로 높은 편이었다. 응답자들은 5점 만점에 3~4점을 준 경우가 많았다. "퀄리티 자체는 실제 공연보다 떨어지지만, 접근성이 매우 높았기 때문"이었다. 음악애호가는 학생들에 비해 평점이 낮았는데 현장 공연과 비교해 음향 등의 생동감이 떨어진다는 이유가 많았다. 응답자들은 "저렴한 대신 생동감이 덜했다", "세계의 수준 높은 공연을 볼 수 있어

좋았지만, 실시간으로 함께 하는 라이브의 경험이 더 그리워졌다"는 등의 코멘트를 달았다.

양질의 온라인 콘텐츠에 대한 지불 의사를 묻는 말에도 학생은 '양질이라면 가격에 구애받지 않을 것'이라고 답한 비율이 가장 높았던 반면, 음악애호가는 '유료라면 보지 않겠다' 답한 비율이 '가격은 상관없다'는 대답보다 많았다. 이는 학생 그룹에 비해 온라인 공연에 보수적인 음악애호가 그룹의 성향이 반영된 결과로 풀이된다.

온·오프라인 공연이 병행된다면 현장 공연을 보겠다는 비율 역시 두 그룹 모두에서 압도적으로 높았다. 온라인 공연이 현장 공연을 대체하는 것이 아닌 서로가 상호 보완하는 방식으로 발전할 것이라는 풀이도 가능하겠다. 또한 온라인으로 확장된 관심이 코로나19 이후 실제 공연 관람으로 이어질 것이라고 입을 모았다. 실제 온라인 공연의 효과에 대한 질문에 '작품에 관한 관심이 생겼다'거나 '연주자의 다른 연주를 찾아 들었다', '코로나19가 끝나면 관련 공연 실황을 직접 찾아갈 것이다'라는 세 가지 항목을 택한 비율이 두 그룹 모두에서 높게 나타났다.

설문의 마지막은 온라인 공연 영상이 어떤 후속 활동을 일으켰는지 물었다. 중복 답변이 가능했는데, 연주자에 대한 관심이 생겨서 다른 연주도 찾아 들었다란 대답이 46%, 코로나 사태가 끝나면 관련 공연 실황에 직접 찾아갈 것이란 대답이 42%, 그리고 30%가 작품에 대한 관심이 생겨서 해당 작곡가 곡을 찾아보았다고 답변했다. 예상했던 것 보단 훨씬 긍정적 반응이어서 놀랐다. 물론 설문 대상이 음악애호가들에 한정된 표본의 한계가 있을 것이다.

이번 설문조사는 현장성이 생명인 라이브 공연을 온라인 공연이 완전히 대체하긴 어렵다는 것을 증명한다. 영상이나 디지털로는 구현하기 어려운 라이브 실황에 대한 그리움이 반영된 결과로도 볼 수 있겠다. 다만 코로나19 여파로 온라인 공연 콘텐츠에 대한 창작 방식의 변화는 불가피할 것이다. 집중시간이 짧은 온라인 콘텐츠 특성을 반영한 짧은 콘텐츠, 핵심을 앞에 세운 콘텐츠가 많아질 전망이다.

예술의 사명

들는 문화가 바뀌면 음악을 만드는 연주자나 작곡가들의 변화도 불가피하다. 코로나가 강제한 온라인 콘서트로 인해 작곡과 연주의 분업이 교란되고 클래식과 대중음악, 혹은 클래식과 아방가르드의 경계가 흐릿해질 가능성이 훨씬 더 커졌다. 클래식 음악계와는 달리 대중음악의 경우 악보를 읽을 줄 모를 정도로 음악교육에서 소외되었던 이들조차 샘플링이나 미디를 이용해 자신의 음악세계를 대중에게 설득시키는 것이 가능해지지 않았는가. 코로나는 사회에 잠재되어 있던 변인을 가속도로 밀어붙이고 있는데 클래식 음악계 또한 오랜 세월에 걸쳐 고수해 왔던 공연감상 문화를 더 이상 지키기 어렵게 되었고, 그 결과 새로운 실험들이 한꺼번에 부상하고 있다. 기술적인 혁신과 예술적 성취를 동시에 도모하기 위해서는 음악을 향유하는 여러 방식의 가능성을 부지런히 탐색해야 하겠다.

앞으로도 코로나는 공연예술을 완전히 새롭게 정의하며 많은 것을 변화시킬 것이다. 그러나 아무리 세상이 급변한다 해도 예술가는 그 격렬한 파고 속에서 놓치고 있는 것과 지켜야 할 것을 꾸준히 챙겨야 한다. 디지털 기술의 변화를 맹목적으로 뒤따라갈지, 아니면 파수꾼처럼 예술의 오래된 방식을 의연히 지켜야 할지 올곧이 헤아리기 위해선 어느 때보다도 인문학적 성찰이 필요하다. 섣부른 이상적인 담론은 경계하되 알찬 실천부터 찾아가야 한다. 특히 오늘의 우리뿐 아니라 내일의 미래 세대까지 염두에 두는 실천이라면 더할 나위 없겠다.

참고문헌

리사치, 에두아르트(Eduard Resatsch) 작곡. 디지털 음원「희망의 반성: 코로나 전염병에 대한 교
　　향악적 답변(REFLECTIONS OF HOPE: A symphonic answer to the Corona pandemic)」.
　　밤베르크 심포니(Bamberg Symphony). https://youtu.be/2yyDjnt6bHM
이경희. 2006.『음악청중의 사회사: 궁정·극장·살롱·공공 음악회』. 한양대학교출판부.
한국예총. 2020.3.18.「「코로나19」사태가 예술계 미치는 영향과 과제' 보고서」. http://www.
　　yechong.or.kr/bbs/board.php?bo_table=ye_05_01&wr_id=257
히로시, 와타나베(渡邊裕). 2006.『청중의 탄생(聽衆の誕生)』. 윤대석 옮김. 출판사 강.

≪경향신문≫. 2020.4.22. "공연의 본질은 관객이기에 … 조심스레 다시 문 열어 봅니다".
≪경향신문≫. 2020.5.11. "[코로나로 달라지는 일상] 전시·공연·종교가 만난 신세계-On-line".
≪국민일보≫. 2020.4.08. "'싹 온 스크린' PD "영상 하나에 1억, 세계적으로도 돋보이죠"".
≪뉴스1≫. 2020.5.6. "코로나19 '생활 속 거리두기' 대면 실기수업 시작". https://www.news1.
　　kr/photos/view/?4182182
≪시사뉴스≫. 2014.9.24. "예술의전당 공연 영상화 사업', 돈 먹는 하마로 전락". http://www.
　　sisa-news.com/news/article.html?no=69967
≪조선일보≫. 2020.12.07. "'2.5단계' 좌석 2칸 띄어 앉기 … 공연계, 사실상 셧다운".
≪중앙일보≫. 2020.3.30. "공연계 강타한 코로나 … 메트오페라 732억, 뉴욕필 122억 손해".
≪중앙일보≫. 2020.7.29. "코로나 시대 뚫고 울린 화음".
≪중앙일보≫. 2020.9.16. "줄줄이 유료화되는 온라인 공연, "ㅇㅇ 때문에 돈 낼만하다"".
≪한국일보≫. 2020.8.10. "코로나19로 어려워진 공연계, 우리 아니면 누가 돕나".
≪한국일보≫. 2020.9.01. "무대 잃은 공연계 다시 온라인으로".

김호정. 2020.7.21. "[김호정의 왜 음악인가] 무료 체험이 끝난다". ≪중앙일보≫.
박노자. 2020.3.31. "코로나가 무너뜨린 신화들". ≪한겨레≫.
유윤종. 2020.6.01. "클래식계, 불확실성이 빚은 불안과 피로감. ≪동아일보≫.
이광석. 2020.3.19. "코로나19 재앙 속 기술은 '연대의 끈'이 돼야 한다". ≪경향신문≫.
프레이, 토머스. 2020.09.17. "인간은 사회적 동물이란 명제가 종말 맞을 것". ≪한국일보≫.
홍진수. 2020.2.21. "본디 하나였던 예술과 과학, 이젠 헤어질 수 없다". ≪경향신문≫.

Lebrecht, Norman. 2008. *The Life and Death of Classical Music.* Anchor Books NY.
Sheinbaum, John J. 2018. *Good Music: What It Is and Who Gets to Decide.* University of
　　Chicago Press.

윤리적 AI 대 윤리적 서비스를 제공하는 AI 플랫폼

강정한 연세대학교 사회학과

플랫폼에 모인 데이터를 활용해 인공지능artificial intelligence(이하 AI)이 비윤리적 결정을 내리는 사례는 적지 않다. 이미 2015년에 구글 사진Google Photos 서비스가 흑인들을 고릴라로 분류한 사례가 보고되었는데(Verge, 2018.1.12), 그 원인은 기계학습의 공학적 결함일수도 있으나 AI가 학습한 데이터에 이미 들어 있던 인간의 비윤리성일 가능성도 높다.[1] AI의 거울에 비친 인간의 비윤리성을 좀 더 분명히 드러내는 사례로는 아마존amazon.com의 인사채용인데, 채용에 활용했던 AI가 여성을 차별했다는 사실을 알게 되었다(Reuters, 2018.10.11). 이 경우는 아마존의 AI가 학습한 데이터가 과거 인간의 성차별적 채용 관행을 담아낸 것이라고 볼 수밖에 없다. 이러한 사례들이 발견된 후 구글과 아마존

---

[1] 구글이 현재는 이 문제를 고쳤다고는 하나, 판별 결과에서 단순히 고릴라를 제외하는 수준을 넘어 알고리듬의 결함 자체를 발견하고 수정했는지는 정확히 모른다. 즉, 공학적 결함임이 확실하다면 이를 수정해서 판별력을 높여야 할 텐데, 반대로 판별력에 제한을 가하는 방식으로(즉, 판별 결과에서 고릴라를 제외하는 방식으로) 문제를 해결했을 가능성도 높다.

은 사후 수정 대책을 내놓았으나 근본적 원인을 발견하고 예방하는 차원은 아니다.

AI가 인간의 편견을 학습하여 적극적으로 현실에 개입한 사례도 있다. 2013년 미국의 한 AI 기반 범죄예측센터는 살인사건과 같은 강력 범죄 고위험군에 우범지역에 거주하고 경미한 위법을 저지른 한 청년을 포함시켰는데, 경찰은 실제로 그의 집을 방문 순찰하기도 했다. 그 청년을 강력범죄 고위험군으로 분류한 이유 중에는 그의 주변에 범죄자가 많아 본인도 범죄를 저지를 확률이 높다는 예측도 포함된다(O'neil, 2016). 사실 이러한 AI의 예측은 한 개인의 미래를 현재의 배경에 비추어 평가하는 인간의 편견과 다르지 않다. 더구나 이런 AI의 예측들은 이에 대응한 인간의 행위로 인해 의도하지 않은 부작용을 낳기도 하는데, 인간이 AI의 예측을 피하기 위해 비윤리적으로 행동하기 때문이다. 미국에서 공립학교 교사 평가에 AI를 이용하자, 해고를 두려워한 일부 교사들은 자신이 가르친 학생들의 시험성적을 조작한 정황이 발견되기도 했고, AI가 유능한 교사를 부당하게 무능한 교사로 평가하여 해고시키는 바람에 공립학교는 오히려 훌륭한 교사를 잃기도 했다(O'neil, 2016).

이러한 사례가 뜻하는 바는 AI는 인간을 흉내 낼 뿐이기 때문에 '쓰레기가 들어가면 쓰레기가 나오는garbage in, garbage out' 시스템이며(O'neil, 2016), AI가 보여주는 비윤리성은 곧 인간의 비윤리성을 드러낸다는 점이다. 결국 우리가 AI를 어떻게 윤리적으로 규제할 것인지 신경 쓰는 것 못지않게 우리가 AI에게 윤리적으로 모범을 보이는 것이 중요하다. 물론 AI가 윤리적으로 쓰일 수 있도록 인간이 꾸준히 감시하고 교정해야 한다는 점에는 변함이 없다. 최근 하버드대학교 버크만센터Berkman Center가 펴낸 백서는 이러한 노력을 잘 보여주는 예로서, AI의 윤리성에 대한 논의를 광범위하게 조사하여 8개의 주제와 36개의 원리principles를 도출했다(Fjeld et al., 2020). 그러나 이러한 시도는 인간이 AI보다 윤리적으로 우월하다는 가정에서 출발한 하향식top-down 규율이다. 필자는 이러한 노력만으로는 충분하지 않다고 생각한다. 앞서 살펴본 사례들처럼 AI의 비윤리성은 곧 인간의 비윤리성을 거울처럼 드러내고 인간은 AI의 결정에 따르거나 AI의 눈을 피하기 위해 비윤리적 행동을 저지르기 때문이다.

그러나 AI에 대한 하향식 규율이 한계를 갖는 더 중요한 이유는 따로 있다. 우리가 도출하는 윤리적 원리가 AI의 발전에 영향을 받을 수밖에 없기 때문이다. 좀 더 노골적으로 표현하자면, 우리가 당연하다고 믿는 윤리적 원리조차 실은 AI가 제공해 줄 날이 올 수 있다. 이 장에서는 인간의 윤리적 판단이 어떻게 발전하는 AI의 영향을 받아 변할 수 있는지, AI의 성능을 향상시키려는 노력이 어떻게 AI를 윤리적으로 보이게 하는 노력으로 연결될 수 있는지, 그래서 결과적으로 인간이 어떻게 AI에게 윤리적으로 설득당하거나 AI에게 윤리적 도움을 받을 수 있는지 생각해 보고자 한다. 이러한 AI의 출현은 AI가 소위 '윤리적 서비스 플랫폼'이 되는 것을 뜻하는데, 필자는 이러한 미래가 그리 허무맹랑하다고 생각하지 않는다. 이처럼 AI가 윤리적 서비스를 제공하는 사회가 되면, AI가 윤리적인지를 인간이 평가하는 것 자체가 아마도 별 의미가 없을 것이다.

데이터 플랫폼은 윤리적 서비스를 실현할 수 있을까?

우수한 인공지능은 어떻게 실현되는가? 인간 뇌의 인식 작용을 잘 이해하고 그 이해를 인공지능에 잘 반영한다면 아마도 좋은 인공지능을 갖게 될 것이다. 그렇다면 우리가 인간 인식에 대해 잘 이해했기 때문에 최근에 인공지능이 급격히 발달했을까? 아마도 아닌 것 같다. 인간의 흔적을 학습해 오던 AI는 어느덧 바둑에서 인간을 압도하고, 시리Siri나 빅스비Bixby 같은 인공지능 스피커는 제한적이지만 만족스럽게 인간의 비서 역할을 수행하고 있다. 인간에 대한 이해는 천천히 늘어나는데 인공지능의 수준은 어떻게 그렇게 급격히 높아졌을까? 필자의 생각으로는, 인간이 드디어 인간을 이해하려는 노력을 접고, 인공지능을 인간처럼 알 수 없는 존재로 만들기 시작했기 때문이다. 그것이 소위 딥러닝deep leaning의 본질적 특성이다.

인공지능이 인간처럼 알 수 없는 존재가 될수록 성능이 좋아진다는 주장을 받아들이게 되면 인공'지능'이라는 용어도 어색해 보이기 시작한다. 인간을 그저 흉내 내는 인공지능의 활동을 정말로 지능적이라 할 수 있을까? 인공지능이 인간의 인지적 과제처리 방식을 흉내 낸다면 인간의 아리송한 감정도 흉내 낼 수 있을까? 인간을 잘 흉내 낸다면 인지적 판단 못지않게 더 나아가 윤리적 판단도 인간처럼 내릴 수 있지 않을까? 즉, 인공지능의 선택을 굳이 '이해'하려 들 필요가 없고 그럴 수도 없다면, 감정과 윤리의 영역이야말로 인공지능이 잘 흉내 낼 수 있는 것은 아닐까? 그렇다면 윤리적 AI를 실현하려는 인간의 노력과는 무관하게 AI는 인간의 윤리를 학습하고 흉내 내는 플랫폼 역할을 하게 되지 않을까?

이 장은 이러한 궁금증에 대해 더 따져보고자 한다. 현대 AI의 성과가 우리가 인간 인지 과정의 신비를 이해하지 못했음을 사실상 드러내는 것이라면, 향후 AI를 윤리적으로 만들기 위한 효과적 방안이 꼭 인간의 윤리적 판단에 대한 이해를 바탕으로 해야 할까? 윤리적 AI를 구축해야 한다고 주장할 때, 우리는 은연중에 윤리적 판단은 인간 고유의 영영이라 AI가 구현할 수 없는 것처럼 가정하는 경향이 있다. 그러나 일터에서 우리의 인지적 과제가 이미 AI의 도움을 받거나 AI의 영향력을 벗어날 수 없듯이, 인간의 윤리적 판단도 불가피하게 AI의 영향을 받고 AI의 도움을 받게 될 것이다.

AI가 발전하게 되면 일상에서 발생할 윤리적 딜레마들은 위에서 든 비윤리적인 AI의 사례들보다 훨씬 모호해질 것이다. 예를 들어 자율주행차가 맞이할 선택의 순간들은 탑승자의 안전과 보행자의 안전 사이에 심각한 딜레마를 불러일으킨다. 이러한 딜레마에 대비하기 위해 매사추세츠 공과대학교(이하 MIT) 미디어 연구실Media Lab은 2014년부터 "도덕적 기계Moral Machine"라는 조사 플랫폼을 설계하여(MIT Media Lab, 2014) 자율주행 중 맞이할 수 있는 다양한 양자

택일의 상황을 제시하고 4년 동안 233개국 수백만 명이 내린 4000만 건의 결정 자료를 수집해 왔다(MIT Media Lab, 2018). 현재까지 분석 결과 다양한 문화권에서 사람들은 서로 다른 윤리적 선택을 했음을 보여주는데, 예를 들어 한국 응답자들을 세계 평균과 비교해 보자면 동물보다 사람을, 탑승자보다 보행자를 보호하는 성향이 강하고, 사회적 지위가 높은 사람이나 젊은 사람을 우선시하는 성향은 세계 평균보다 낮다(Awad et al., 2018).

이 도덕적 기계라는 조사 플랫폼에 쌓인 응답 데이터를 자율주행차가 학습한다고 상상해 보자. 이 차는 어느 나라 어떤 지역에서는 누구를 우선적으로 보호하는 자율주행을 할 것인지 조사 결과에 근거해 결정을 내릴 것이다. 그리고 이러한 결정은 철학적 기반을 갖고 윤리적 원리로부터 도출된 결정이라기보다는, 자율주행이 이루어지는 시·공간에서 가장 정당성 있는 혹은 합리화할 만한 선택을 예측하고 따르는 것일 뿐이다. 더불어 도덕적 기계 플랫폼이 다양한 시나리오에 대한 인간의 선택을 축적해 갈수록 이를 학습한 자율주행차는 그 사회에서 더 윤리적인 것으로 정당성 있게 받아들여질 것이다. 이러한 윤리적 결정 방식이 바로 플랫폼 사회에서 AI를 활용하는 윤리적 서비스의 초기 형태가 될 수 있으며, 하향식이 아닌 상향식bottom-up 윤리 결정의 효과적인 방식으로 정착할 수 있다.

이제 자율주행에서 효과적으로 판명난 AI 윤리 서비스가 어떻게 보편화될지 상상해 보자. 데이터 플랫폼에는 인간의 온갖 감정과 논쟁, 철학, 윤리, 심지어 거짓말들이 축적되어 있다. 그리고 인간은 윤리적으로 곤란한 순간들을 모면하기 위해 인지적 과제뿐 아니라 점점 더 많은 윤리적 과제도 AI에게 위탁하게 될 수 있다. 전 지구적 생태계를 고려하여 어떻게 기후문제에 대처해야 할지 AI의 결정에 따를 수도 있고, 친한 친구의 부탁을 들어주느라 학교를 빠진 사실을 부모에게 들킨 청소년이 부모를 어떻게 설득할지 AI에게 물어볼 수도 있다. 즉, 우리가 인식하지 못하는 사이 AI는 윤리 서비스 플랫폼으로서 정책과 생활 모두에 스며들 수 있다. 그 플랫폼에는 수많은 윤리적 판정과 그러한 판정에 대한 이유가 축적되고, 그러한 판정과 이유를 활용한 다양한 경제적·정치적·사회적 활동의 생태계가 구축될 것이다.

이 장은 이러한 가능성에 대해 짚어보고 어떻게 대비해야 할지 살펴보고자 한다. 우선 윤리적 AI를 만들기 위해 인간이 하향식으로 신경 써야 할 개념과 기준이 무엇인지 점검하고자 한다. 그러나 거기에 머물지 않고 AI가 수행하는 인지적 과제가 윤리적 판단과 거리가 멀지 않다는 점을 지적하고, 그렇기에 AI도 윤리적 정당성을 학습할 수 있다는 점, 그리고 우리의 윤리적 판단도 AI의 발달에 영향을 받을 수 있다는 점 등에 대해 하나씩 짚어보고자 한다. 우선 인공'지능'의 발전과 인공'윤리'의 발전이 서로 어떻게 가까운지 알아보자. 이를 위해서는 예측가능성 패러독스predictability paradox부터 소개할 필요가 있다.

예측가능성 패러독스

'독재'시의 시장은 최근 부쩍 잦아진 게릴라성 시위를 막기 위해 한 글로벌 인공지능 회사와 은밀한 거래를 했다. 그 회사는 독재시가 갖고 있는 시민 개개인의 정보를 넘겨준다면 SNS 등의 실시간 자료와 결합하여 시에서 벌어질 시위를 두 시간 전에 예측할 수 있다고 주장했다. 시장은 이렇게 예측된 시간과 장소에 시위 진압 및 체포 병력을 신속히 투입했으며 한동안 그럭저럭 효과적으로 시위를 진압하고 시위대를 체포했다. 그러나 언제부터인가 예측된 시위는 대부분 일어나지 않았고 진압대는 허탕을 치기 일쑤였다. 시장은 회사에 배상을 요구했으며 거래를 파기하려 했다. 그런데 그 인공지능 회사는 기뻐하며 시위가 일어나지 않은 것은 그 회사의 예측 시스템이 틀려서가 아니라 오히려 정확하기 때문이라고 주장했다. 즉, 시위대가 예측 시스템의 효과성을 이제 알아차리고, 간파당할 위험이 있는 시위 계획을 취소하기 때문이라고 주장했다. 결과적으로 시위 횟수를 줄이려는 독재시의 목적에 기여했으니 회사는 배상을 할 책임도 없으며, 계약을 파기하면 시위대는 더 극성을 부릴 것이라 주장하여 시장을 오히려 불안하게 만들었다.

누구의 말이 맞는가? 시위 예측 시스템이 빗나간 것은 예측 모형이 틀렸기 때문인가, 아니면 모형의 예측에 사람들이 반응해서 계획한 행동을 수정했기 때문인가? 이 문제는 예측 시스템이 딥러닝을 활용하는 한 근본적으로 답하기 어려운 딜레마다. 즉, 대규모 개인정보와 SNS상의 실시간 흐름을 예측 시스템에 집어넣으면 AI는 시위의 예측 시간과 장소는 알려주겠지만, 왜 그 장소 그 시간에 시위가 일어날 것인지는 설명할 수 없다. 따라서 예측이 빗나간 원인이 예측 모형의 결함 때문인지, 혹은 이 모형의 예측을 간파한 후 시위를 취소한 시위대 때문인지 알 수가 없다.

AI의 해석가능성과 책무성

이러한 가상의 예에서 보는 것과 같은 극적인 예측가능성의 딜레마는 아직 현실세계에 존재하지 않는다. 그러나 덜 극적인 형태의 예측가능성의 딜레마는 이미 AI 예측을 현실에 적용시킬 때 중요하게 고려해야 하는 사항이다. ≪블룸버그 비즈니스위크Bloomberg Businessweek≫는 2018년에 "건강산업, 금융, 법적 제제 등에서 잘못된 자동 추천이 야기할 피해는 넷플릭스가 형편없는 영화 한편을 추천하는 것보다 훨씬 클 것이다(Bloomberg, 2018.12.12)"라고 지적한다. 만일 기업이 영상이나 음악 콘텐츠 시장을 넘어 AI의 예측력을 건강이나 법과 관련된 분야로 확장시키고 싶다면 예측의 소위 설명가능성explainability을 확보해야 한다. 예측이 잘 작동하는 동안에는 고객 불만이 없겠지만, 예측이 실패하고 그 실패로 문제될 만한 결과가 생기면 고객은 책임을 요구할 것이다. 즉, 예측 모형이 설명 가능하느냐는 문제는 예측 실패에 대한 책무성accountability으로 연결되고, AI의 설명가능성을 높이는 것은 곧 윤리적 책무성을 높이는 길이기도 하다.

그렇다면 AI 예측의 설명가능성을 높이기 위해 어떤 과학적 노력이 이루어지고 있는가? 전산학 분야 국제학술대회에서 이와 관련된 연구는 계속 증가해 왔다. 2000년대 초반 5000건 미만이었던 해석가능한interpretable 기계학습에 대한 논문 수는 2010년대 후반에는 2만 건에 근접하고 있다(Medium, 2018.2.20). 이처럼 논문 수가 급증한 것은 기계학습의 해석가능성 문제는 공학적 문제이지만 이 해석가능성이 확보해 줄 책무성 문제는 곧 윤리적 문제이기 때문이 아닐까.

AI의 해석가능성에 대한 연구가 활발하고 관련 기업들도 해석가능성을 높이는 기술에 투자할 유인이 충분하다면 조만간 AI도 충분히 설명가능해지고 윤리적 AI도 현실화할 것인가? 그렇게 쉽게 낙관할 문제는 아니다. 예측가능성 패러독스를 풀기 위해 혹은 윤리적 AI를 구현하기 위해 해석가능성을 높이는 것은 AI의 1차적 공학적 성능, 즉 예측력 자체를 떨어뜨릴 위험이 높기 때문이다. AI 분야 전문가 중 한 명인 파라킨Parakhin은 이 문제에 대해 상당히 냉소적으로 표현한다(Bloomberg, 2020.2.21).

"충분히 설명가능한 모형이란 성능이 제한적일 수밖에 없어요. 일반적으로 예측이 덜 정확하다는 뜻이죠. 얼렁뚱땅 넘어갈 방법이 없어요. … 그저 마음의 평안을 얻기 위해 스스로를 속일 뿐입니다."

사실 딥러닝의 강력함은 바로 그러한 모호함, 설명불가능성에 기인한다고 볼 수 있다. 설명가능한 모형을 원한다면 그저 선형 회귀분석을 수행해 각 예측변수의 기여도를 파악하면 되지 왜 실타래처럼 얽힌 여러 층의 잠재 집단을 가정하고 딥러닝을 하는지 반문할 수 있다. 윤리적 AI와 예측력 좋은 AI 간의 어떤 균형점이 기업에게 이익을 가져다줄지 확실하지 않다면, 이 이해 상충을 해결하는 것은 쉽지 않을 것이다. 그리고 그러한 균형점의 필요성을 논의할 기회는 예측 대상이 사회적으로 중요해지는 순간에 온다. 2020년 초부터 전 세계를 강타한 신종 코로나 사태가 바로 그런 기회다.

거짓 양성 대 거짓 음성 간 균형: 신종 코로나의 경우

2020년 2월 한국에서 신종 코로나의 대규모 확산이 시작되었고, 국가는 역학조사를 통해 감염 의심 대상자들을 상대로 광범위한 코로나 검사를 실시했다. 2020년 9월 중순까지 200만 명 이상이 검사를 받았고 그중 확진 비율은 2만 2000명 수준으로 검사자 대비 확진자는 1%가 조금 넘는 수준이다. 감염 의심군을 상당히 넓게 잡고 많은 사람을 검사했음을 알 수 있고, 대한민국이 신종 코로나 확산을 비교적 효과적으로 막고 있는 이유도 여기서 찾을 수 있다. 그런데 이렇게 광범위하게 검사를 실시하면 어떤 윤리적 문제가 생길까? 좀 더 정확히는, 검사의 정확성이 100%가 아닌 이상 광범위한 검사는 어떤 문제를 낳을까?

'정확성accuracy'이라는 말의 의미는 진단 검사에서 두 가지로 나누어 생각해 볼 수 있는데, 하나는 실제 감염자 중 양성반응을 보이는 재현율recall과 다른 하나는 양성 반응자 중 정말로 감염된 사람의 비율인 정밀도precision이다. 신종 코로나와 같은 방역 위기 상황에서 1차적으로 신경 쓸 수밖에 없는 정확성은 재현율이다. 실제 감염자를 음성 판정으로 놓치는 경우, 즉 거짓 음성false negative이 많다면 확산에 치명적일 수 있기 때문이다. 한편 검사를 받는 입장에서 중요한 정확성은 정밀도. 사실은 감염되지도 않았는데 양성 판정을 받는 거짓 양성false positive의 경우에 해당한다면, 실제 환자들과 한 공간에 격리되어 생활에 심각한 제약을 당할 뿐 아니라 격리 후 감염될 위험도 높아진다.

그렇다면 우리는 어떤 정확성에 우선순위를 두어야 하는가? 이에 답하기 위해 실제 감염자를 양성 판정하는 비율, 즉 재현율이 99%이고 무감염자 중 거짓 양성이 나올 확률을 1%라고 가정한 높은 수준의 정확성을 가진 진단을 가정해 보자. 이런 경우라 하더라도 발병률 0.1%의 질병에 대한 진단 정밀도는 9% 수준이다.[2] 즉, 양성 반응자 중 사실은 감염되지 않은 거짓 양성의 비율이 90%가 넘는다는 뜻이다. 발병률 1%가 넘어야 양성 반증자 중 거짓 양성의 비율을 겨우 절반 이하로 떨어뜨릴 수 있을 뿐이다. 이처럼 낮은 정밀도는 발병률이 낮을 경우 피할 수 없는 확률적 특성이다. 아무리 무감염자 대다수에게 음성 판정을 내리더라도, 발병률이 워낙 낮다 보니 양성 반응자 중 진짜 환자보다 거짓 환자의 비율이 많을 수밖에 없다.

2020년 9월 중순 현재 대한민국 인구대비 신종 코로나 확진자의 수는 0.1%의 절반에도 못 미친다. 즉, 발병률을 단순 누적 유병률prevalence인 0.1%로 잡더라도, 지금까지 확진자 중 무증상 감염자라기보다는 거짓 양성 판정을 받았을 비율이 전체 확진자의 90% 가까이 될 가능성이 있다.[3] 이러한 판정을 받은 무감염자를 외면하는 것은 윤리적으로 문제가 없는가? 국가적 위기를 맞아 확산의 저지가 1차 목적인 상황에서 거짓 음성을 최소화하여 잠재적 위험군을 관리하는 것이 중요하지만, 위기를 넘긴 후에는 사회 전체의 안전을 위해 개인의 자유를 부당하게 제한하는 것을 금하고, 위기관리 정책으로 인해 개인의 감염 위험을 높인 경우가 있다면 이를 파악하여 사후적으로라도 보상하는 절차를 마련하는 것이 바람직할 것이다. 그러한 절차를 통해 의도하지 않은 소수의 피해자를 부분적으로라도 구제할 수 있을 뿐 아니라, 향후 비슷한 사태가 발생할 때를 대비해 정밀도를 높일 수 있는 근거 자료를 축적할 수 있을 것이다.

---

[2] P(양성|감염)=0.99, P(양성|무감염)=0.01, P(감염)=0.001이라는 조건에서 계산해 보면 P(감염|양성)=0.09정도이다.

[3] 물론 실제 거짓 양성 판정자의 비율은 90%보다 훨씬 낮을 거라 판단한다. 왜냐하면 검사를 무작위로 하는 것이 아니라 확진자 역학조사를 통해 고위험군에 대해 해왔기 때문이다.

예측 모형의 공학적 정확성accuracy은 재현율과 정밀성의 평균인 F1값으로 계산하곤 한다. 하지만 이러한 전염병 감염 여부 예측에서 보는 것처럼 윤리적 관점에서는 재현율과 정밀성을 동등하게 대우하기 어렵다. 사회의 공익을 위해서는 재현율에 초점을 둬야 하겠으나, 평소 우리가 간과하기 쉬운 윤리적 부주의를 보완하기 위해서는 정밀성 혹은 거짓 양성에 더 신경을 써야 한다.

정밀성에 가중치를 두는 경우는 범죄 예측과 같은 경우에 더 극명히 드러난다. 범죄를 억제하기 위해 잠재적 범죄자를 찾아내는 것이 목적일 때는 재현율을 높이는 것이 일차적 관심사일 것이다. 그러나 이처럼 재현율을 높이기 위해 혹은 거짓 음성을 최소화하기 위해 범죄자 예측 범위를 넓게 적용한다면 거짓 양성, 즉 무고한 사람을 범죄자로 낙인찍을 위험은 높아진다. 콤파스 COMPAS는 미국 법정의 판결에서 실제로 참고되고 있는 것으로 알려진 AI 기반 재범 예측 알고리듬algorithm이다. 그리고 이미 4~5년 전 미국의 대안 언론인 프로퍼블리카propublica.org는 이 신비한 알고리듬의 실제 판정 결과를 심층 조사하여, 재범 예측 시 거짓 양성의 비율이 백인보다 흑인에게 두 배 가까이 되는 반면 거짓 음성의 비율은 반대로 백인에게 두 배 가까이 된다는 것을 보였다(ProPublica, 2016.5.23). 결과적으로 전반적인 정확성의 지표인 F1값은 두 인종 간 비슷하나, 이 결과는 흑인을 억울하게 재범자로 판정하는 한편 백인은 부주의하게 재범을 놓치는 이중 차별의 결과일 뿐이었다.

이처럼 거짓 양성과 거짓 음성을 윤리적으로 동등하게 취급할 수 없다는 것은 이미 4~5년 전 재범 예측의 실제 사례에서 드러났지만, 우리는 여전히 이 문제에 민감하지 못하고 별다른 진전을 이루지 못하고 있다. 더구나 신종 코로나 진단의 사례에서 알아본 것처럼 발생률이 낮은 범죄, 예를 들어 살인과 같은 강력 범죄에 경범죄 데이터를 활용한 예측 모형을 적용한다면 유죄 판결 중 무고한 시민의 비율이 매우 높아질 위험이 있다. 효과적 범죄 억제에 AI를 도입할수록 무죄 추정의 원칙을 잠식하지 않는 수준에서 재현율과 정밀성 간 균형을 맞출 수 있는 원칙 수립이 필요하다. 더불어 이러한 균형이 사회적 소수자와 주류 사이에 편향되지 않는지 사후적 평가가 지속적으로 이루어져야 한다.

윤리의식의 가소성

지금까지 윤리적 AI의 구축이 AI 성능 중 해석가능성과는 일관되지만, 예측 성능과는 상충될 수 있는 가능성에 대해 짚어보았다. 그리고 예측 성능 중에 재현율보다는 정밀성 확보가 윤리적 AI에서 중요해지는 경우에 대해 살펴보았다. 지금부터는 우리의 윤리의식이 얼마나 유동적인지 살펴보려 한다. 즉, 인간의 윤리 의식으로 AI를 잘 관리·감독하는 것이 쉬운 일이 아니라는 점을 짚어보려는 것이다. 윤리는 도덕과 다르다. 도덕이 개인 속에 내재한 판단 기준이라면 윤리는 문화적 맥락 속에서 상대적으로 형성되는 판단 기준이라 할 수 있다. 그러한 점에서 윤리라는 용어는 이미 상당히 유동적 성격을 내포한다. 그러나 인간의 윤리의식은 유동적이라고 해도 가역적이긴 힘들다. 일단 새롭게 고착화되면 그 윤리는 사람들에게 너무 당연히 받아들여지기 때문에 다른 윤리적 기준을 납득시키기는 어려워진다. 이런 점에서 윤리의식은 유동적이기라기보다는 가소적plastic이다. 그래서 나와 다른 윤리의식을 가진 사람들은 참 뻔뻔스럽다고 느끼게 된다. 그러한 예로서 보신탕에 대한 우리의 태도 변화를 살펴보자.

2001년 말, 손석희와 바르도Brigitte Bardot의 보신탕 설전은 손석희를 국민스타로 만들고 향후 한국에서 가장 영향력 있는 언론인으로 자리매김하는 데 큰 역할을 했다. 당시 손석희는 문화상대주의에 근거해 보신탕을 옹호했으며 진보 언론으로 분류되는 ≪한겨레≫는 이를 크게 보도했다(≪한겨레≫, 2001.12.3). 그럼 보신탕에 대한 진보 언론의 현재 입장은 어떠할까? 상대방 문화에 대한 관용과 인정은 여전히 중요한 진보의 윤리적 가치다. 그러나 보신탕에 대한 찬반 논쟁에서 진보는 더 이상 문화상대주의를 들고 나오지 않는다. 2018년 여름, ≪한겨레≫ 신문은 더 이상 보신탕을 옹호하지 않았다. 그 대신 동물보도단체가 말복을 맞아 보신탕 퇴출운동을 벌이는 모습을 보도했다(≪한겨레≫, 2018.8.17). 그렇다면 ≪한겨레≫는 이러한 입장 변화를 스스로 인지하지 못했나? 그렇지 않다. 2001년 보신탕 옹호와 2018년 보신탕 반대의 중간 시기인, 2012년에는 "문화상대주의에 도전하는 생명권"이라는 제목으로 식용견에 대한 비판적 보도를 했다(≪한겨레≫, 2012.7.13). 보신탕에 대한 ≪한겨레≫의 입장 변화 뒤에는 문화상대주의에서 생명권으로 윤리적 가치 기준이 바뀐 것을 알 수 있다.

그렇다면 이러한 진보 언론의 윤리기준 변화는 어떻게 설명할 수 있을까? 만일 ≪한겨레≫에 찾아가 왜 입장이 변했냐고 묻는다면 어떤 대답을 내놓을까? 필자는 물론 특정 언론이 이율배반적이라고 비판하려는 것이 아니다. 사실 필자 본인도 2001년과 현재 사이 언젠가부터 보신탕에 대한 입장을 바꾸게 되었다고 느끼는데, 이런 사람이 필자만은 아닐 것이다. 언론은 여론의 반영이고 여론의 변화는 반려동물의 확산과 더불어 어느 사이에 이루어졌다. 그리고 우리는 언제 그랬냐는 듯이 새로운 입장을 당연한 것으로 받아들이고 정당하다고 생각한다. 즉, 변화된 여론을 지지하는 서로 다른 윤리적 기준, 즉 문화상대주의와 생명권이 정말로 각 입장을 도출하는 원리인지 혹은 각 입장을 정당화하기 위해 동원된 합리화인지 구분하기는 어렵다.

그렇다면 이제 언론과 소셜미디어를 열심히 학습한 여러분의 개인 AI를 상상해 보자. '개인' AI라 함은 여러분이 자주 보는 언론과 자주 방문하는 소셜미디어를 알고 맞춤형으로 서비스를 제공해 주는 AI라는 뜻이다. 만일 여러분이 그 AI에게 2001년에 "보신탕을 지지할지 알려줘. 그리고 그 이유도 일려줘"라고 요청했다면 무엇이라고 답했을까? 그리고 현재 동일한 질문을 한다면 무엇이라고 답할까? 필자는 위에서 예로 든 ≪한겨레≫의 각 시기의 기사와 별로 다르지 않은 답을 해줄 거라 생각한다. 그리고 그 대답은 여러분이 듣기 싫은 훈계보다는 여러분 마음속에 정해져 있는 답을 남들에게 잘 표현해 줄 수단을 제공해 줄 가능성이 높다. 다만 필자가 상상할 수 없는 것은 다음과 같은 후속 질문에 대한 AI의 답이다. "사실 나도 네 의견에 동의해. 그런데 보신탕에 대한 내 입장이 그 사이 변할 걸 어떻게 설명해야 하지?" 인간은 과연 이 질문에 쉽게 답할 수 있을까? 특정 윤리의식을 정당화하기보다 윤리의식의 가소성을 정당화하기는 더 어렵다. 이 질문에 답하기 위해 AI를 참고하는 미래는 과연 멀리 있을까?

기술 발전에 영향받는 윤리 감수성

반려동물의 확산이라는 사회적 조건이 우리의 윤리적 입장에 변화를 일으켰다면, 좀 더 직접적으로 AI 관련 기술의 발전이 우리의 윤리적 감수성에 어떤 변화를 일으키고 있는지 알아보자. 집필진은 이 연구를 위해 실시한 2034명에 대한 온라인 조사에서 그림 6-1과 같은 장면을 포함한 두 영상을 차례로 보여주면서 응답자에게 얼마나 불편한 감정을 느끼는지 물어보았다. 동영상을 보여주는 순서가 각 동영상에 대한 태도에 영향을 미칠 수 있기에 보여주는 순서는 응답자마다 무작위로 했다.

이 두 영상은 보스턴 다이나믹스Boston Dynamics라는 회사가 AI를 활용해 만

그림 6-1 **네 발 로봇과 두 발 로봇 넘어뜨리기 동영상의 스틸 컷**

영상 1   영상 2

그림 6-2 **연령대별 동영상에 대한 감정적 허용도**

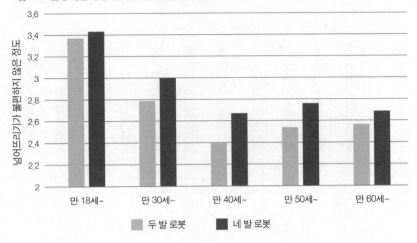

든 네 발 로봇과 두 발 로봇을 훈련시키는 장면이다(YouTube, 2020.3.3). 로봇들
은 사전에 프로그램 된 규칙에 의해 몸의 균형을 잡는 것이 아니라 이처럼 외
부 충격에 적응하면서 제대로 걷는 법을 학습한다. AI에 익숙한 세대라면 이
러한 학습논리를 동물이나 사람에 대한 공감능력과 분리시킬 가능성이 높고
따라서 덜 불편해할 수 있다. 즉, 기술의 발전은 인간이나 생명에 대한 윤리의
식을 변화시킬 수 있다.

　그림 6-2는 온라인 조사의 결과를 연령대별로 정리한 것이다. 모든 연령대
에서 네 발 로봇보다는 두 발 로봇을 미는 행위를 더 불편해했는데, 이는 인간
을 닮은 로봇에 대해 더 공감도가 높은 것을 의미한다. 좀 더 중요한 경향성은
연령대에 따라 U자형 패턴을 보인다는 점인데, 가장 젊은 층과 가장 고연령층
에서 동영상을 덜 불편해한다는 것이다. 고연령층에서 덜 불편해하는 경향은
고연령 세대일수록 인권이나 생명권에 대한 감수성이 낮기 때문으로 해석할
수 있다. 그러나 저연령층에서 동영상에 대한 허용도가 유난히 높은 경향을
젊은 층이 생명권을 경시하기 때문이라고 해석하기는 힘들다. 그보다는 데이
터에 기반한 인공지능 학습에 익숙하고 잘 활용하는 세대라서 로봇 학습과정

그림 6-3 학력 및 전공 분야별 동영상에 대한 감정적 허용도

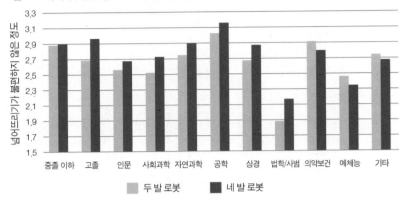

에 대한 허용도도 높기 때문이라고 볼 수 있다.

AI 학습에 익숙할수록 동영상에 대한 윤리적 허용도가 높을 것이라는 점은 전공 분야에 따른 응답 추이에서도 확인할 수 있다. 그림 6-3은 2년제 대학 이상의 응답자를 전공 분야별로 나눈 후 교육수준과 전공에 따른 응답 차이를 살펴본 것이다. 자연과학 및 공학 계열 전공자가 인문사회 계열 전공자보다 허용도가 높은 것을 볼 수 있다. 이공 계열이 동영상을 정당한 학습과정으로 파악하는 것으로 보인다. 동영상에 대한 허용도가 낮은 전공 분야는 법학 및 사범 계열인데, 비인간도 법인격체로 바라보는 법학이나 교육적 유해성에 민감한 사범 계열 전공이 동영상을 더 불편하게 받아들이는 것으로 보인다.

이처럼 전공 분야 간 차이는 연령대 간 차이와 일관된 경향도 보여주지만, 연령대별 분석에서는 드러나지 않는 차이점도 보여준다. 바로 어느 전공 분야가 네 발 로봇을 넘어뜨리는 행위를 더 불편하게 느끼는가 하는 점이다. 그림 6-3은 대부분의 전공에서 두 발 로봇에 대해 응답자가 더 불편을 느끼는 것을 보여주지만, 의약학 및 보건, 예체능에서는 반대로 네 발 로봇을 미는 행위를 더 불편하게 받아들이고 있음을 보여준다. 흥미로운 점은 의약학 및 보건 계열은 인간도 동물처럼 연구 및 실험 대상이 되는 분야라는 사실이고, 예체능

의 경우는 비인간 생명체나 자연이 예술 활동의 소중한 원천이 되기도 한다는 점이다. 의약학 계열이건 예체능 계열이건 다른 생명체에 비해 인간에게 특별히 우월한 지위를 부여할 가능성이 낮은 전공이라 해석할 수 있다.

정리하자면 세대 간 차이와 전공 간 차이는 AI에 익숙한 정도에 따라 로봇에 대한 윤리적 공감 정도가 달라질 수 있음을 보여주었다. 전공 간 차이는 또한 로봇이 인간을 닮았는지 반려동물을 닮았는지에 따른 공감 정도 역시 상대적임을 보여주었다. 향후 인간의 삶에 인공지능이 영향을 미치는 정도, 그리고 비인간 생명과 관계 맺는 인간 삶의 방식이 변하는 정도에 따라 인간의 윤리적 감수성은 변화해 갈 것이다. 그러나 지금은 어처구니없다고 느낄 만한 어떤 윤리적 관습이 미래에 정착될지 미리 알기 힘들다.

시리, 핑곗거리 찾아줘

앞선 보신탕 관련 언론 보도에서 중요한 점은 언론의 비일관성이 아니다. 시대에 따라 윤리적 기준은 변한다. ≪한겨레≫의 입장 변화는 우리 사회 진보적 윤리의 입장 변화를 반영할 뿐이다. 중요한 점은 우리의 윤리적 입장은 마치 블랙박스와도 같은 우리의 마음에서 부지불식간에 형성된 결과물이라는 것, 그리고 이에 대한 윤리적 판단 근거를 제시하는 일은 사후적 '합리화'일 수 있다는 것이다. 이어진 로봇 훈련 영상에 대한 조사 실험은 로봇 훈련이 비윤리적인지 아닌지 밝히려는 게 아니다. 이 조사 실험에서 사람들이 보인 즉각적 반응은 윤리적 판단 기준을 동원하기 이전에 이미 이루어졌다는 것이 중요하다. 그러한 즉각적 반응은 응답자가 AI 관련 기술에 대해 익숙한 정도에 따라 달라졌는데, 그러한 익숙성은 연령대나 전공 분야와 같은 배경에 따라 다르게 형성된 것이다. 즉, 우리가 어떤 상품을 구매할지 우리의 배경에 따라 쪼개서 예측할 수 있는 AI가 있다면, 우리가 특정 이슈에 대해 어떤 윤리적 판단을 내릴지 역시 쪼개서 예측할 수 있다. 이러한 예측에 문화상대주의나 생명권 같은 윤리적 코드는 예측을 위한 변수로 필요하지 않으며, 예측 후 합리화 과정에서나 필요할 것이다.

정리하자면, 인간이 본인의 상황과 경험에 반응해 윤리적 판단을 먼저 내리고 그 판단을 사후적으로 '합리화'한다면, 이러한 윤리성은 AI가 학습하기 훨씬 수월할 것임을 지적하고 싶다. 우리의 윤리적 판단이 가소적이고 상황에 좌우되기 쉬울수록, AI는 윤리적 코드를 사전에 마련할 필요 없이 우리의 윤리적 판단을 흉내 내고 그 판단을 사후적으로 합리화하는 데 도움을 줄 것이다.

이러한 예측을 좀 더 밀어붙여 보자. 만일 인공지능 스피커 시리를 난처한 상황에서 핑계 대주는 비서로 활용할 수 있다면 AI가 윤리적 판단을 한다고 볼 수 있지 않을까? 그럼 AI에게 어떻게 합리화를 학습시킬 수 있을까? 인터넷에 있는 수많은 그럴듯한 거짓말과 변명들을 열심히 학습한다면 시리가 합리화의 장인이 될 수 있을지도 모른다. 그러나 그 정도 수준으로는 정교한 윤리적 정당성을 갖추긴 힘들 것 같다. 좀 더 수준 높은 정보를 학습하여 윤리적 정당성을 갖출 수 있을까? 이에 대한 대답은 앞쪽에서 제기한 해석가능성을 갖출 수 있을지에 대한 대답과 연관된다. 즉, 해석가능한 AI의 발전이라는 공학적 과제에 충실하다 보면 윤리적 판단을 하는 AI의 실현도 앞당겨질지 모른다. 만일 시리가 이 정도 수준의 윤리적 판단을 한다면, 고급스러운 애플사 Apple의 로고가 잘 어울리는 윤리 서비스 플랫폼이라 부를 만할 것이다.

해석인가 합리화인가?

던컨 와츠Duncan Watts는 현재 유명한 사회학자 중 가장 흥미로운 이력을 가진 사람 중 한 명이다. 그는 코넬대학교Cornell University에서 응용수학 박사학위를 받았는데, 그의 박사학위논문은 사회학의 오랜 난제인 좁은 세상에 대해 간결하면서도 가장 설득력 있는 모형을 제시하면서(Watts and Strogatz, 1998) 단숨에 사회학계의 주목을 끌었다. 그런 그가 콜럼비아대학교Columbia University 에 교수로 재직하면서 대표 사회학회지 중 하나인 ≪아메리칸 저널 오브 소시올로지American Journal of Sociology≫에 「상식과 사회학적 설명」(Watts, 2014)이라는 제목으로 매우 도발적인 논문을 실었다.[4] 이 논문은 어쩌면 응용수학자로 훈련받은 그가 교수가 되어서야 본격적으로 접한 사회학이라는 학문에 대한 충격과 감상을 담고 있는지도 모르겠다. 그러나 감상만으로 대표 학술지에 논문이 게재될 리는 만무하다. 이 논문은 사회과학 연구에 활용할 수 있는 데이터가 폭발적으로 생산되고 축적되고 있는 현대에 사회과학이 마주한 방법론적 기회와 딜레마를 학문적으로 잘 포착하고 있다.

와츠가 보기에 새로운 데이터가 주는 기회를 잘 활용한 사회과학 연구의 문제점은 이 장의 서두에 제기한 AI의 문제점과 매우 유사한데, 해석이 빈약하다는 점이다. 예를 들어 온라인 공간은 새로운 실험의 장을 열었으며, 인간을 대상으로 하는 무작위 실험은 원인과 결과 간의 인과관계를 밝히는 데 최선의 환경을 제공한다. 그러나 인과적 설명이 원인으로부터 결과까지의 기제mechanism를 보여주는 것은 아니다. 이러한 실험은 오히려 온라인 앱의 개발 단계에서 수행하는 A/B 테스트와 유사하다. 원인과 결과 사이가 블랙박스처럼 가려져 있기 때문이다. 높은 예측력에 비해 해석이 어렵다는 점에서 데이터 시대의 사회과학은 AI와 유사하다고 할 수 있다.

그렇다면 빈약한 해석을 인간 행동에 대한 사회과학적 설명으로 보완하면 되지 않을까? 그러나 사회과학적 설명은 와츠가 보기에 거의 '상식'일 따름이다. 인과적 설명과 대비되는 사회과학의 인간 행동에 대한 해석은 일종의 합

---

4   이 논문이 나온 시점에 와츠는 이미 마이크로소프트 연구원으로 옮긴 이후지만 논문의 집필은 콜롬비아대학교 재직 시절이라고 할 수 있다.

리화rationalization이자 비과학이다. 그러나 설명의 대상이 인간인 이상, 인과적 설명만으로는 불만족스러우며 인간 행동을 납득시켜 줄sense-making 기제에 관한 해석이 있어야 만족스러워진다. 따라서 와츠가 전망하기에 '인과적이나 불만족스러운' 설명과 '상식적이나 만족스러운' 설명 사이에서 사회과학은 더 큰 선택의 갈등에 놓일 것이다.

사회과학의 인간행동 해석이 합리화에 불과하다는 와츠의 지적은 윤리적 AI를 개발하는 데 중요한 시사점을 던져준다. 바꿔 말하면 사회과학이 축적해 온 인간행동 해석이 와츠가 보기에는 비과학적이고 못마땅하겠지만, AI를 해석 가능하게 만드는 데는 매우 유용해 보인다. 해석 가능한 AI를 통해 AI의 책무성을 높이려는 기획이 현실화되는 방식은 사실 합리화에 능한 AI를 만들어 AI의 책무성 문제를 우회하는 것이기 때문이다. 결국 해석가능한 AI, 책무성을 담보한 AI는 인간을 납득시키는 수준의 합리화를 할 수 있으면 충분하지 않겠는가?

진정으로 합리화에 능한 AI를 학습하는 과정을 상상을 해보자. 앞서 지적한 것처럼 인터넷에 있는 수많은 그럴듯한 거짓말과 변명들을 열심히 학습하는 것도 생각해 볼 수 있다. 그러나 그보다 좋은 방법은, 인간 행동을 끊임없이 연구하고 해석해 온 인문사회학자들의 논문을 학습시키는 것이다. 즉, 과학적이고자 최대한 노력한 인류의 성과를 축적한 학술 저장소archive를 학습시키자. 저장소에 따라 논문의 전체 본문은 유료화 되어 있을 수 있지만 주요 해석이 담긴 논문초록은 무료이며 학습이 가능하다. 이렇게 학습한 AI 플랫폼 사용자는 합리화가 필요한 행동을 플랫폼에 의뢰하고, 이 행동이 학술 논문들에서는 어떻게 해석되었는지를 바탕으로 사용자에게 합리화하는 방법을 알려줄 수 있을 것이다. 특히 사용자 정보가 쌓일수록 고객이 처한 맥락과 가장 유사한 맥락에서 어떻게 합리화하면 좋을지 맞춤형으로 알려줄 수 있을 것이다. 이렇게 최종 제공된 해석이 사용자 입장에서 납득할 만하고 유용하다면 AI는 해석가능하다고 부를 수 있지 않을까?

어쩌면 독자들은 이러한 전망이 시기상조라 생각할 것이다. 아직 인공지능은 매우 간단한 사실 체크 문제에도 엉뚱한 답변을 할 만큼 초보적인데 이처럼 정교한 합리화를 구현하려면 갈 길이 멀다고 생각할 수 있기 때문이다. 그러나 그럴듯한 말솜씨로 인간을 설득하는 것은 이미 인공지능이 단순한 논리 문제를 푸는 것보다 잘하고 있다. 현존 최강의 AI라 불리는 GPT-3는 '치즈를 냉장고에 넣으면 녹을까'라는 질문에는 '녹는다'고 답하는 수준이지만(김종윤, 2020.8.20), 인간과의 자유 대화나 낚시성 기사 제목 작성에는 탁월한 능력을 보여준다(김종윤, 2020.8.5).[5] 이 장의 도입부에서 지적했듯이 AI는 진정한 지능이라기보다는 인간을 잘 흉내 낼 뿐이기에, 인간이 보기에 그럴듯한 결과물을 내는 데 더 탁월할 수 있다. 짧게 요약하자면 AI는 지능은 아니지만 지능적이다. 이처럼 AI가 지능적인 이유는 맹목적으로 인간을 흉내 내서 학습하는 동안, 의도하지 않게 터득한 인간만의 능력이 있기 때문이다. 그 능력은 바로 지능이 아닌 '감정이입'이다.

심적 시뮬레이션과 공감: 인지와 도덕이라는 동전의 양면

다시 와츠의 견해로 잠시 돌아가보자. 와츠가 보기에 인간 행동에 대한 설명에는 뇌과학이 발견한 인간만의 고유한 능력, 바로 심적 시뮬레이션mental simulation이 개입한다. 즉, 가상의 상황에 본인을 대입해 본 후 어떻게 행동할지 떠올려 보는 능력이다. 이러한 능력은 물리 세계에서의 행동을 설명할 때는 필요 없는데, 예를 들어 수증기가 된 물 분자의 행동을 설명하는 데 우리가

---

5   이 책이 독자들에게 읽힐 즈음에는 아마 GPT-3가 베타 버전을 벗어나 더 많은 과제를 수행하고 결과를 축적하고 있을 것이다. 그즈음에는 GPT-3가 잘하는 것과 못하는 것이 좀 더 분명해질 것이다.

물 분자 입장이 되어볼 필요는 없다. 이러한 심적 시뮬레이션을 통한 인간 행동의 설명은 물론 인간 행동의 인과적 설명에도 유용할 수 있으나, 행위의 합리화가 결합하면서 다분히 "감정이입적empathetic"(Watts, 2014: 324) 해석으로 진행된다. 즉, 인간의 인지적 능력인 심적 시뮬레이션은 행위의 정당화에 유용한 감정이입이라는 인지적 작동에 유용하게 쓰인다.

그런데 한편, 고전 철학자인 애덤 스미스Adam Smith에 따르면 이러한 감정이입이 인간의 도덕감의 근원이기도 하다. 스미스는 그의 저서 『도덕감정론 Theory of moral sentiments』(스미스, 2009)에서 인간 도덕의 근원이 되는 감정으로 "동감sympathy(7쪽)"을 들고 있는데, 스미스는 동감이 "상대방의 격정을 목격함으로써 발생하는 것이 아니라 그 격정을 야기한 상황을 목격함으로써 발생한다(9쪽)"고 지적한다. 왜냐하면 동감이란 자신을 상대방의 상황에 놓아보는 상상에서 비롯되기 때문이며, 이러한 동감의 과정은 바로 위에서 말한 감정이입 empathy이라는 인지적 과정이기 때문이다. 스미스가 보기에 정의justice라는 도덕은 "중립적 방관자의 동감을 얻을 수 있는 범위까지 이기적 행위가 제한·억제되는 것(675쪽)"이며, 이러한 입장은 도덕이 이성적으로 도출된다기보다는 사회구성원 간 정서적 합의에 기반함을 의미한다.

결국 스미스의 관점과 와츠의 논의는 연결되는데, 도덕적 감수성의 기반이 되는 정의로운 분개심이건 인간 행동에 대한 과학적 해석이건 공통적으로 감정이입이라는 인지적 과정을 겪는다. 공학적으로 AI가 제공해야 할 '해석'이 인간이 납득할 수 있는 설명 방식이라면 이는 사회구성원의 상식에 부합한다는 뜻이며, 와츠의 입장에서는 이러한 상식적 설명은 비록 감정이입에 기반한 불완전한 설명이겠지만, 스미스의 입장에서는 사회 내 동감을 얻을 수 있는 설명 방식이다. 즉, 해석 가능성이라는 측면에서 우수한 AI는 동감을 불러일으키는 AI와 크게 다를 바 없으며, 그런 AI가 스스로의 결정을 합리화할 때 인간을 윤리적으로 납득시킬 수 있다. 결과적으로 과학자들이 AI의 예측을 해석 가능하게 만들수록, 향상된 해석가능성은 더욱 폭넓은 동감을 불러일으키고

AI의 예측은 윤리적으로 더욱 타당하게 받아들여진다. 이러한 일련의 과정은 해석가능성을 높이려는 과학자들의 노력이 AI를 윤리적으로 만들려는 의도를 포함하는지 여부와 상관없이 일어날 것이다. 그렇다면 차라리 애당초 동감을 목표로 설정하여 앞에서 제안한 것처럼 인간 행동에 대한 각종 연구 결과의 초록을 AI에게 학습시키면 어떨까? 그런 AI가 내놓는 윤리적 판단이 웬만한 인간이 내놓는 판단보다 윤리적으로 타당하게 납득시키는 힘을 갖게 되는 것은 아닐까?

인간이 소프트웨어와의 대화에 쉽게 공감한다는 점은 이미 1960년대 중반 엘리자ELIZA라는 심리상담 로봇의 사례를 통해 알려졌다(카, 2011). 엘리자는 제한적인 문장조합 규칙만으로 상담에 임했는데, 엘리자의 정체를 모르고 한 동안 엘리자와 대화를 한 사람들은 정체를 듣고 나서도 엘리자가 자신들을 실제로 이해한다고 주장하기도 했다. 이처럼 인간은 AI와의 대화를 쉽게 납득할 뿐 아니라, 사실 이미 로봇에게 윤리적 판단을 맡기기도 했다. 지금은 자동차의 필수 요소가 된 ABS 브레이크가 그런 예다(카플란, 2016). 지금은 ABS 브레이크를 누구도 문제 삼지 않지만, ABS 방식은 사실 운전자가 밟은 브레이크를 정확히 수행하지 않고 빠르게 반복 지연시키는 기술로 안정성을 확보했다. ABS가 윤리적 정당성을 확보한 것은 마케팅의 덕이라고도 볼 수 있는데(카플란 2016), 결국 윤리적 판단에는 선험적 원리보다도 경험적으로 사회구성원들이 기계의 결정을 받아들이는 정도가 중요함을 보여준다.

앞서 로봇 넘어뜨리기에 대한 응답자 반응을 통해, AI에 기반한 로봇이 확산되면 우리의 윤리의식도 따라 변화할 것임을 엿보았다. 그리고 인간의 감정이입적 해석 방식을 학습한 AI는 우리를 윤리적으로 납득시킬 수 있는 가능성도 보았다. 더구나 우리는 이미 기계에게 윤리적 판단을 맡긴 사례도 있다. 종합하자면, 우리가 AI를 윤리적으로 규율하기 위해 해석가능성을 높이고 재현율보다 정밀성에 가중치를 줄수록, AI가 우리의 윤리적 판단을 변화시키고 우리를 윤리적으로 납득시킬 가능성도 높다. AI의 답변이 비록 학습에 의한 반응답을 인지한다 하더라도, 우리는 이러한 답변을 인간이 내리는 윤리적 평가와 동등하거나 우월하게 받아들일 가능성도 충분하다. 어차피 설득의 문제이고 AI는 이미 논리보다 설득에 능하지 않은가?

이상이 이 장에서 말하고 싶은 내용이다. 독자 입장에서는 필자의 전망이 너무 비관적이어서, AI를 윤리적으로 만들려는 인간의 노력조차 AI에게 윤리적으로 종속당하는 결과로 이어질 것이라고 들릴지 모르겠다. 사실 필자가 그렇게까지 비관적이라 생각하지는 않지만, AI가 흉내 낼 수 없는 인간 고유의 윤리의식을 자신하는 것보다는 그런 비관론이 미래를 대비하는 데 더 유용하리라 본다.

예를 들어 자율주행 시대에 일어나는 교통사고를 상상해 보자. 이런 사고의 법적·금전적 책임은 운전자, 차량 제조사, 자율주행 알고리듬 개발사, 학습용 데이터 제공자, 보행자 간에 어떻게 배분해야 하는가? 우리는 이 문제에 대해 저명한 법률가나 자율주행 전문가가 답을 내려주기를 바랄지 모르지만, 어쩌면 가장 발 빠르게 이에 대해 답을 준비하는 측은 가장 큰 금전적 이해가 걸려 있는 주체, 예를 들어 자동차 보험회사일지 모른다. 그리고 그 회사는 MIT의 도덕적 기계 설문 결과를 수시로 업데이트 하고 관련 판례를 계속 학습하는 윤리 플랫폼 서비스를 계속 참고하고 있을지도 모른다. 우리는 그러한 사회에 대비되어 있는가? 혹은 그러한 보험회사의 변론에 설득 안 당한다고 자신할 수 있는가?

마지막으로, 이 장에서 다루지는 못했지만 플랫폼이 분석하고 학습할 데이터의 공급을 제한한다면 윤리 서비스로서 AI의 폭주를 막을 수 있을지도 모른다. 그리고 그렇게 데이터 공급을 제한할 정당성은 프라이버시privacy라는 도덕적 원칙에서 찾을 수 있을 것이다. 그러나 프라이버시라는 원칙도 사회적 합의로 유연하게 타협될 수 있음을 최근 코로나 사태로 확인한 만큼, 우리가 이 원칙에 전적으로 기댈 수 있을지는 의문이다. 더구나 우리는 이미 수많은 프라이버시 침해 요구에 '동의'를 누르면서 각종 서비스 플랫폼을 사용하고 있지 않은가? 그렇다면 윤리적 원칙에 호소하기보다는 기계학습에 활용하는 데이터에 비싼 가격을 매겨서 AI의 폭주에 제동을 걸 수도 있을 것이다. 이런 경우 어떤 데이터에 얼마의 가격을 매겨야 할까? 윤리적 문제를 경제적 해법으로 치환하는 것이 다소 씁쓸하지만, 그러한 가격을 매겨주는 성능 좋은 AI가 등장한다면 솔직히 말해 필자는 굳이 마다할 것 같지는 않다.

참고문헌

김종윤. 2020.8.05. "GPT-3, 인류 역사상 가장 뛰어난 언어 AI". https://blog.pingpong.us/gpt3-review/

김종윤. 2020.8.20. "GPT-3의 다섯 가지 한계". https://blog.pingpong.us/gpt3-limit/

스미스, 애덤(Adam Smith). 2009. 『도덕감정론』. 박세일·민경국 옮김. 비봉출판사.

카, 니콜라스(Nicholas Carr). 2011. 『생각하지 않는 사람들』. 최지향 옮김. 청림출판.

카플란, 제리(Jerry Kaplan). 2016. 『인간은 필요없다』. 신동숙 옮김. 한스미디어.

≪한겨레≫. 2001.12.3. "손석희·바르도 '보신탕' 설전 2라운드". http://legacy.www.hani.co.kr/section-009100004/2001/12/009100004200112031444721.html

≪한겨레≫. 2012.7.13. "전국 식용견 500만 마리? 문화상대주의에 도전하는 생명권". http://www.hani.co.kr/arti/society/environment/542500.html

≪한겨레≫. 2018.8.17. "동물단체가 연 '말복 문화제' … "복날은 가라"". http://www.hani.co.kr/arti/animalpeople/companion_animal/858008.html

Awad, Edmond, Sohan Dsouza, Richard Kim, Jonathan Schulz, Joseph Henrich, Azim Shariff, Jean-François Bonnefon and Lyad Rahwan. 2018. "The moral machine experiment." *Nature*, 563(7729), pp.59~64.

Bloomberg. 2018.12.12. "Artificial Intelligence Has Some Explaining to Do." https://www.bloombergquint.com/businessweek/artificial-intelligence-has-some-explaining-to-do

Bloomberg. 2020.2.21. "Artificial intelligence has some explaining to do." https://www.bloomberg.com/professional/blog/artificial-intelligence-has-some-explaining-to-do/

Fjeld, Jessica, et al. 2020. "Principled artificial intelligence: Mapping consensus in ethical and rights-based approaches to principles for AI." *Berkman Klein Center Research Publication*, 2020-1.

Medium. 2018.2.20. "Interpreting machine learning models." https://towardsdatascience.com/interpretability-in-machine-learning-70c30694a05f

MIT Media Lab. 2014. "Moral Machine." https://www.moralmachine.net/hl/kr

MIT Media Lab. 2018. "Moral Machine Result." http://moralmachineresults.scalablecoop.org/

Nuzzo, Rigina. 2014. "Statistical errors: P values, the gold standard of statistical validity, are not as reliable as many scientists assume." *Nature*, 506(7487), pp.150~153.

O'neil, Cathy. 2016. *Weapons of math destruction: How big data increases inequality and threatens democracy*. Broadway Books.

ProPublica. 2016.5.23. "Machine Bias: There's software used across the country to predict future criminals. And it's biased against blacks." https://www.propublica.org/article/machine-bias-risk-assessments-in-criminal-sentencing

Reuters. 2018.10.11. "Amazon scraps secret AI recruiting tool that showed bias against women." https://www.reuters.com/article/us-amazon-com-jobs-automation-insight-idUS KCN1MK08G

Verge. 2018.1.12. "Google 'fixed' its racist algorithm by removing gorillas from its image-labeling tech." https://www.theverge.com/2018/1/12/16882408/google-racist-gorillas-photo-recognition-algorithm-ai

Watts, Duncan J. 2014. "Common sense and sociological explanations." *American Journal of Sociology*, 120(2), pp.313~351.

Watts, Duncan J., and Steven H. Strogatz. 1998. "Collective dynamics of 'small-world' networks." *Nature*, 393(6684), pp.440~442.

YouTube. 2020.3.03. "Every time Boston Dynamics has abused a robot." https://www.youtube.com/watch?v=4PaTWufUqqU

07

알고리듬이 편향된다면?

이호영 정보통신정책연구원 디지털경제사회연구본부

무엇을 입고 먹을지 고민하지 말라

성경에 나오는 이 구절은 전혀 다른 맥락에서 점점 플랫폼화되고 지능화되는 우리 사회에 잘 들어맞는 것이 되었다. '먹고사니즘'의 노하우, 패션의 노하우, 나아가 세계를 이해하고 자신을 큐레이션 하는 일들은 이제 알고리듬 algorithm의 영역이 되었다. 아침에 일어나서 집을 나서기 전까지 스마트폰을 한 번도 들여다보지 않는 사람이 있을까? 날씨와 오늘의 일정, 약속 장소까지 갈 루트, 버스가 집 앞에 도착할 시간, 무엇을 먹고 볼지에 대해 우리는 초록창에, 구글신에 물어본다. 그 선택이 하루를 마치고 집에 돌아가는 길에 충족감을 주었다면 우리가 무엇을 더 바랄 것인가? 그런 것을 고민할 시간에 우리는 다른 좋은 것들을 할 수 있을 것을 기대한다.

하지만 이러한 알고리듬의 결정이 내 가족의 처지를 악화시키거나 나의 인권을 침해한다는 이야기들 듣는다면? 아니 꼭 나와 내 가족은 아니더라도 사회적으로 불평등을 더 심화하거나 취약 계층의 삶을 더 힘들게 한다면? 많은 학자는 지금 이 후자의 문제에 매달리고 있는 듯하다. 전직 월가의 애널리스트였던 캐시 오닐Cathy O'Neil은 2007년 세계금융위기를 계기로 데이터 사이언티스트로서는 매우 드물게 뉴욕 월가의 내부고발자가 되어 수학적 알고리듬의 위험을 세상에 알리고 그것을 제어해야 한다는 목소리를 내기 시작했다. 그녀의 『대량살상수학무기 Weapons of Math Destruction』는 누구를 고용하고 누구에게 대출을 해줄 것인가, 범법자의 재범율은 얼마나 될 것인가와 같은, 전통적으로 사람의 판단에 기대왔던 의사결정들이 빠르게 알고리듬에 의해 대체되고 있으며 이것이 '취약성'이라는 새로운 시장을 개척하고 있다고 주장한다(오닐, 2017). 우리가 무엇을 입고 먹을지 고민하지 않는 사이에 내 이웃의 민주주의와 평등권이 잠식당한다고 말이다.

최근 한국에도 몇몇 판사들의 양형이 마음에 들지 않는다는 이유로 뉴스 기사 댓글에 차라리 인공지능이 판결을 내리는 게 낫겠다는 의견을 내는 사람들이 있다. 사람은 누구나 잘못된 판단을 내리거나 편향을 가지기 마련이지만 내게 불리한 판결을 낸 판사에게 아량을 가지기는 쉽지 않다. 사람들은 다른 누구를 데려다 놔도, 아니 알고리듬에 의해 작동하는 로봇 판사를 데려와도 저 사람보다는 나을 것이라는 생각에 사로잡히게 된다(Hao and Stray, 2019). 과연 인공지능은, 알고리듬은 편견에 사로잡힌 사람들보다 나은 판단을 내릴까? 사실 인공지능을 작동하게 만드는 데이터와 알고리듬은 그 자체로 편향을 가지고 있다. 그중 많은 편향은 바로 편향을 생산하는 '인간'의 집합, 그리고 사회가 강화해 온 편견에 기원을 두고 있다. 알고리듬이 사람보다 반드시 더 공정할 것이라는 생각 자체가 편견일 수 있다는 말이다.

최근 몇 년 사이 인공지능 수준이 급속히 높아지고 기계학습이 보편화되는 단계에 이르면서 인공지능 시스템을 구동시키는 알고리듬이 우리 사회 안에 이미 존재하는 편견이나 불평등을 영속화하거나 나아가 확대할 것이라는 우려는 더 커지고 있다. 문제는 이 편향이 사회적 편견과 불평등을 강화하기 위해 누군가가 악의적으로 의도하거나 계획한 결과가 아니라는 것이다. 개발자나 이용자, 플랫폼 회사는 대개 특정 집단이나 개인에 대한 차별적 효과를 사전에 예견하지 못한 채 알고리듬을 만들거나 사용하는 경우가 허다하다. 어떤 알고리듬이 사회적으로 민감한 차별적 속성을 직접 파라미터parameter로 지정하지 않는다 하더라도, 차별적인 방식으로 속성을 사용하는 알고리듬과 동일한 결과를 낳을 수 있기 때문이다. 심지어 최근에는 알고리듬이 왜 그런 결과를 낳는지에 대해 인과적으로 설명 가능하지 않은, 그런 기술들이 오히려 더 높은 퍼포먼스를 내면서 알고리듬 편향을 더욱 해결하기 어려운 문제로 만들고 있다. 이 글에서는 그런 사례들을 살펴봄으로써 알고리듬이 낳을 수 있는 사회적 편향을 완화할 수 있는 방법을 모색하고자 한다.

알고리듬의 시대

알고리듬의 시대다. 오늘날 우리는 수많은 알고리듬의 제안을 받으며 살아간다. 그중 많은 제안은 알고리듬이 한 줄 모르고 수락하며 어떤 경우에는 알고도 기꺼이 수락한다. 대표적인 예는 소셜미디어가 우리의 뉴스피드에 슬쩍슬쩍 끼워 넣는 광고다. 좀 더 심각한 예로는 우리의 입사원서를 심사하는 알고리듬이 있다. 나아가 영화 〈마이너리티 리포트Minority Report〉에서처럼 언제 어디서 누가 범죄를 저지를 것인가를 예상하여 그 장소에 경찰력을 미리 파견한다든가 하는 알고리듬도 있을 것이다. 알고리듬은 수학에서는 매우 오래된 개념이지만 여기서는 컴퓨터 프로그램이 아웃풋output을 얻기 위해 어떻게 데이터를 읽고 수집하고 처리하고 분석할 것인가를 결정하는 명령어의 집합으로 정의한다. 과거에는 컴퓨터 프로그래머가 모델을 설계하고 데이터셋data set을 준비하고 알고리듬을 만드는 주체였지만 오늘날 알고리듬은 그렇게 좁은 세상에만 머무르지 않는다. 소프트웨어 인프라 구조의 설계는 이용자가 정보를 보고 디지털 세계를 구현하는 방식을 심오하게 구조화하고 있다(Cardon, 2018: 95).

이 글에서 관심을 가지는 알고리듬은 컴퓨터가 작업 수행을 위해 따르는 단계별 지침 세트를 뜻하며 특히 자동화된 의사결정에 쓰는 보다 정교하고 광범위한 도구로 한정한다. 자동화된 의사결정은 정체성, 인구통계학적 특성, 선호, 미래 행동 가능성을 포함하는 사람의 데이터 및 사람과 연관된 사물들의 데이터를 다룬다(Turner-Lee et al., 2019). 이때 알고리듬은 플랫폼 사회, 데이터 경제, 4차 산업혁명의 근본적인 작동 원리에 해당한다.

의사결정에 사용되는 알고리듬은 인간의 판단과 행동의 상당 부분을 자동화했으며 우리의 일상도 바꾸어놓았다. 디지털화되고 유동화된 매일매일의 삶에서 우리는 알고리듬과 쉬지 않고 상호작용한다. 유튜브가 내가 어젯밤에 본 동영상을 근거로 오늘 새로 보고 싶어 할 동영상 클립을 추천한다면, 페이스북은 내가 아직 보지 않았지만 내 친구들이 이미 '좋아요'를 많이 누른 글을 뉴스피드에 업데이트한다. 내가 다음에 볼 것, 알아야 할 정보가 알고리듬에 의해 깔끔하게 관리되고 있다. 로젠블랫A. Rosenblat의 말처럼 이 알고리듬의 힘은 '개인화'라든가 '실시간 반응성'에 있는 것이 아니라 알고리듬이라는 존재를 무대 뒤로 물러서게 만들어서 알고리듬이 하는 일을 보이지 않게 만드는 것에 있다(Rosenblat, 2018). 알고리듬이 결정하지만 사람이 판단한 것처럼 착각하게 하는 힘, 그것이 알고리듬 시대의 본질이다.

최근 자동화 경향은 신체를 가진 로봇이 우리의 노동 현장을 장악하고 통제할 것이라는 고전적 두려움이 아닌, 알고리듬적 로봇이 다른 신체적 로봇을 통제하거나 아니면 우리의 사고구조를 좌지우지할 것이라는 예측을 가능하게 하고 있다. 스티글러B. Stiegler가 그의 『자동화 사회La Société Automatique 1: L'Avenir du Travail』라는 책에서 갈파하듯이 자본주의는 점점 더 컴퓨터적인 무엇이 되어가고 있으며 경제는 플랫폼 없이 굴러가지 않으며 사회관계 역시 탈물질화되는 세상이 찾아왔다. 아마 비대면이 뉴노멀인 사회의 데이터화, 플랫폼화는 더 빠르게 진행될 것이다. 문제는 이 과정에서 알고리듬 편향은 물론 데이터 편향이 증폭될 위험이 항상 존재한다는 것이다.

우리는 이미 알고리듬에 의해 길들여지고 있으며 알고리듬이 생활세계를 배열하고 결합한다. 2019년에 출간된 브루킹스연구소 보고서에는 '알고리듬 이전의 세계pre-algorithm world'라는 표현이 나온다(Turner-Lee et al., 2019). 알고리듬 이전 시대에는 의사결정을 인간 혹은 일정한 목적을 가진 조직이 담당했다. 오늘날의 지능화된 기계는 부분적으로 인간과 조직의 결정을 대신하거나 결정에 영향을 준다. 하지만 브루킹스연구소 보고서도 주장하듯이 우리가 '알고리듬의 시대'라고 부를 때 주의를 기울여야 할 것은 알고리듬을 작동시켜 의사결정에 영향을 주게 되는 메커니즘 속에는 사회적 추론이 선행한다는 사실이다. 데이터 마이닝data mining과 같은 알고리듬 기술의 옹호자들은 이 기술이 의사결정 과정에서 인간의 편향을 제거하기에 더 공정하다고 주장해 왔다. 하지만 로봇 판사 알고리듬은 입력된 판례 데이터만큼만 선할 뿐이다. 알고리듬이 적용된 과거의 데이터는 기존 의사결정자들의 편견도 함께 물려받으며 따라서 알고리듬 스스로 공정할 이유가 아무 데도 없다.

알고리듬은 찾아준다

알고리듬은 명백히 사회적 영향을 가지기 때문에 사회학이 다루는 주제가 되었다. 갤러웨이s. Galloway가 그의 책 『플랫폼 제국의 미래The Four: The Hidden DNA of Amazon, Apple, Facebook, and Google』에서 구글, 아마존, 페이스북, 애플이 우리 삶의 운영체제가 되었다고 말한 것도 같은 맥락이다(갤러웨이, 2017). 알고리듬, 그중에서 구글의 페이지랭크pagerank가 우리 앎뿐만 아니라 삶을 지배하는 것이 대표적인 예다. 페이지랭크는 현재 세계적으로 가장 성공한 검색 알고리듬이다. 그리고 앞서 사용했던 '구글신'이라는 표현이 드러내듯, 모든 사람과 모든 것에 대한 정보를 찾아주는 동시에 사람들이 자신이 원하는 것이 무엇인지를 알기도 전에 그 사람이 원하게 될 것을 미리 알려준다(갤러웨이, 2017: 212).

구글 페이지랭크의 기본적 발상은 군중의 지혜를 빌리는 것이다. 구글 창업자들은 학술논문의 참고문헌이라는, 매우 단순한 '인용' 개념을 하이퍼링크hyperlink에 접목시켰다. 페이지랭크의 알고리듬은 사람들이 링크한 사이트를 관심으로 이해한 것이기 때문에 어떤 측면에서 '편향'적이라고 볼 수 있다. 그것이 세상의 모든 하이퍼링크를 등가로 처리하지 않는다는 점에서 그러하다. 그런데 그 편향에 대해서는 적어도 수십 억의 인터넷 이용자들이 받아들였을 뿐 아니라 자신에게 도움이 된다는 이유로 열광했다. 따라서 편향은 모두 시정되어야 할 것이라고 보아서는 안 되며 모든 것을 등가로 처리하는 것이 그렇지 않은 것에 비해 더 공정하다고 볼 수 없다.

플랫폼 4대 제국의 다른 한 축인 아마존은 사양산업이나 다름없었던 서점을 온라인 소매 플랫폼으로 만들어서 성공한 기업이다. 사실 무료할 때 아마존닷컴에서 책이나 CD를 검색하는 것은 매우 흥미진진한 일이다. 아마존닷컴은 내가 찾고 있는 책을 찾아줄 뿐 아니라 그 책을 산 다른 사람이 구매한 책도 알려주기 때문이다. 그렇게 여러 번 클릭을 하다 보면 장바구니에는 원래 생각지도 않았던 다른 책은 물론 소소한 가재도구까지 들어가 있기 십상이다. 세계를 사로잡은 온라인 리테일러retailer 아마존의 비즈니스 모델은 바로 책을 사러 왔다가 다른 것도 사게 만드는 것이다. 아마존은 매우 충성도가 높은 추천 서비스를 통해 그 제국을 건설해 왔다. 심지어 부지런한 온라인 소비자들은 굳이 '더 현명한 구매'를 자신의 동료, 혹은 온라인의 불특정 다수와도 공유하고자 하는 선의를 가지고 오늘의 딜이라고 생각되는 아마존 링크를 찾아 자신의 커뮤니티에 퍼 나르기도 한다.

사실 이와 같이 데이터를 이용해서 소비자의 행동에 영향을 주려는 경향은 플랫폼 기반 테크산업에서 매우 널리 퍼져 있다(파스콸레, 2016). 그런 목적에 사용하지 않으려면 기업이 굳이 막대한 비용을 들여 데이터셋을 구축할 이유가 없기도 하다. 검색된 책을 사느냐 마느냐는 어디까지나 나의 결정이지만 이 검색 결과는 때로 내가 과거에 선택한 것에 의해, 혹은 나와 비슷한 세그먼트segment에 속한 다른 누군가의 최근 선택에 의해 규정된다. 요컨대 기계학습의 알고리듬은 과거의 데이터에 기반하는 것이며 그 한계를 내재화한다. 그리고 사실 이런 측면이 우리가 보려고 하는 알고리듬 편향의 중요한 요소를 이루고 있다.

알고리듬은 분류한다

기계학습에서 분류classification는 기본적으로 레이블링을 근거로 한다. 컴퓨터 비전이라고 불리는 이미지 인식 인공지능이 대표적으로 그런 분류의 정확도를 높이기 위해 만들어진 것이다. 컴퓨터가 개와 고양이 이미지를 인식하기 위해서 수많은 개와 고양이 사진에 레이블label을 붙인 학습데이터를 마련한 후 새로운 이미지들을 보여주며 판독을 하라고 명령하면 알고리듬이 이를 정해진 카테고리 중 하나로 분류하게 된다. 인공지능의 고도화에 따라 등장한 강화학습도 마찬가지로 학습데이터와 테스트데이터test data를 통해 분류 성능을 향상시키기 위해 합성곱신경망Convolution Neural Network에 의존한다. 기계학습에서 레이블링이 중요한 것은 새로운 이미지를 아무리 더 투입한다고 해도 레이블이 달린 카테고리 자체가 늘어나지 않기 때문이다. 레이블링의 중요성은 컴퓨터 비전 분야에 한정되지 않는다. 뒤에서 보게 될 알고리듬 편향에 의한 차별에 결정적인, 사회적 범주의 레이블링 역시 대단히 중요하다. 특히 이것은 그 사회의 고정관념은 물론 미래를 좌우할 중요한 가치들을 포함하고 있기에 더욱 그러하다.

미국에는 스테이플Staples이라는 유명한 문구점이 있다. 이 웹사이트에서는 우편번호에 따라 가격을 차별화하는 정책을 적용한다. 온라인 쇼핑몰의 구매자가 스테이플의 경쟁자인 홈디팟Home Depot 같은 매장으로부터 멀리 떨어진 곳에 살고 있다면 더 높은 가격이 제시된다. 온라인 쇼핑 외에 별다른 방법이 없을 것이기 때문이다. 항공사나 호텔 중개사이트, 렌터카 회사도 이용자의 방문 기록인 쿠키cookie를 분석하여 잠재적 고객에게 각각 다른 가격을 보여주고 있다. 한 예로 네덜란드 로테르담의 주유소들은 시장 데이터를 학습시킨 인공지능 알고리듬을 이용하여 지불의사가 높은 손님 방문 시점에 가격을 높이는 실험을 하기도 했다(*The Wall Street Journal*, 2017.5.8). 이 실험은 일시적인 가격 조정에 대해 고객이, 또 경쟁사가 어떤 리액션을 보이는지를 데이터로 수집해서 가격 정책에 활용하려는 의도에서 비롯된 것이다. 그 전까지 주로 매우 주기가 짧은 상품, 호텔방이나 렌터카와 같은 품목에 이러한 가격차별 알고리듬이 사용되었다면 이 사례는 상대적으로 안정적 수요를 가진 상품에도 알고리듬 가격차별이 도입되었다는 점에서 놀라움을 주었다. 이런 가격차별화 정책이 가능한 것은 기업이 소비자보다 더 많은 데이터를 갖고 있을 뿐 아니라 소비자들을 분류하고 분석할 역량이 있기 때문이다. 사실 가격차별 자체는 기업 경쟁이 제한된 반독점 상태에서 나타나는 현상이지만 여기서는 데이터를 기반으로 기업이 소비자의 수요를 거의 완전하게 예측할 수 있게 된다는 측면에서 비슷한 맥락으로 이해할 수 있다. 반독점 전문가들은 이런 알고리듬 사용이 결국 가격 상승을 초래해서 소비자의 후생을 저해할 것이라고 비판했다.

소매기업의 알고리듬은 또한 수익률을 높이기 위해 세그먼트를 세분화한다. 소비자들의 성향과 습관을 다른 변수들과 결합시키고 모델 적합도를 높여가는 튜닝을 통해 스스로 수정함으로써 알고리듬은 점점 최적화된다. 또한 알고리듬은 어떤 사회집단을 분류에서 아예 배제시켜 비가시화하기도 한다. 아웃라이어outlier가 그것이다. 예측 모형의 퍼포먼스를 현저하게 떨어뜨리는 사람, 예측하기 어렵거나 수익성에 도움이 되지 않는 사람들에게 추천을 하지 않거나 경제적 불이익을 주거나 아니면 아예 검색되지 않게 하는 방식으로 사회적 존재감social presence을 감소시키는 것 역시 심각한 알고리듬 편향이라고 할 수 있다.

알고리듬은 판단한다

사실 데이터는 많은 경우에 사회에서 지속되는 널리 퍼진 편향을 단순 반영할 뿐이다. 하지만 알고리듬에 의한 분류는 곧 마이크로 타깃팅microtargeting으로 연결되면서 사회적 판단을 시작한다. 미국에서는 임대인이 예비 임차인이 집을 빌려줄 만한 사람인지를 스크린하기 위해 신용등급을 조사할 뿐 아니라 심지어는 임차인의 소셜미디어를 추적한 후 얼마나 자주 술집에 가는지 등에 관한 데이터를 종합해서 잠재적 임차인의 프로파일profile을 만드는 알고리듬을 사용하기도 했다. 미국의 한 플랫폼 회사는 자사에 광고를 하는 주택 판매업자에게 선호하는 우편번호와 같은 옵션을 제공하여 임차인과 구매자를 마이크로 타깃팅할 수 있도록 프록시proxy를 파라미터에 추가하기도 했다. 그 결과 소득이 낮은 지역에 사는 사람들은 좋은 집을 찾는 데 상대적으로 어려움을 겪게 되었다.

데이터 마이닝을 통해서 기존의 배제와 불평등 패턴의 규칙성을 발견하는 것까지는 수학적 알고리듬의 영역이다. 그런데 이를 이용해서 사회적 판단을 내리기 시작할 때, 그리고 이 사회적 판단이 자동화될 때 알고리듬은 세상의 구조나 변화의 방향을 바꿀 수 있는 힘이 된다. 실제로 편향된 데이터를 학습한 알고리듬이 한 번 A라는 사람을 저소득 지역에 사는 구매력 없는 사람이나 신용할 수 없는 사람으로 잘못 분류하고 나면 사실 그 사람이 자력으로 그 세그먼트를 빠져나오는 것은 거의 불가능한 일이 된다. 더욱이 세그먼트는 한 번 만들어지고 나면 그 자체로 구속력을 가지게 된다. 예를 들어 신용평가를 하는 회사들은 신용과 직접적으로 관계없는 다른 프록시들을 이용해서 사람들을 분류하는데 이때 한 번 낮게 평가된 사람들은 더 불리한 조건의 대출만이 가능해지고 연체수수료가 더 높은 신용카드를 추천받게 된다. 이는 취약한 계층을 더욱더 취약하게 만드는 악순환을 유발하게 된다(Noble, 2018). 요컨대 취약한 계층은 알고리듬에 의한 수학적 유사성 분류 그 자체로 인해 고통받는 것이 아니다. 그들은 그 유사성이 내리는 사회적 판단으로부터 자유롭지 못하게 될 위험에 내몰린다. 오닐이나 유뱅크스V. Eubanks가 분노한 지점이 바로 거기다.

유뱅크스는 『자동화된 불평등Automating Inequality: How High-Tech Tools Profile, Poilice, and Punish the Poor』에서 디지털에 의한 추적과 자동화된 의사결정이 빈곤을 은폐하고 취약 계층을 차별하는 기술로 악용될 수 있다고 경고한 바 있다(유뱅크스, 2018). 자동화된 빈곤관리시스템이 복지 서비스를 받으려는 취약 계층에게 불리한 알고리듬을 강요하며 나아가 복지 혜택과 직접 관계없는 정보와 데이터를 요구함으로써 빈곤층의 삶을 추적하고 감시한다는 내용의 이 책에서 그는 이러한 알고리듬이 복지, 고용, 교육 등의 공공서비스에서 차별 확대, 나아가 빈익빈 부익부의 양극화 사회를 초래할 것이라고 예상하고 있다.

알고리듬은 추천한다

알고리듬은 과거의 데이터를 기반으로 평가하고 판단하는 데 그치지 않고 소비자의 다음 행동을 이끌어낸다. 추천 알고리듬은 이용자의 행동 혹은 소비 패턴, 관심과 취향, 사용자 간의 상호작용 및 관계 등에 기반하여 만들어진 데이터를 바탕으로 최적화된 뉴스, 동영상, 음악, 상품 및 장소, 검색정보 등을 자동으로 추천함으로써 신속한 의사결정을 돕는 도구로 활용된다. 알고리듬은 또한 선택지 제공 및 시스템 안에서 일어나는 정보 교환을 통제함으로써 사회적 상호작용의 오케스트레이션orchestration, 그리고 선호의 구성 자체에 관여한다(Taddeo and Floridi, 2018).

뉴스의 경우 추천은 개인의 뉴스 소비 패턴과 사용자 집단의 특성을 분석하고 사용자의 반응을 실시간으로 처리해 맞춤형 기사를 제공하는 데 사용된다. 뉴스 추천 알고리듬에 의존하면 확증 편향confirmation bias에 빠져 이견과 대면

하고 자신의 의견을 상대화할 기회를 상실한다는 주장이 있다. 그런데 뉴스라는 아이템의 특성상 추천 알고리듬은 단순히 내가 즐겨보던 유형의 뉴스뿐만 아니라 다른 사람들이 지금 많이 보고 있는, 상대적으로 최근에 등장한 새 기사도 노출시킨다. 지나간 뉴스는 가치를 빠르게 잃기 때문에 다른 추천 서비스와 달리 뉴스 분야에서는 최신성과 인기도를 반영하는 추천이 더 소구력이 높은 것으로 알려져 있다. 오히려 추천에 의한 에코체임버echo-chamber 현상은 소셜미디어의 매개를 통해 더 강화될 것으로 생각된다. 에코체임버 현상은 '좋아요' 누르기 등을 통해 다른 이용자가 공유하기 원하는 콘텐츠에 대한 분명한 선호를 표현하거나 아니면 블록 등을 통해서 분명한 배제의 의사를 밝힘으로써 알고리듬이 유유상종을 초래하는 것을 의미한다. 이러한 확증 편향 혹은 에코체임버 현상은 이견에 대한 공동체의 수용 능력을 떨어뜨리고 의견 양극화를 초래하며, 극단적으로는 선거에서 이기기 위해 허위정보를 퍼뜨리는 사람들에게 유리한 커뮤니케이션 환경을 만들어 민주주의를 훼손하기도 한다.

한편, 넷플릭스Netflix와 같이 구독자에게 동영상 스트리밍 서비스를 제공하는 기업은 개인화된 랭킹, 페이지 생성, 검색, 유사성, 평점 등 대규모 데이터에 기계학습 알고리듬을 적용하여 맞춤형 추천 시스템을 개발해 왔다. 비디오 클립의 동시시청과 순차시청 등에 대한 데이터셋을 만든 뒤 필터링 시스템을 통해 시청 패턴, 소셜미디어 반응 등을 분석하여 구독자에게 맞춤화된 영화를 추천하는 방식이다. 하지만 넷플릭스는 추천 시스템의 자동화에 엄청나게 높은 비중을 두기보다는 콘텐츠에 대한 방대하고 세심한 태깅tagging을 통해 성공한 것으로 알려져 있다. 이 방식은 애초에 데이터를 만들 때 사람의 개입을 상당히 인정하는 방식이어서 흥미를 끈다.

유튜브Youtube는 알고리듬에 의한 추천 서비스가 가장 강력하게 영향을 행사하는 경우다. 유튜브의 경우 추천 시스템 원리를 터득한 사람들이 최초 업로드 시 이용자의 체류 시간을 인위적으로 늘리는 방법으로 유튜브의 인기 영상 공간인 '트렌딩' 코너에 추천되게 하기 때문에 연산 프로파간다computational propaganda라는 비판을 받기도 했다. 하지만 이보다 더 큰 문제는 유튜브 알고리듬이 일종의 필터 버블Filter Bubble을 초래한다는 사실이다. 필터 버블은 이용자의 위치, 클릭 정보, 검색 이력 등의 데이터에 기반하여 알고리듬이 이용자가 좋아할 만한 결과만을 선별 추천한 결과 자신이 지지하는 관점을 벗어나는 정보로부터 분리되고 문화적·이념적 거품에 갇히는 현상을 뜻한다. 필터 버블은 앞서 설명한 에코체임버와 마찬가지로 확증 편향의 일종이지만 에코체임버의 경우, 이용자 간의 상호작용이 포함된 것이라는 사실에서 필터 버블과 구별된다.

문제는 이러한 역기능에도 불구하고 너무 많은 선택지 속에서 선택 행위 자체가 관심이라는 희소한 자원을 낭비하는 것처럼 보이는 오늘날, 추천 서비스는 이용자가 자신의 검색 및 구매 이력과 같은 데이터를 기꺼이 건네주고 그 대가로 받게 되는 확실한 편익이라는 것이다. 추천 서비스가 너무 정확하면 감시당하고 있다는 생각에 오히려 추천 서비스의 설정 단계를 낮춘다는 말이 있을 정도지만 대부분은 좋은 추천 알고리듬을 갖고 서비스를 제공하는 기업이 더 빨리 성공한다.

하지만 추천 서비스의 성능은 때로 공정성과 트레이드오프trade off 관계에 놓인다. 이는 추천 알고리듬이 애초에 설정한 목표와 관계가 있다. 만약 알고리듬의 목표가 불평등 강화를 피하고자 하는 것이라면 잠재적 편향을 완화하는 것이 중요하고, 이것을 모니터링하면 될 것이다. 그런데 추천 시스템은 그런 경우에 해당하지 않으므로 알고리듬이 가지고 있는 수월성·최적화에 있어서의 퍼포먼스를 희생시키는 결단을 내려야 하는데 이러한 주제들이 알고리듬 윤리에 중요한 이슈라고 할 수 있다(Tsamados et al., 2021).

알고리듬은 예측한다

범죄행위에도 패턴이 있을까. 개발자들은 있다고 대답한다. 영화 〈마이너리티 리포트〉에서 보던 미래 세계는 예측 치안predictive policing이라는 이름으로 세상에 모습을 드러냈다. 예측 치안이란 경찰이 개입할 타깃 장소를 정하거나 범죄 예방, 혹은 범죄 해결에 통계적 예측 방법을 사용할 때 계량적 기술을 적용하는 것을 의미한다(Perry et als., 2013). 아마존이나 페이스북이 소비자 데이터를 이용하여 소비자에게 적합한 광고나 상품을 제공하는 것과 마찬가지로 미국과 유럽의 치안당국은 프레드폴PredPol, 팔란티어Palantir, 헌치랩HunchLabs, IBM과 같은 테크기업의 소프트웨어를 이용하여 미래의 범법자를 특정하거나 범죄행위의 트렌드를 밝히고 나아가 미래 범죄의 장소를 예견하고 있다. 문제는 이러한 예측 치안의 결과로 경찰력이 흑인이나 이민자 거주지에 더 많이 배치되다 보니 그 결과로 더 많은 검거가 실시되는, 자기 충족적 예언의 결과가 나타난 것이다.

2016년 프로퍼블리카ProPublica라는 독립언론은 플로리다 법원에서 사용하던 범죄자 관리 프로파일링 프로그램인 콤파스COMPAS: Correctional Offender Management Profiling for Alternative Sanctions의 알고리듬이 피고의 재범 위험을 예측하는 과정에서 유색인종에게 불리한 결정을 내렸다는 보도를 냈다. 범죄자의 범죄 전력, 생활 방식, 성격 및 태도, 가족관계와 사회적 배제 등을 점수화하여 재범 가능성을 예측한 후 판사에게 보석 여부를 추천하는 알고리듬이 아프리카계 미국인의 재범 가능성을 백인보다 두 배 높게 판단했다고 하여 고발한 데 대해 콤파스가 반론을 제기하는 등 논란이 이어졌다. 다양한 요인들을 고려하여 분석해 본 결과 콤파스는 아프리카계 피고의 재범 가능성은 실제보다 높게, 백인 피고의 재범 가능성은 실제보다 낮게 설정하고 있었다.

이러한 사례는 은행 대출을 결정할 때나 이미 자해를 한 환자들의 자살 가능성을 예측하는 데서도 찾아볼 수 있다(Walsh, Ribeiro and Franklin, 2017). 누군가는 채무를 잘 이행할 것이고 어떤 사람들은 그렇지 않을 것이라는 예측은 대출을 실시하려는 은행에서 당연히 하고 싶어 하는 리스크 관리의 일환이라고 할 수 있다. 그러나 그러한 예측의 효율성만을 추구하면서 알고리듬 편향을 발생시키는 민감변수를 통제하지 않는다면 현재 존재하는 기회의 불평등을 더욱 악화시킬 가능성이 있다. 특히 사회적 영향력이 큰 공적 분야에 대해서 알고리듬에 대한 편향성 검증은 불가결하다(Crawford and Schultz, 2019). 2019년 ≪사이언스Science≫ 지에는 의료 서비스가 필요한 환자를 예측하는 인공지능이 인종차별을 한다는 연구결과가 실린 바 있다(Obermeyer et als., 2019). 이런 연구들 덕택으로 데이터 편향이나 알고리듬 편향에 대한 경각심이 고조되었으나 문제 해결 방법은 그리 간단하지 않다는 것도 함께 알려졌다. 우선은 데이터에 대한 관리의 중요성이 부각되었고 이어서 데이터를 학습한 알고리듬이 의도하지 않은 편향을 낳을 때에 대한 대책도 함께 공개적으로 논의되기 시작했다.

알고리듬은 관리한다

2016년 프랑스의 ≪르 푸앵Le Point≫지는 '우리의 삶을 지배하는 알고리듬 Ces algorithmes qui nous gouvernent'이라는 제하의 특집호를 펴낸 적이 있다. 실은 소셜미디어 자체가 대표적인 알고리듬 체계이며 우리 삶을 지배하는 체제이기도 하다(BBC, 2020). 플랫폼이 지배하는 경제에서는 노동 역시 당연히 알고리듬에 의해 관리된다. 우버Uber가 만들어낸 플랫폼에서 구현되고 있는, 디지털과 알고리듬으로 매개되는 유연고용 시스템은 노동자를 사실상 무력화하고 있다는 주장도 있다(Rosenblat, 2018). 우버의 승객이 평가하는 드라이버의 태도는 과거의 어떤 직접적 노무관리 제도보다 노동자에게 더 강력한 압력이 된다. 전자적 모니터링에 의한 관리는 새로운 형태의 감시를 가능하게 할 뿐 아니라 데이터를 관리하고 분석하는 플랫폼과 그 플랫폼을 매개로 일하는 노동자 간의 권력 역시도 비대칭적으로 만들게 되는 것이다.

한국의 배달노동자 역시 알고리듬의 관리를 받는 존재다. 이들은 자발적으로 노동하지만 알고리듬이 수요 공급에 따라 배달 수당의 요율을 조절하거나 상품의 가격을 올리고 내리는 방식으로 이들의 노동을 통제한다. 스티글러B. Stiegler가 '알고리듬적 통치성'이라고 부른 것은 이처럼 영토, 도시, 건물과 같은 공간 테크놀로지에 기반하고 있으며 미래의 노동과 삶을 관리하기 위해 데이터를 축적하는 장소에서 시작된다(스티글러, 2019). 하지만 이는 단순히 센서화된 공간 그 자체에 국한되지 않으며 이에 반응하는 이용자들의 상호작용을 분석하는 자동화된 프로그램을 통해 구현된다. 이러한 권력의 비대칭성에 기초한 관리 테크놀로지를 그 자체로 알고리듬 편향이라고 부르기는 어려울 것이다. 일거리가 필요한 사람들과 일한 사람을 매칭할 수 있게 도와준다는 점에서, 효율적으로 자원을 배치할 수 있다는 점에서 플랫폼 기업이 기여하는 긍정적인 측면이 분명히 존재한다. 하지만 그 알고리듬이 블랙박스에 가려져 있고 데이터 기반의 통치가 일자리를 공급하는 기업 위주로 일방적으로 흘러간다면 우리 사회의 노동의 가치를 떨어뜨리고 노동자를 보호하지 못하는 결과를 낳는다는 점에서 차별적이라고 할 수 있다.

알고리듬은 자동화한다

우리는 많은 것이 자동화되는 시대를 살아간다. 심지어 텍스트를 만들거나 검색을 할 때도 문장의 자동완성기능이 우리를 보조한다. 자동화는 단순히 상품을 제조하고 판매하는 일에 국한되지 않고 폐암 환자의 폐를 찍은 MRI 영상을 판독하거나 판례를 분석해서 처방이나 판결에 영향을 주기도 한다.

시스템을 스스로 작동하도록 훈련시키는 것은 매트릭스 안에서 인간의 도움 없이도 기계가 판단을 내리도록 돕는 일이다. 이 시스템이 제대로 작동하려면 초기 데이터의 값이 제대로 입력되어야 할 것인데 지금까지 살펴본 것처럼 사실 문제는 사회적 상황에서는 명확한 값이 존재하지 않는 경우가 더 많다는 사실에서 시작된다. 이 경우 사람들은 이른바 대리변수proxy를 찾게 되고 이때는 사람이 개입할 수밖에 없다. 그리고 더 큰 문제는 이러한 명확한 값이 존재하지 않는 사회적 상황들의 대부분이 바로 인간마저 잘 판단하기 어려운 상황이라는 것이다. 스마트시티를 한 번 떠올려보자. 우리의 주거 환경, 운송 수단, 나아가 도시 전체가 전자적으로 연결되고 거기서 활동하는 사람이 스마트 기기로 명령을 받는 세상, 내비게이션이 인도하는 대로 흘러가는 교통, 끊김 없는seamless 자동화라는 커넥티드connected 사회의 구현에 인간의 주저함은 방해물이 된다. 지능형 정부, 디지털 헬스케어, 자율주행 자동차, 무인상점, 스마트 공장 등 미래의 모습으로 비쳐지는 세상에서 중간에 누군가가 생각 중이라며 판단을 유보하고 있다면 그 판단은 평균으로 치환되거나 프록시로 대체된다. 누가 그 프록시를 정하는가. 이것이 어쩌면 알고리듬 편향의 또 다른 문제가 될 것이다.

　이것이 다가 아니다. 의사결정의 자동화에 따라서 인간만에 의한 결정이 인간-알고리듬 복합에 의한 의사결정으로 빠르게 대체되거나 보완되는 가운데 그 의사결정의 책임이 궁극적으로 누구에게 있는가라는 문제는 여전히 모호한 채로 남아 있다. 특히 공적 분야에서 자동화된 의사결정이 확산될수록 알고리듬 편향은 알고리듬 리스크 관리라는 큰 틀에서 다루어지게 될 것이며 우리 사회는 알고리듬에 대해 알 권리와 인공지능 시스템의 영향력에 관한 논의를 광범위하고 장기적인 시민적 숙의의 과정 속에서 함께 들여다보게 될 것이다. 요컨대 알고리듬이 발전할수록 데이터 및 알고리듬에 기초한 자동화나 알고리듬 편향의 문제는 결코 개별 알고리듬의 이해당사자가 풀어야 할 문제에 국한되지 않고 공동체 전체의 문제로 전이될 가능성이 매우 높다. 이것이 인공지능을 하나의 요소기술로서 취급하지 않고 시스템으로서 봐야 하는 이유이며 인공지능이 와해적disruptive 기술이라고 불리는 이유이기도 하다.

알고리듬 편향은 완화될 수 있을까

지금까지 살펴본 것처럼 알고리듬 편향은 컴퓨터 시스템에서 일어나는 체계적이고 반복적인 오류로 그 결과 특정 이용자 집단에게 다른 집단 대비 불공정한 결과를 낳는 것을 의미한다. 사실 알고리듬 편향의 문제는 인공지능 개발 초기의 '전문가 시스템'과 같은 고전적인 단계에서도 이미 존재했지만 현재와 같은 방식으로 문제가 제기된 것은 수많은 데이터가 실시간으로 수집되고 처리되는 커넥티드 환경에서이고 특히 거대 테크플랫폼이 이 데이터를 하나의 세트로 만들게 되면서부터다. 편향은 단지 검색엔진이 보여주는 결과나 소셜미디어에 한정되지 않고 여러 플랫폼에 걸쳐 발견되고 있다. 또한 알고리듬 편향은 부주의한 프라이버시 침해로부터 인종, 성별, 섹슈얼리티, 에스니시티ethnicity에 이르는 사회적 편견을 강화하는 것에 이르기까지 다양한 영향력을 갖고 있으며 피드백을 받으며 더욱 강화되는 경향을 보인다.

편향은 설계, 테스트, 어플리케이션 모든 단계에서 다양한 방법으로 발생할 수 있다. 어떤 편향은 알고리듬의 퍼포먼스를 떨어뜨리므로 문제없이 기각된다. 예를 들어 백인 남성에 기초한 의료 데이터로 미국 전체 인구에 대한 질병 예측을 하는 경우 당연히 편향이 발생하고 이것은 결국 예측력을 떨어뜨리게 된다. 문제가 되는 것은 알고리듬이 사회적으로 유해한 편향을 발생시키지만 오히려 퍼포먼스를 높이는 경우다. 결국 알고리듬이 적용되는 사회적 맥락을 잘 파악해야 하는데context awareness 이것을 기계학습이 잘하지 못한다. 이런 것은 아직까지 총체적 이해 능력과 복합적 사고를 필요로 하기 때문에 사람이 훨씬 잘하는 일에 속한다. 우리는 편향을 완화하기 위한 하나의 방법으로 자동화된 의사결정의 최종적인 심급에서 사람의 개입을 요구하거나, 사람이 완전히 배제되는 의사결정은 없도록 하는 방법을 택할 수 있다.

그런데 앞서 살펴본 것처럼 현실 세계에서 편향은 알고리듬 설계나 알고리듬의 훈련에 사용된 데이터 입력, 수집, 선별, 사용 방법과 관련되어 의도되지 않았거나 기대하지 않은 사용, 혹은 해당 결정에만 한정되지 않는 다양한 요인들로 인해 발생하게 된다. 알고리듬이 민감한 속성을 직접 사용하지 않고 온라인 프록시online proxies로 대체해 정보를 분류하는 과정에서도 편향은 발생할 수 있다. 예를 들어 젠더 불평등을 증가시킬 수 있는 경우라 성gender을 파라미터에서 제거한다 해도 데이터에 키와 체중이 들어 있다면 상당히 정확하게 성별을 추정할 수 있게 된다. 다른 예를 들어보자. 아마존이 주력하는 '당일 프라임 배송 시스템'은 동일 우편번호상의 프라임 회원 수, 창고 근접성, 해당 우편번호로 배달할 배송인 여부 등에 기반한 알고리듬을 통해 특정 지역을 서비스 제외 대상으로 지정해 왔다. 시간이 흐르고 나니 빈곤층, 그리고 주로 아프리카계 미국인들이 거주하는 지역이 배제되었고, 의도하지 않았어도 결과적으로 특정 인종을 차별했다는 분석이 나왔다. 온라인 프록시 자체가 오류와 차별적인 결과를 낳을 수 있다는 얘기다. 이러한 편향은 사전적인 영향평가나 사후적인 감사를 통해 완화될 것을 기대할 수 있다.

앞서도 지적했듯이 매우 많은 경우에 알고리듬 편향은 이미 존재하는 데이터에서 유래했을 가능성이 높다(Prates, Avelar and Lamb, 2020; Lambrecht and Tucker, 2019). 아마존의 채용 알고리듬은 STEM(과학, 기술, 공학, 수학) 영역에서 고질적으로 발견되는 남성 우위의 특성을 반영했고 그로 인해 비판받았다. 아마존의 채용 알고리듬이 문제가 된 것은 2015년의 일이다. 아마존은 2014년부터 이를 도입했는데 과거 10년간 아마존에 제출된 이력서의 단어에 대한 기계학습, 즉 패턴 인식을 통해 어떤 특성feature을 가진 사람들이 가장 많이 관문을 통과했는지를 분석한 결과를 사용했다. 데이터에 따르면 아마존의 경우 글로벌 인력의 60%, 관리직의 74%가 남성이었고 결과적으로 이 알고리듬은 여성과 여대 출신을 체계적으로 차별하기에 이르게 된 것이다. 아마존의 목표는 재능 있는 사람들을 선별하는 과정을 자동화하는 것이었으나 개발자들은 이 엔진이 결코 젠더 중립적이지 않다는 사실을 발견했다(REUTERS, 2018.10.11). 여기서 중요한 것은 개발자들이 특정 여대나 여성들의 체스클럽과 같은 단어를 차별하려는 목적을 갖고 파라미터로 지정하지 않았음에도 불구하고 이런 결과가 나왔다는 것이다. 이처럼 직업 매칭 데이터 안에 성별을 특정하는 정보가 없더라도 알고리듬은 시간이 지남에 따라 이를 구분할 수 있도록 훈련될 수밖에 없다. 명백히 남성적이거나 여성적인 이름을 적어 넣지 않는다고 해도 수십만 개의 이력서와 자기소개서를 보다 보면 알고리듬이 알아서 차별적으로 점수를 매길 수 있게 되는 것이다.

이처럼 알고리듬 편향은 많은 경우 우리 사회가 이미 갖고 있는 편향, 즉 알고리듬을 학습시킨 인풋 데이터의 편향을 그대로 반영하곤 한다. 이때 알고리듬은 우리 사회 안에 이미 존재하고 있던 사회적·제도적 이데올로기의 유산이다. 만약 우리가 그런 데이터를 학습한 알고리듬을 성찰 없이 기계적으로 받아들이게 된다면 우리는 사회가 지향하는 미래를 구현할 상상력을 잃게 될 것이다. 여성은 더욱 이공계에 지원하지 않게 될 것이고 알고리듬은 젠더 편향을 점점 더 강화하는 방향으로 사회를 구조화할 것이기 때문이다. 이런 경우라면 알고리듬을 시정하지 말고 폐기해야 한다. 아마존은 그렇게 했다.

2018년 ≪네이처Nature≫지에서 조우와 쉬빙어Zou and Schiebinger는 컴퓨터 사이언티스트가 편향의 원천을 식별하고 학습데이터의 편향을 정정하며 데이터의 비대칭성skewness에 대해 공고한 인공지능 알고리듬을 개발해야 한다고 주장한 바 있다. 이것이 어쩌면 우리가 할 수 있는 최선일 것이다. 그 밖에도 알고리듬의 사전 규제와 사후 규제를 둘러싼 논의들이 급물살을 타고 있는데 이는 알고리듬이 발전을 거듭함에 따라서 규제 자체가 업그레이더블upgradable해야 함을 의미하기도 한다.

알고리듬 편향과 사회적 딜레마

현대사회를 살고 있는 우리 모두는 불확실성과 위험은 제거하고 나의 편익과 안녕을 최대한 도모하고자 한다. 그런데 문제는 정해진 자원이 한정적이라 모든 사람의 편익이 비례적으로 향상될 수 없을 경우에 발생한다. 예를 들어 우리가 조직에서 크고 작은 선택에 직면할 때 조직의 이익극대화를 목표로 하는 알고리듬이 적용된 툴이 있다고 치면 이익을 더 많이 가져가는 집단과 그렇지 않은 집단 사이에는 결과적으로 입장 차이가 발생할 수 있다. 또 만약 경쟁하는 집단들이 존재한다면 이익극대화를 위해 특정한 알고리듬을 사용할 줄 아는 집단과 그렇지 않은 집단 사이에도 격차가 발생할 것이다. 그런데 모든 사람이 같은 알고리듬을 사용한다고 해도 문제는 남게 된다. 결국 모든 사람의 이익을 극대화할 그런 알고리듬은 존재하지 않기 때문에 우리는 사회적 딜레마에 빠지게 된다. 사회적 딜레마는 그러니까 나에게 최대 이익이 내 옆의 사람에는 그렇지 않거나, 나아가 공동체에게는 마이너스가 되는 그런 결정들이 존재한다는 의미다.

더욱이 오늘날과 같이 발전한 딥러닝이나 GPT-3의 상황에서는 사실 어떤 알고리듬이 왜 그런 결과를 냈는지 알기 쉽지 않다. 이 불가지성이야말로 알고리듬 편향을 점점 더 다루기 쉽지 않은 문제로 만들고 있다. 기업의 영업비밀과 블랙박스 문제는 이런 논의에서 늘 등장하곤 한다. 사람들은 특정한 인공지능이나 알고리듬이 어떻게 설계되었는지 잘 모르며 그것을 개발하는 데 무슨 데이터가 쓰였는지도 알지 못하지만, 그것을 기반으로 한 자동화된 의사결정 프로그램을 채택한다.

그렇다면 알고리듬을 악마화하는 것demonize으로 충분한가? 그렇지 않다. 그렇게 성가시다면 알고리듬을 쓰지 않으면 될 것 아닌가opt out라고 반문할 사람이 분명히 있겠지만 이미 우리를 둘러싼 연결된 환경이 그것을 허용하지 않는 단계에 도달했다. 이용자의 프로파일과 사용기록에 기반해서 뉴스나 영화를 추천하는 알고리듬이 유유상종의 동질적 네트워크를 강화하는 알고리듬 교란을 야기한다든가, 앞서 설명한 필터 버블이나 에코체임버 현상과 같은 확증 편향, 사회적 편견을 증폭시킬 가능성이 존재하지만, 그 이유로 앞으로는 데이터 없이 의사결정을 하자는 주장에 찬성할 사람은 아마 별로 많지 않을 것이다.

그리고 복수의 아이덴티티identity에 대해서도 주의를 기울일 필요가 있다. 이미 디지털 네이티브들은 복수의 아이덴티티를 갖고 온라인에서 생활하고 있고, 실제로 오프라인에서도 여러 개의 집단에 소속되어 있기 때문이다. 사람들이 일생을 살면서 연쇄적으로 여러 개의 직업을 갖게 될 뿐만 아니라 동시에 여러 개의 직업을 갖게 되는 일도 많아질 미래에는 자기가 어떤 파라미터를 아이디에 동화시키느냐에 따라서 다른 추천 결과들을 받게 되는 일들 역시 드물지 않게 일어날 것이다. 또 레이블링을 통한 범주화가 차별을 공고히 한다는 이유로 사회적 범주 없이 알고리듬을 만들며 살아가자는 의견에 대해서도 찬성하기 어렵다. 사회적 범주라는 것은 차별이 존재하는지 아닌지 체크하는 데에도 필수불가결하기 때문이다.

요컨대 알고리듬 기반 사회의 수용 과정에서 인간의 합리성, 근대성, 공정성, 한 개인의 입장에서 본 최적성, 그리고 사회의 최적성에 대해서 생각하는 방식에도 이미 큰 변화가 야기되고 있다. 인공지능 시스템을 발전시키고 전개하는 장에 이미 복수의 이해당사자 존재하고 있고, 모든 문을 열 수 있는 만능의 해결책은 존재하지 않기 때문에, 알고리듬 편향을 해결하는 방법 역시 사회적 협상의 대상이 될 수밖에 없다. 어떤 결정을 자동화시킬지에 대해 생각할 때 그 자동화의 잠재적인 법적·사회적·경제적 효과에 대해 끊임없이 질문해야 하며, 어떻게 위험을 최소화할지에 대한 고민이 필요한 이유가 여기에 있다. 더 대표성 있는 학습데이터를 만들고 인공지능의 공정성이나 알고리듬의 투명성 등에 대한 사후 조치들을 사용하는 것으로는 충분치 않다. 특히 공적 의사결정에 사용되는 알고리듬에 대해서는 사회가 알고리듬을 계속 소환하고 그 영향에 의심을 품고 명백하게 사회적으로 파괴적인 결과를 낳을 때 그것을 폐기할 수 있어야 한다.

참고문헌

갤러웨이, 스콧(Scott Galloway). 2018. 『플랫폼 제국의 미래: 구글, 아마존, 페이스북, 애플 그리고 새로운 승자(The Four: The Hidden DNA of Amazon, Apple, Facebook, and Google). 이경식 옮김. 비즈니스북스.

스티글러, 베르나르(Bernard Stiegler). 2019. 『자동화 사회 1: 알고리즘 인문학과 노동의 미래 (La Société Automatique 1: L'Avenir du Travail)』. 김지현·박성우·조형준 옮김. 새물결.

오닐, 캐시(Cathy O'Neil). 2017. 『대량살상수학무기: 어떻게 빅데이터는 불평등을 확산하고 민주주의를 위협하는가(Weapons of Math Destruction)』. 김정혜 옮김. 흐름출판.

유뱅크스, 버지니아(Virginia Eubanks). 2018. 『자동화된 불평등(Automating Inequality: How High-Tech Tools Profile, Poilice, and Punish the Poor)』. 김영선 옮김. 북트리거.

파스콸레, 프랭크(Frank Pasquale). 2016. 『블랙박스 사회: 당신의 모든 것이 수집되고 있다』. 이시은 옮김. 안티고네.

BBC. 2020. "The algorithms that make big decisions about your life." https://www.bbc.com/news/technology-53806038

Cardon, D. 2018. "The power of algorithms." *Pouvoirs*, 164(1).

Crawford, Kate and Jason Schultz. 2019. "AI Systems As State Actors." *Columbia Law Review*, 119(7), pp.1941~1972.

Dastin, Jeffrey. 2018.10.11. "Amazon scraps secret AI recruiting tool that showed bias against women." REUTERS. https://www.reuters.com/

Hao, Karen and Jonathan Stray. 2019.10.17. "Can you make AI fairer than a judge? Play our courtroom algorithm gam." *MIT Technology Review*. https://www.technologyreview.com/

Lambrecht, A. and C. Tucker. 2019. "Algorithmic bias? An empirical study of apparent gender-based discrimination in the display of STEM career ads." *Management Science*, 65(7), pp.2966~2981.

Noble, S. U. 2018. *Algorithms of Oppression: How Search Engines Reinforce Racism*. NYU Press.

Perry, Walter L., Brian McInnis, Carter C. Price, Susan Smith, and John S. Hollywood. 2013. *Predictive Policing: The Role of Crime Forecasting in Law Enforcement Operations*. Santa Monica, CA: RAND Corporation.

Prates, M. O. R., P. H. Avelar and L. C. Lamb. 2020. "Assessing gender bias in machine translation: a case study with Google Translate." *Neural Computing & Applications*, 32(1), pp.6363~6381.

Rosenblat, A. 2018. *Uberland: How Algorithms Are Rewriting the Rules of Work*. University of California Press.

Schechner, Sam. 2017.5.8. "Why Do Gas Station Prices Constantly Change? Blame the

Algorithm." *The Wall Street Journal.* https://www.wsj.com/

Taddeo M. and Floridi L. 2018. "How AI can be a force for good." *Science*, 361(6404), pp.751~752.

Turner-Lee, N., P. Resnick and G. Barton. 2019. "Algorithmic bias detection and mitigation: Best practices and policies to reduce consumer harms." Brookings Institution, May 22, 2019.

Walsh, C. G., J. D. Ribeiro and J. C. Franklin. 2017. "Predicting Risk of Suicide Attempts Over Time Through Machine Learning." *Clinical Psychological Science*, 5(3), pp.457~469.

플랫폼은 일을 어떻게 바꾸는가?

한준 연세대학교 사회학과

들어가며

경제학자 케인스John M. Keynes는 1930년 인간의 일에 대해 다음과 같이 말했다. "과학기술의 발달이 가져올 자본의 축적과 생산력 제고는 인류의 경제적 능력을 8배 이상 높여서 2030년이 되면 하루 노동시간은 평균 3시간, 주당 노동시간은 최고 15시간이 될 것이다." 이 대담한 예언은 『우리 후손의 경제적 가능성Economic Possibilities of Our Grandchildrn』이라는 미래 인류의 경제를 예측한 짧은 에세이에 실린 내용이다. 아직 2030년까지는 10년이 남았지만 우리는 현재 상황만 보더라도 앞으로 10년 뒤에 하루 노동시간이 3시간이 될 가능성이 매우 희박하다는 것을 안다. 왜냐하면 케인스가 말한 하루 3시간 노동의 의미는 하루에 3시간만 일하더라도 충분히 생활에 필요한 소득을 벌 수 있다는 것이기 때문이다. 케인스는 위 발언에 이어 다음과 같이 지적한다. "일반 시민들이 직면할 주된 문제는 과학기술 발전이 제공한 여가를 활용하여 긴급한 경제적 문제에서 벗어나 어떻게 지혜롭고 유쾌하고 풍족한 삶을 누릴 것인가이다." 요컨대 일보다 삶이 중요해지는 세상이 되리라는 것이다.

　인류가 10년 뒤 맞이할 세상은 케인스가 예측한 세상과는 많이 다를 것이다. 영국 영화감독 켄 로치Ken Loach의 최근작 〈미안해요, 리키Sorry We Missed You〉에서는 플랫폼에 의해 일과 삶이 바뀐 한 가장과 가족의 모습을 실감 나게 보여준다. 주인공 리키 터너가 건설 관련 일자리를 그만두고 새로 얻은 일은 택배회사의 배달 업무이다. 회사 차량을 이용하면 비용이 많이 들기 때문에 노인 돌봄 서비스 일을 하는 아내 애비의 차를 팔아 배달 차량을 구입했지만, 리키 터너 가족은 휴식을 갖기 어려운 업무 강도와 스트레스, 자녀를 챙길 시간도 없는 빠듯한 시간 관리 때문에 "지혜롭고 유쾌하고 풍족한 삶"과는 거리가 먼 "긴급한 경제적 문제"에만 매달리며 살아간다. 영화는 가족들의 행복과 우애를 당연한 권리로 누리지 못하고 가족들 모두의 희생과 노력으로만 잠시 맛보는 삶을 그린다. 아마도 이런 삶의 모습은 영화의 무대인 영국만이 아니라 전 세계에서 마찬가지로 볼 수 있는 보편적 모습이 아닐까 한다.

　분명 케인스의 낙관적 전망은 그보다 앞서 발표되어 당시 지식인들을 매혹시켰던 기술적 유토피아 저술들 — 대표적인 예로 웰스Herbert George Wells의 『모던 유토피아Modern Utopia』(1905)가 있다 — 을 떠올리게 한다. 그럼 왜 케인스의 100년 뒤에 대한 전망과 지금의 현실은 이렇게 판이하게 달라진 것일까? 케인스가 예측할 때 전제로 삼았던 인류의 경제적 능력이 당시 그의 예측에 못 미치기 때문일까? 만약 경제적 능력을 경제적 산출 기준으로 한다면 1930년에 비해 2020년 전 세계 1인당 GDP의 비율은 대략 추산해도 8배가 넘는다. 만약 경제적 능력을 생산성 기준으로 한다면 역시 같은 기간 증가는 6.5배가 조금 넘고 2030년에는 8배에 조금 못 미치지만 상당히 근접한다. 케인스 예측대로 인류의 경제적 능력은 늘었는데 사람들은 하루 3시간, 일주일 15시간의 일을 하고 경제적 걱정 없이 높은 삶의 질을 즐기지 못하는 이유는 무엇일까? 이 질문에 대한 대답은 간단히 쉽게 얻기 힘든 것이기에 우리는 최근 경제적 능력의 엄청난 발전을 가져온 4차 산업혁명 혹은 디지털 전환의 선두에 선 플랫폼이 인간의 일을 어떻게 바꾸었느냐는 질문에 대한 대답을 먼저 찾고자 한다.

기술과 일: 지난 과정에 대한 짧은 소개

인간은 지구상에 등장하면서 수렵과 채집에 의존했던 시기 이후 줄곧 일을 통해 경제적 삶을 꾸려왔다. 일의 시작은 따라서 산업혁명 이전 농업혁명으로 거슬러 올라간다. 농사를 짓고 가축을 키우기 시작한 뒤의 빠른 생산성 증가와 경제의 발전은 소규모로 흩어져 이동하며 살던 사람들이 대규모 집단 정착 생활을 할 수 있게 했다. 이것이 우리가 아는 사회의 시작이다. 사회에서 하루, 일 년이라는 시간의 주기는 농사를 짓는 일의 리듬과 직결되었다. 농사짓는 일로 생산물이 늘면서 가족 안에서 남자와 여자의 분업이 등장했고, 농업과 수공업, 상업의 분업도 이루어졌다. 일하는 사람과 일할 필요가 없는 사람, 서로 다른 일을 하는 사람들 간의 분업은 사회의 계층을 낳았다. 사람들이 서로 힘을 합치거나 바람, 물, 동물의 힘을 빌리는 것이 농업 사회에서 가능한 동력의 발전이었다.

기계를 이용하기 시작한 산업혁명 이래로 인간의 일은 근본적으로 바뀌었다. 증기기관에서 시작해서 전기에 이르기까지 동력의 발전은 집합적 인간이나 동물, 자연의 힘에 대한 의존을 불필요하게 만들었다. 자연적·육체적 한계를 벗어난 일이 가능해진 것이다. 기계의 도입은 인간의 손과 발, 간단한 도구에 의존하던 일을 기계와 인간의 결합을 통해 빠르고, 정교하며, 지치지 않는 연속적 작업공정으로 바꾸었다. 기계와 함께 일하는 반숙련semi-skilled 노동에는 성인 남성뿐 아니라 여성과 아동까지 동원할 수 있게 되었다. 기계의 도입이 일을 절약하여 생산성을 높였지만 생산과 시장 확대로 기계와 함께 일하는 반숙련 노동자는 늘어났다. 자본이 계속 축적되고 대규모 작업장으로 일하는 사람들이 모이면서 인간이 일하는 방식, 시간, 조건 모두 기계에 의해 표준화,

집단화했다. 인간의 일은 점점 기계의 속도에 맞추어지고 자본의 통제를 받게 되었으며 힘들게 변해갔다. 노동조합은 산업혁명 이후 일의 표준화, 기계화, 통제 심화에 대한 저항의 근거가 되었다.

컴퓨터가 등장하고 널리 활용되면서 전기 동력 및 기계를 활용할 때와는 근본적으로 다른 변화가 인간의 일에 생겨났다. 인간 사회에서 계층분화가 나타난 이후 문자, 숫자 등 상징을 다루는 정신노동을 독점한 지배층과 자연과 기계 등 물질을 다루는 육체노동에 특화된 피지배층의 구분은 오랜 기간 계속되었다. 근대 사회에서 이 구분은 상대적으로 지위가 낮은 블루칼라와 지위가 상대적으로 높은 화이트칼라로 유지되었다. 기계 도입이 블루칼라 일을 바꾸어 놓았다면 컴퓨터의 도입은 화이트칼라와 블루칼라 모두의 일을 바꾸었다. 정보처리와 연산을 획기적으로 발전시킨 컴퓨터와 전방위적 정보 소통을 가능케 한 인터넷으로 화이트칼라 업무 효율이 가속화되었을 뿐 아니라 작업공정 통제를 통해 컴퓨터는 블루칼라 업무의 체계적 관리를 가능케 했다. 하지만 이때까지도 물질과 정보, 오프라인과 온라인은 서로 분리되어 있었고 두 영역을 연결하고 조정하며 판단과 통제를 하는 것은 인간이었다.

그런데 4차 산업혁명은 물질과 정보, 온라인과 오프라인의 경계를 넘나들 가능성을 제시했다는 점에서 이전의 산업혁명과는 그 성격을 달리한다. 인간이 컴퓨터의 도움을 받아 의사결정하고, 인터넷으로 다른 인간과 소통하는 것에 그치지 않고, 인공지능 컴퓨터가 스스로 사고하고 판단하며, 인간이 아닌 사물들이 인터넷을 통해 소통하기 시작했다. 생산 및 재고 관리, 구매와 판매, 재무관리 등 기업 운영상 의사결정이 자동적으로 이루어지고, 자율주행 차량이 거리를 달리며, 드론이 물류 배송의 큰 몫을 할 가능성이 높아졌다. 온라인과 사물인터넷을 통해 수집된 데이터는 클라우드에 모이고, 이렇게 모인 방대한 데이터를 학습한 인공지능이 판단하고 결정한 바를 사물에 적용하는 로봇이 도입되었다. 인간 개입이 필요한 부분이 줄어들고 있다. 이러한 디지털 전환의 선두에서 일의 변화를 가속화하고 있는 것이 바로 플랫폼이다.

플랫폼의 등장과 일에 대한 영향

2010년대 후반 들어 글로벌 경제는 플랫폼 경제로, 그리고 우리가 살아가는 사회는 플랫폼 사회로 바뀌었다는 말을 많이 한다. 이때 플랫폼은 보통 비즈니스 플랫폼을 의미하며, 플랫폼에 대한 대표적 연구들에서는 그 의미를 "알고리즘 방식으로 거래를 조율하는 디지털 네트워크"(Eurofound, 2018) 혹은 "(정보 및 상품에 대한) 접근, 재생산, 유통의 한계비용이 제로에 가까운 디지털 환경에서 공급과 수요를 매개하며 동시에 끌어모으는 강력한 통합관리자"(McAfee and Brynjolfsson, 2017)라고 규정한다. 우리는 이런 연구들에서의 개념 정의를 종합해서 플랫폼을 "알고리즘을 통한 짝짓기와 통제 및 서비스의 통합, 네트워크 효과를 통해 양방향에서의 규모의 경제를 실현하는 디지털 거버넌스 체계"라고 정의할 수 있다.

하지만 플랫폼의 본질과 의미를 따지기보다는 플랫폼의 대표적 사례를 드는 것이 더 플랫폼의 이해를 도울 수 있을 것이다. 구글은 검색엔진을 중심으로, 애플은 스마트폰의 앱을 중심으로, 또한 페이스북은 SNS를 통해 각자의 플랫폼 생태계를 구축한다. 이들은 상업적 거래, 결제나 금융, 지도와 이동, 클라우드 서비스, 동영상이나 음악 서비스를 통합적으로 제공한다. 우버Uber나 에어비엔비airbnb 역시 이동이나 숙박이란 특정 분야에서 통합적 매개 서비스를 제공한다. 중국에서는 바이두Baidu나 텐센트Tencent 등이 미국 플랫폼과 마찬가지 역할을 한다. 플랫폼은 연결이 대단히 확장적이고, 엄청난 데이터를 보유하며, 데이터로 훈련된 인공지능의 자동화된 판단을 이용하여 서비스나 상품의 공급자와 수요자를 연결하고 거래를 성사시키는 동시에 이용자의 디지털 신원 확인, 안전 보호, 기능적 편의를 제공한다. 이용자들은 과거에는 본인이 직접 오프라인에서 온갖 관공서나 상점을 다니며 제한된 지역 범위에서만 가능했던 여러 업무와 서비스를 온라인에서 통합적으로 제공받을 뿐 아니라, 학습, 업무, 여가 등 일상 활동을 영위하고, 가족이나 친구들과의 연락과 교류도 할 수 있다.

플랫폼이 우리의 경험과 생활의 거의 모든 면에 영향을 미치기 때문에 플랫폼은 일에 대해서도 엄청난 변화를 가져올 수밖에 없다. 이때 플랫폼은 첨단 디지털 기술의 선두에 있기는 하지만 전체 디지털 기술의 일부라는 점을 유념할 필요가 있다. 이미 4차 산업혁명을 가져온 첨단 기술이 일을 없애거나 근본적으로 바꿀 가능성에 대해 많은 학술적·정책적 논의가 있었다. 첨단 기술과 플랫폼의 일에 대한 영향을 비교해서 정리한 것이 표 8-1이다. 첨단 기술이 발전하게 되면 이 일 중에 신체 활동은 로봇에 의해, 정신 활동은 AI에 의해 대체될 가능성이 높아지는데, 플랫폼은 이에 덧붙여 일이 이루어지는 조건과 수요, 공급에 영향을 미친다. 플랫폼이 조율하는 거래 품목에는 디지털 콘텐츠, 물질적 상품도 있지만 "인간의 일을 통해 제공되는 서비스"도 포함되기 때문이다.

첨단 기술이 일에 미치는 영향과 플랫폼이 주는 영향을 함께 생각해야 하는 이유는 플랫폼이 매개하는 일이 대부분 첨단 기술이 아직 대체하지 않았거나 대체된 후 새롭게 생긴 일들이기 때문이다. 예컨대 만약 드론이 모든 물건의 운송을 대신하게 되거나, 자율주행 차량이 모든 차량의 운전을 대신한다면 배달 플랫폼이나 우버와 같은 이동 플랫폼은 여전히 있겠지만 이들은 인간의 일을 필요로 하지는 않을 것이다. 이러한 상황을 『고스트 워크Ghost Work』의 저자들은 다음과 같이 설명한다. "자동화의 가장 큰 역설은 인간의 노동을 없애려는 욕구가 커질수록 인간을 위한 일이 항상 새로 생긴다는 점이다. … 자동화 완수의 '최종 단계'라고 부르는 지점은 사람이 할 수 있는 일과 컴퓨터가 할 수 있는 일 사이의 틈이다"(Gray and Suri, 2019: 31).

플랫폼이 일의 조건과 수요, 공급에 미치는 영향은 크게 다음과 같은 세 측면으로 나누어볼 수 있다.

첫째, 플랫폼은 일의 수요자와 공급자 모두 시·공간적으로 서로의 정보에 대한 접근을 쉽게 하는 동시에 거래 조건에 맞는 상대방을 찾기 쉽게 만든다.

표 8-1 첨단 기술과 플랫폼이 일에 미치는 영향

구분	첨단기술 영향	플랫폼 영향
생산	로봇 대체	-
사무	AI 대체	플랫폼화(앱 기반)
판매	AI 로봇 대체	-
서비스	AI 로봇 부분 대체	플랫폼화(장소 기반)
전문	AI 부분 대체	플랫폼화(앱 기반)
창조	?	?

둘째, 플랫폼은 분업과 협업을 매우 쉽게 만들어, 분산된 다수 혹은 대중의 힘을 이용하기 쉽게 하며, 일의 내용이나 숙련 수준에 따라 선택할 여지를 넓게 만든다.

셋째, 플랫폼은 일의 방식과 요구사항에 대한 수요자의 통제 가능성을 높이고 평가를 통한 평판을 쉽게 만들어 통제에 반영할 수 있게 한다.

이제 이들 영향의 세 측면에서 플랫폼이 일에 미치는 영향에 대해 상세하게 살펴보도록 하자.

플랫폼은 일의 시·공간적 경계를 없애는가?

20세기 후반 글로벌화 논의가 한참일 무렵 자주 등장했던 표현 중 하나가 '자본은 글로벌하게 움직이지만 노동은 그렇지 못하다'는 것이었다. 이 표현은 플랫폼에 대해서도 비슷하게 적용할 수 있다. 플랫폼은 글로벌하게 확장 가능하지만 노동은 그렇지 못하다. 플랫폼이 일의 시·공간적 경계를 넘어서 중개와 조율을 할 수도 있지만 그렇지 못할 경우도 있기 때문이다. 세계경제포럼의 2020년 보고서 「플랫폼 일의 약속The Promise of Platform Work」은 이 두 경우를 나누어 플랫폼 노동을 그림 8-1처럼 장소에 제약되는 경우와 글로벌

그림 8-1 **플랫폼 노동의 유형 구분**

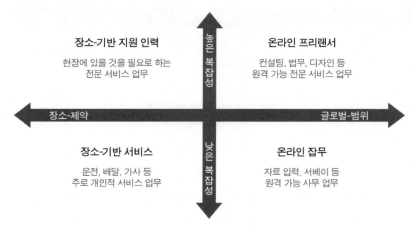

장소-기반 지원 인력

현장에 있을 것을 필요로 하는
전문 서비스 업무

온라인 프리랜서

컨설팅, 법무, 디자인 등
원격 가능 전문 서비스 업무

높은 복잡성

장소-제약

글로벌-범위

낮은 복잡성

장소-기반 서비스

운전, 배달, 가사 등
주로 개인적 서비스 업무

온라인 잡무

자료 입력, 서베이 등
원격 가능 사무 업무

자료: World Economic Forum(2020).

확장이 가능한 경우로 구분한다.

글로벌하게 일이 움직이려면 시·공간적 경계에 구애받지 않고 일의 수요와 공급이 만나 거래가 이루어질 수 있어야 한다. 이런 일은 대부분 온라인에서 일이 진행되고 결과가 전달되는 것들이다. 크라우드 워크crowd work로 불리는 일들, 즉 인공지능 학습을 위한 머신러닝의 데이터를 만드는 단순한 일이 대표적인 예이다. 그 밖에도 작업 결과를 파일로 전달할 수 있는 각종 사무나 콜센터 서비스 일도 비슷하다. 이처럼 시·공간 제약을 넘어 글로벌하게 일의 플랫폼화가 이루어지는 일을 분류함에 있어 세계경제포럼 보고서는 작업의 복잡도와 숙련의 수준에 따라 온라인 프리랜서(복잡한 작업)와 온라인 잡무(단순한 작업)로 나눈다. 앞의 경우에 해당하는 플랫폼으로는 컨설팅, 법률, 디자인 등 원격으로 수행할 수 있는 전문적 서비스 위주로 미국의 업워크Upwork가 가장 대표적인 예이고 유럽에는 프랑스의 프리랜서닷컴Freelance.com이 있다. 한국에는 크몽kmong이 대표적이다. 뒤의 경우에 해당하는 플랫폼으로는 자료 입력, 설문조사 등 원격으로 가능한 사무적 업무를 다루는 아마존의 메커니컬 터크

그림 8-2 **마이크로 태스크 글로벌 공급과 수용의 분포**

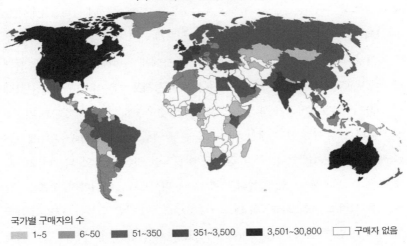

마이크로 태스크 글로벌 수요의 분포

국가별 구매자의 수
1~5 6~50 51~350 351~3,500 3,501~30,800 □ 구매자 없음

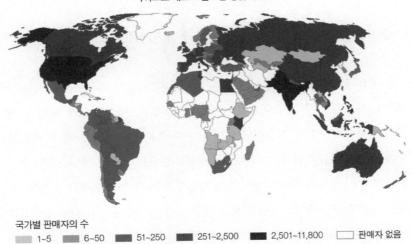

마이크로 태스크 글로벌 공급의 분포

국가별 판매자의 수
1~5 6~50 51~250 251~2,500 2,501~11,800 □ 판매자 없음

자료: Graham, Hjorth and Lehdonvirta(2017).

Mechanical Turk가 대표적이고 한국에서는 크라우드웍스crowdworks가 있다.

마이크로태스크 분야 대표적 플랫폼 자료를 이용해서 그 수요의 글로벌 분포를 분석한 연구(Graham, Hjorth and Lehdonvirta, 2017)에 따르면 그림 8-2에서 보는 바와 같이 수요와 공급의 글로벌 분포가 크게 다르지 않다.

일이나 서비스를 오프라인에서 직접 수요자에게 전달해야 하는 경우, 플랫폼 노동은 장소의 제약 속에 이루어진다. 세계경제포럼은 이 경우에도 현장에서 필요한 일과 서비스가 복잡하고 전문적인 경우(장소 기반 지원인력)와 가사家事나 운전, 배달처럼 단순 개인 서비스를 현장 중심으로 제공하는 경우(장소 기반 서비스)로 나누고 있다. 앞의 경우로 대표적인 것이 미국의 워크마켓Work-Market이고 뒤의 경우로는 미국의 우버Uber나 리프트Lyft, 아시아의 그랩Grab 같은 이동 서비스 그리고 미국의 태스크래빗TaskRabbit 같은 심부름, 그리고 한국의 '배달의 민족' 같은 배달 서비스 등이다. 이 경우 인구가 밀집된 도심 지역에서는 플랫폼을 통한 일의 매개가 활발하지만, 인구가 밀집되지 않은 지역에서는 그렇지 못하다는 차이가 있다.

플랫폼은 일하는 사람에게 선택의 폭을 넓히는가?

플랫폼이 처음 등장할 무렵 새로운 플랫폼 형태의 비즈니스를 공유share경제라고 부르기도 했다. 플랫폼이 데이터 수집, 검색, 처리를 쉽게 하므로, 개인은 자원을 소유하지 않고서도 저렴하게 재화나 서비스에 접근하고 이용할수 있다는 장점을 부각한 것이다. 공유경제라는 용어가 지닌 평등주의적 함의는 플랫폼의 독점적 측면이 잘 드러나지 않도록 하는 효과를 주기도 했다. 플랫폼 노동과 관련해서도 일을 필요로 하는 사람과 제공하는 사람 사이에서 데이터와 알고리즘이 최적의 짝을 찾아 양쪽 다 만족할 수 있게 하는 점이 강조되었다. 덧붙여 일과 서비스를 제공하는 사람의 사정에 맞춰 가능하고 편한 시간에 자신이 할 수 있는 일을 찾아준다는 점도 함께 강조되었다. 일과 생활의 균형을 중시하고, 가족 간 돌봄 문제로 골치를 썩이는 이들에게는 플랫폼 노동을 긍정적으로 보게 만든다.

그러면 플랫폼 노동은 실제로 일이 필요한 사람들에게 선택의 폭을 넓혀 주었는가? 최근의 여러 연구 결과를 살펴보면 플랫폼 노동의 현실은 이런 낙관적이고 긍정적인 관점을 지지하지 못하는 경우가 많다. 우선 플랫폼이 제공하는 일자리 혹은 일거리는 양이 많을지 모르지만, 질적으로는 사람들이 선호하는 일이 많지 않다. 아직 플랫폼의 사회경제적 효과에 대한 평가가 진행 중이기 때문일지도 모르지만, 플랫폼을 통해 매개되는 일 중에서 내용이 복잡하고 높은 숙련이나 지식 수준을 요하는 일보다는 단순한 일들이 훨씬 많다. 물론 일이 없는 것보다 단순한 일이라도 찾아서 할 수 있는 편이 나을지 모른다. 하지만 플랫폼을 통한 일이 이렇다 보니 그것을 전업보다는 보조적이거나 부수적인 일로 여기는 사람들이 많다.

온라인이나 모바일 앱을 통해 일하는 경우 선택권이 그다지 넓은 것은 아니다. 플랫폼을 통해 온라인으로 일하는 글로벌 인력에 대한 빅데이터 분석과 인터뷰 연구(Graham, Hjorth and Lehdonvirta, 2017)에 따르면 플랫폼이 공유경제의 이상과 비전이 그리는 것처럼 저개발국과 취약 계층의 사람들에게 기회를 줄 뿐 아니라 선택권을 넓혀주는 경우도 있지만, 그렇지 못한 경우도 많다. 글로벌하게 보면 지역에 따라 일자리나 일거리로부터 차별이나 배제를 당하는 경우가 많이 보고된다. 특히 비서구권 인력들이 온라인 크라우드 워크를 하려할 때 언어나 문화적 차이를 이유로 기회를 갖지 못하는 사례가 많다. 또 어렵사리 온라인 글로벌 플랫폼에서 일을 얻더라도 계약 당사자로서 교섭력이 부족해서 낮은 임금이나 불리한 조건을 감수해야 하는 경우도 많다. 그 결과 그림 8-3에서 보는 바와 같이 지역별로 온라인 노동의 시급 차이가 상당하다. 이것은 지역별로 일하는 사람들의 선택권에 큰 차이가 있다는 것을 보여준다.

지역별로 이루어지는 장소 기반 플랫폼 일에서도 일하는 사람의 선택권은

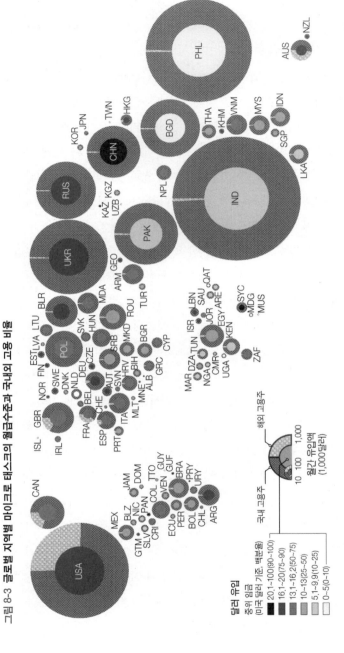

그림 8-3 글로벌 지역별 마이크로 태스크의 월급수준과 국내외 고용 비율

달러 유입

종위 임금
(미국 달러 기준, 백분율)
- 20.1~100(90~100)
- 16.1~20(75~90)
- 13.1~16.2(50~75)
- 10~13(25~50)
- 5.1~9.9(10~25)
- 0~5(0~10)

월간 유입액
(1,000달러)

해외 고용주

국내 고용주

10 100 1,000

자료: Graham, Hjorth and Lehdonvirta(2017).

상당히 제약된다. 『공유경제는 공유하지 않는다*Hustle and Gig*』를 쓴 사회학자 래브넬Alexandrea J. Ravenelle은 인터뷰를 통해 태스크래빗과 같은 장소 기반 플랫폼이 등록된 사람들로 하여금 일거리 의뢰에 대해 일정 시간 안에 응답하고 상당히 높은 비율로 수락할 것을 의무화한다는 점을 강조하고 있다(Ravenelle, 2020). 이런 사정은 한국에서 대표적인 플랫폼 일이라고 할 수 있는 배달 라이더들도 마찬가지이다. 비가 오거나 다른 사정으로 일이 힘들고 위험할 때 단가가 오르기는 하지만 라이더들 역시 일정 비율 이상으로 배달 의뢰를 수락해야만 한다. 자신이 선호하는 시간대를 골라 일하는 것 역시 어렵다. 개인 사정에 따라 맞춰 일할 가능성을 꿈꾸며 플랫폼을 통해 일을 찾은 사람 중에 자신이 원하는 시간과 조건에 맞춰 일할 수 있는 이는 많지 않은 것이다.

일의 내용과 시간, 조건에 대한 선택권을 얼마나 가질 수 있느냐는 시장에서의 희소성과 계약에서의 교섭력에 달려 있다. 전문적 지식이나 자격과 같은 제도화된 특권, 집단적 교섭력 등은 플랫폼 이전부터 일과 관련해 유리한 조건을 보장해 왔다. 그런데 플랫폼이 이러한 이점을 못 누리는 사람들에게도 선택권을 줄 수 있다고 생각한 것이 공유경제의 이상이었다. 하지만 그런 가능성은 실현되기 어렵고 플랫폼에서도 여전히 자신의 배경에 따라 선택권이 차등적으로 주어지는 것이 현실이다.

플랫폼은 일하는 사람을 더 편하고 자유롭게 해주는가?

플랫폼을 통해 일과 서비스 거래가 이루어지면 경제적으로 정보 비대칭이 줄고 거래비용이 절감되어 일과 서비스의 수요자나 공급자 모두 만족스러운 결과를 얻으리라는 기대가 있다. 특히 일하는 사람들은 '일상적으로 통제가 이루어지는 조직'인 직장에서 벗어날 수 있다는 점을 장점으로 꼽는다. 노동과정labor process에 대한 사회학적 분석에서는 작업 현장에서 관리자와 일하는 사람 사이에 통제권을 둘러싼 줄다리기가 많이 보고되었다. 그러면 고용주나 관리자와 일하는 사람들 간의 관계에서 플랫폼은 어떤 영향을 끼칠까?

한편에서는 일하는 사람들이 독립적으로 일하기 때문에 선택의 폭이 늘어났고, 이들의 자율성도 높아질 것이라 전망한다. 그런데 위에서 살펴본 것처럼 일하는 사람의 선택 폭이 현실에서 넓지 않다면 이 전망은 틀린 것이다. 반대로 플랫폼을 통해 일하는 사람들이 더 힘들어지고 자율성도 줄었다는 주장은 여러 근거에서 제기된다. 이러한 주장 가운데 가장 높은 비중을 차지하는 것은 플랫폼을 통해 계약을 맺고 일하는 사람들이 실제로는 고용된 노동자인데 이들의 지위를 독립적 계약자로 간주하기 때문에 법과 제도에 따라 보장된 마땅히 누려야 할 보호를 받지 못한다는 것이다. 이 문제는 점점 외주고용이 늘어나고 있는 상황에서 플랫폼을 통해 일하는 사람들이 더 불안정하고 취약해질 수 있다는 점을 시사한다. 하지만 이들이 겪는 어려움은 이것만이 아니다.

법적 지위와 덧붙여 플랫폼이 일의 강도를 높이고 자율성을 제약하는 요인으로는 다음의 세 가지를 추가로 생각해 볼 수 있다. 첫째, 일하는 사람과 그 일을 수요하거나 소비하는 사람의 '시간 경험'이 서로 다르다. 둘째, 일하는 과정에서 플랫폼의 알고리즘이 일하는 사람들의 정보에 대한 접근을 제한하거나 반대로 일방적으로 지시할 수 있다. 셋째, 플랫폼이 일의 과정과 내용을 기록하며 일을 의뢰한 사람이 만족도를 평가할 수 있다.

먼저 첫 번째부터 살펴보자. 현대 사회에서 속도는 매우 중요하다. 삶의 많은 부분에서 우리는 가속화를 당연시한다. 이동의 속도, 일처리 속도, 의사결정 속도 등 가속화하는 세상에서 대기시간에 대한 우리의 기대 역시 점점 단축되고 있다. 온라인 플랫폼에서 알고리즘은 거의 실시간으로 대부분 업무를 처리한다. 온라인에서 주문하거나 업무를 의뢰한 수요자 역시 온라인에서 경험하는 시간의 속도에 따라 오프라인에서도 일이 진행되기를 기대한다. 그 결과 많은 온라인 주문 플랫폼에서는 대기시간의 한계를 정하고 그에 맞춰 배달이나 업무 결과가 전달될 것을 약속한다. 온라인의 디지털 시간 경험이 모든 업무와 서비스의 실시간화를 부추기는 셈이다. 그 결과 과거에는 조직의 업무 처리 과정에서 존재했던 시간적 완충buffer이 더 이상 허용되지 않는 상황에 이르게 되었다. 그 결과 최종 단계에서 배달 혹은 서비스를 제공하는 사람들에게 시간적 압박과 부담이 가중되었다. 과거 공장에서 집합적으로 일하던 시기에도 자동화 기계와 자동제어장치에 의한 가속화의 유혹이 있었다. 그리고 노동조합을 통한 집단 저항은 인간으로 감당 가능한 수준을 둘러싼 협약을 요구하고 제도적 타협을 이끌었다. 하지만 개별화된 플랫폼에서는 그마저도 쉽지 않은 상황이기 때문에 시간의 부담은 늘고 있다.

둘째, 플랫폼을 통해 이루어지는 일 중에 의사결정과 판단이 필요하면 알고리즘이 자동으로 결정해 버리는 경우가 늘면서 일하는 사람들은 자신들의 자율성이 제약당한다고 느끼기 쉬워졌다. 20세기 테일러주의가 만들어낸 "구상과 실행"의 분리와 유사하게, 일의 판단과 결정을 플랫폼 알고리즘이 전담하고 사람은 그 지시에 따라 일해야 하는 경우가 늘기 때문이다. 테일러적 표준화의 결과인 탈숙련은 20세기 중반 이후 병리적 현상에 대한 저항을 만났고 주문맞춤형 생산과 일의 재숙련화 시도도 나타났다. 하지만 알고리즘은 점점 진화해서 딥러닝을 통해 다양한 상황에 최적화된 판단을 할 수 있게 되었다. 대표적인 예로 배달이나 운전과 같은 이동 서비스에서 플랫폼 알고리즘은 과거 일의 기록을 바탕으로 이동 경로를 제시한다. 이 경우 라이더의 자율성을 제약하는 것이 문제지만, 또한 과거 이동 기록 정보를 플랫폼이 전유하는 데도 문제가 있다. 알고리즘 학습의 기반이 되는 데이터는 과거 일의 기록이 쌓여서 만들어진 것인데, 이 데이터를 더 스마트하게 학습한 알고리즘이 일하는 사람들에게 지시를 내리며 제약을 가하는 것이다.

셋째, 전통적으로 일하는 사람들에 대한 통제는 과정과 결과에 대한 통제로 나뉘었다. 일하는 과정에 대한 통제는 집단적으로 신체 활동을 하는 공장에서 일하는 이에 대한 관찰을 통해 이루어졌다. 활동이 분산되거나 사무실처럼 집합적으로 일하더라도 각자 정신 활동 중심으로 할 경우 업무 과정에 대한 통제는 쉽지 않았다. 그런데 플랫폼은 대부분 업무에서 흔적을 기록하고 이를 바탕으로 일하는 사람에 대해 통제할 수 있게 한다. 결과에 대한 통제 역시 달라졌다. 일이나 서비스 수요자가 시·공간적으로 분리된 상황에서는 수요자의 만족도라는 즉각적인 반응을 얻기는 어려웠다. 하지만 이제는 플랫폼이 수요자와 공급자, 관리자를 직접 연결하며, 만족 혹은 불만족스러운 점들에 대한 반응과 평가를 실시간으로 가능케 만들었다. 그 결과 한편에서는 소비자나 수요자의 편익과 만족이 증가했지만, 통제와 성과 평가로 인해 경력에 치명적 영향을 받는 이들은 반대로 더 큰 불확실성과 불안을 안게 되었다.

플랫폼이 일을 더 좋게 만들려면 무엇을 해야 하는가?

앞에서 우리는 플랫폼이 일하는 데 자유와 선택을 증가시키기도 하지만, 종속과 제약을 늘리기도 하는 현실 사례에 대해 이야기했다. 그런데 이처럼 유토피아보다 디스토피아에 더 가까운 플랫폼에서의 일이 전체 일의 세계에서 차지하는 비중은 아직 매우 높지는 않다. 물론 플랫폼 노동이 등장한 지 얼마 되지 않았지만 빠르게 증가하고 있다는 사실을 감안할 필요는 있다. 플랫폼을 통한 일과 관련하여 가장 주목할 것은 그것이 미래의 일의 변화에 대해 주는 시사점이다. 자동화, 로봇, 인공지능 등 인간의 일을 대체하고 일자리 공급을 줄이는 변화가 뚜렷한 상황에서 플랫폼은 일을 찾고 할 수 있는 새로운 가능성을 제시한다. 하지만 플랫폼을 통한 일은 그 기술적 가능성이 어떤 맥락 속에서 활용되는가에 따라 다른 효과를 가진다. 수요자와 공급자, 플랫폼 간의 교섭력의 차이에 따라 일하는 사람들에게 불리할 수 있다. 그러면 일하는 사람들에게 도움이 되는 방향으로 변화하려면 어떻게 해야 하는가? 여기에서는 몇 가지 제안을 중심으로 살펴보고자 한다.

1. **다양성과 참여 기회**: 20세기에 걸쳐 또한 21세기에도 민주주의 사회에서는 차별을 없애고 공정한 기회를 부여하고자 하는 노력이 계속되었다. 물론 아직도 차별이 완전히 없어지지는 않았지만, 인종, 성별, 연령 등 본인의 노력으로 바꿀 수 없는 요소 때문에 일할 수 있는 기회에서 배제되어서는 안 된다는 공정성의 가치는 고용을 담당한 측, 특히 기업조직이 지켜야 한다. 그런데 플랫폼에서의 일은 독립적 계약자로서 하는 것이기 때문에 고용관계와는 다르다. 그런데 일부 플랫폼, 특히 글로벌 마이크로태스크 플랫폼에서는 특정 집단의 사람들이 등록할 수 있는 기회, 즉 계정 만드는 것을 거부할 뿐 아니라 그 이유를 설명하지도 않는다. 또한 계정을 갖고 있어도 일을 의뢰하는 수요자들의 선호에 따라 특정 조건의 사람들 기회를 박탈하는 경우가 많다. 일의 성과나 결과에 영향을 명백하게 영향을 미치는 이유가 아니라면 이런 관행이 없어져야만 보다 공정한 플랫폼 노동이 가능할 것이다.

2. **유연성과 선택 기회**: 플랫폼을 통한 일은 서비스의 수요자와 공급자의 자유로운 선택에 따라야 한다. 플랫폼을 통해 일을 찾거나 하는 사람은 어떤 시간과 조건, 상황에서 할 수 있는지 안다는 것을 플랫폼에서 일하는 매력이자 장점으로 들기도 한다. 하지만 상당수 플랫폼에서는 의뢰된 일을 일정 비율 이상 수락할 것을 요구하는 경우가 많다. 이것은 독립적 계약자의 자유로운 선택을 침해하는 것이며 플랫폼과 일하는 사람 간에 실질적으로 권위에 따른 명령이나 지시가 가능한 고용관계가 성립되었다는 것을 의미한다. 유연성과 자율성을 추구해서 플랫폼을 찾는 이들이 결국 이를 누리지 못하게 하는 것은 옳지 못할 뿐 아니라 플랫폼에 의한 횡포다. 플랫폼에 등록해서 일을 찾는 사람들이 자신의 상황과 필요에 따라 자유롭게 일을 선택할 수 있도록 바뀔 필요가 있다.

3. **보수와 근로조건의 정당한 기준:** 대부분 나라에서 최저임금은 일에 대한 보상의 최소 기준이 되고 있다. 하지만 플랫폼을 통해 일하는 사람들 중에는 최저임금에 못 미치는 보상을 받는 경우도 있다. 최저임금 기준을 충족하더라도 여러 가지 이유로 충분한 보상을 받지 못하는 경우가 플랫폼에서 발생한다. 일의 보상과 관련해서 종종 발생하는 경우가 의뢰자가 일한 결과에 불만족을 표하거나 하자가 있다고 거부하는 것이다. 플랫폼을 통해 거래를 매개할 때의 장점 중 하나가 거래비용을 줄이는 것인데, 이는 거래 조건에 따라 모니터링하고 일하는 과정에서 피드백을 통해 쌍방의 만족을 높이기 때문에 가능하다. 하지만 수요자나 공급자 어느 한쪽에서 이를 악용해서 손해를 끼치는 경우도 발생한다. 현재 플랫폼의 리뷰와 평가 기능은 수요자가 공급자를 평가하는 방향으로 발달했다. 즉, 일을 맡긴 사람이 일한 사람을 평가해서 만족스럽지 못할 경우 보상을 거부하기 편하도록 된 경우가 많다. 최소한 우버와 유사하게 일과 서비스의 수요자와 공급자가 서로를 평가하고 그 결과를 향후 다른 이용자들이 참고할 수 있도록 할 때 보다 공정한 플랫폼이 될 수 있을 것이다.

4. **안전과 보호의 노력:** 우리는 위험사회에 살고 있으며, 모든 일은 신체적·정신적 재해의 위험을 안고 있다. 고용주는 자신이 고용한 사람들의 안전을 보장할 책임이 있다. 그런데 플랫폼은 일과 서비스의 수요자와 공급자를 매개하는 역할만을 할 뿐 일의 내용이나 위험에 대해 관여하지 않는 경우가 많다. 그 결과 플랫폼을 통해 일을 하다가 신체적 상해를 입거나 정신적으로 상처를 받게 되는 경우 그 피해는 일하는 사람들이 온전히 자신의 몫으로 감당해야 한다. 일하는 사람들의 안전권이 고용관계를 중심으로 제도화되어 있기 때문이다. 하지만 플랫폼을 통해 일이 늘어날수록 일하는 사람에게 개인화시키는 위험은 점점 사회적 문제가 될 수밖에 없다. 최근 우리 주변에서도 플랫폼 배달 업무를 통해 속도 경쟁

을 해서 높은 수익을 올린 사례도 있지만, 실제로는 사고와 부상을 당한 이들에 대한 보도도 늘어나고 있다. 최근 일부 플랫폼에서는 등록된 이들의 건강 및 안전을 챙기고 돌볼 뿐 아니라 의뢰인들이 무리하거나 위험한 일을 요구할 경우에 대비하여 그에 따른 책임과 보호의 문제를 분명히 공시하는 변화도 나타나고 있다. 플랫폼이 보다 사회적 책임에 관심을 갖게 되었다는 점에서 긍정적 변화라고 할 수 있다.

5. **자료와 개인정보 보호:** 플랫폼은 축적된 데이터를 빠르고 스마트하게 처리해서 경쟁력을 키워간다. 그중에서도 개인의 신상 및 활동 이력과 관련된 정보와 데이터가 중요하다. 그런데 개인 데이터를 활용하는 플랫폼은 경제적 이익을 높이지만, 데이터를 제공한 개인이 자신의 정보와 데이터에 접근해서 이용하기에는 제약이 많다. 더 나아가 개인은 자신의 데이터가 어떻게 활용되는지 알기조차 매우 어렵다. 결국 정보와 데이터를 두고 플랫폼과 개인들 간에는 상당히 비대칭적인 관계가 존재할 뿐 아니라 그 비대칭은 더욱 커질 것으로 우려된다. 플랫폼이 자신의 기술적 가능성을 통해 사회적 가치와 공정성 제고에 기여하고자 한다면 플랫폼과 개인 간의 정보와 데이터를 둘러싼 비대칭을 줄이고 데이터로부터 얻는 이익을 개인들도 함께 누릴 수 있는 방안을 강구할 필요가 있다.

6. **학습과 발전 가능성:** 앞에서 살펴본 바와 같이 플랫폼에서의 일은 요구되는 과제의 복잡성과 숙련, 지식의 정도에 따라 구분된다. 그런데 현재까지 빠르게 증가해 온 것은 단순해서 숙련이나 지식을 요구하지 않는 일들이 많다. 플랫폼에서 일을 찾는 사람들은 당면한 경제적 필요를 채우려는 사람들이 더 많고, 경험을 통해 자신의 발전과 계발을 기하는 경우는 많지 않다. 그런데 일자리 찾기가 점점 힘들어지는 상황에서 청년들이 플랫폼에서 주로 일을 찾게 된다면 플랫폼 역시 이들이 능력을 성장

시키고 성숙할 수 있게 지원하는 것이 사회적 기여에도 큰 도움이 될 것이다. 또한 미래 사회에서는 교육과 훈련이 인생의 특정 단계에서만 일어나지 않고 지속적인 생애 과정이 될 가능성이 매우 높다. 플랫폼 역시 사회와 기술의 빠른 변화에 맞춰 개인이 학습과 훈련을 쌓고 활동적이고 역량 있는 삶을 살 수 있도록 지원할 수 있다면 매우 바람직할 것이다.

참고문헌

Eurofound. 2018. "Platform work: Types and implications for work and employment—literature review." *working paper*.

Graham, Mark, Isis Hjorth, and Vili Lehdonvirta. 2017. "Digital labour and development: impacts of global digital labour platforms and the gig economy on working livelihoods." *Transfer*, 23(2), pp.135~162.

Gray, Mary L. and Siddharth Suri. 2019. *Ghost Work: How to Stop Silicon Valley from Building a New Global Underclass*. Houghton Mifflin Harcourt. 〔신동숙 옮김. 2019. 『고스트워크: 긱과 온디맨드 경제가 만드는 새로운 일의 탄생』. 한스미디어〕.

Keynes, John Mayard. 1932. "Economic possibilities for our grandchildren." *Essays in Persuation*. New York: Harcourt Brace. pp.358~373.

McAfee, Andrew and Erik Brynjolfsson. 2018. *Machine, Platform, Crowd: Harnessing the Digital Revolution*. W. W. Norton & Company. 〔이한음 옮김. 2018. 『머신 플랫폼 크라우드 : 트리플 레볼루션의 시대가 온다』. 청림출판〕.

Ravenelle, Alexandrea J. 2020. *Hustle and Gig: Struggling and Surviving in the Sharoing Economy*. University of California Press. 〔김고명 옮김. 2020. 『공유경제는 공유하지 않는다: 긱이코노미의 민낯과 무너지는 플랫폼 노동자』. 롤러코스터〕.

Wells, H. G. 2016(1905). *Modern Utopia*. Dover Publications, Inc. New York.

World Economic Forum. 2020. "The promise of platform work: Understanding the ecosystem." *white paper*.

플랫폼 사회의 도래, 산업화의 세 번째 분기점

이재열 서울대학교 사회학과

플랫폼 사회는 새로운 분기점인가?

플랫폼 사회는 새로운 분기점에서 현실화한 새로운 산업화 시스템을 의미하는가. 아니면 폴라니Karl Polanyi가 언급했던 근대사회로의 대변혁이 마무리된 후 새롭게 시작된 대변혁을 의미하는가. 새로운 갈림길이라면, 현재 우리가 경험하는 플랫폼 사회와 다른 형태의 미래도 가능한가. 이러한 질문에 대한 대답을 하기 위해서는 산업화의 과거를 돌아볼 필요가 있다.

산업화의 역사에는 주요한 두 차례 분기점이 존재했다. 미국의 제조업이 몰락한 1980년대, 급속한 탈산업화로 대부분의 제조업 공장들이 해외로 이전되고, 미국의 전통적 산업지대인 프로스트 벨트Frostbelt가 급속히 공동화하는 것을 경험한 때에 MIT의 세이블Charles Sabel과 피오레Michael Piore는『두 번째 산업화의 분기점*The Second Industrial Divide*』(1984)이라는 저서를 통해 왜 포디즘으로 대표되는 대량생산방식을 주도한 미국의 시대가 몰락하고 도요타 방식으로 대표되는 일본식 유연생산체제가 세계를 주도하게 되었는지에 대해 분석했다. 이들은 당시를 지배해 온 수렴론적 사고, 즉 자본주의가 발전하면 자본의 집적과 전문화의 심화, M형 조직의 확대 등으로 이어질 것이라는 생각에 동의하지 않았다. 기술이 발전하면 자연스레 생산성이 높아지고 자본의 집적이 이루어지며 규모의 경제가 주도할 것이라 주장한 마르크스K. Marx나 챈들러A. Chandler의 경우 이념적으로는 서로 달랐지만, 수렴론에서는 일치했다.

반면에 세이블과 피오레가 주목한 것은 기술만으로는 결정되지 않는 산업화의 조건으로서의 '제도'이다. 특별히 글로벌 수준에서 작동하는 규제제도인 환율과 교역체제, 일국 수준의 다양한 규제인 산업 정책과 노동 입법, 그리고 작업장에서 작동하는 임금제도와 노사관계 시스템의 중요성과 상호 연계에 대해 언급했다. 예를 들면, 자동차는 유럽에서 먼저 발명되었는데, 정작 자동차산업은 왜 미국에서 꽃을 피우게 되었는가. 기술이 앞선 유럽이 자동차산업을 먼저 발전시키지 못한 이유는 대량으로 생산한 차를 소비할 시장이 없었기 때문이다. 소수의 귀족과 부유층을 위한 고가의 자동차를 장인 생산방식으로 만들던 유럽에는 대량으로 생산한 자동차를 소비할 수요층이 없었다. 또한 기계를 도입해 생산하기에는 이미 기득권을 가진 장인계급의 반대가 불을 보듯 뻔했다.

미국에는 이런 기득권 집단이 존재하지 않았다. 남북전쟁을 거치면서 남부의 지주층은 몰락했다. 자원은 풍부했고, 대륙횡단철도는 분산된 시장을 통합했다. 끊임없이 밀려드는 이민자들과 남부 농장에서 해방된 흑인들로 인해 북부 산업도시에는 구직자가 넘쳐났다. 경제적 논리로만 따지면 저임금 노동력이 넘쳐났기에 대규모의 고정투자를 필요로 하는 기계화된 대량생산은 맞지 않았지만, 헨리 포드Henry Ford는 언어도 잘 통하지 않는 이들에게 고임금을 주고 대규모로 고용하는 '임금 주도' 성장을 기획했다. 물론 이는 컨베이어벨트 시스템이라는 고가의 장비투자가 있었기에 가능했다. 또한 높은 소득을 올리는 다수의 노동자는 곧 대량으로 생산된 값싼 자동차의 구매자가 되었다.

포디즘이 성공할 수 있었던 이유는 이처럼 탈숙련된 고임금 노동자들도 소비력을 가지게 만든 '케인스적 국가 없는 케인스주의 제도'가 작동했기 때문이다. 연이은 세계대전은 대량생산체제의 우월성을 보여주는 훌륭한 경연장이었다. 현대 전쟁은 밑이 빠진 독에 물 붓기와 같은 대량소비 시장이다. 군수산업으로 전환한 미국의 대량생산체제는 장인 생산적 전통에 머물던 독일과 일본의 군수산업과 비교가 되지 않는 효율성을 발휘했고, 대량생산은 종전 이후 세계적 표준이 되었다. 브레튼우즈Bretton Woods 협정을 통해 전후 글로벌 경제 질서가 새롭게 정해졌다. 금본위제는 달러본위제로 바뀌었고, 미국은 막강한 군사력을 토대로 세계를 하나의 시장으로 통합하는 무역협정을 통해 대량생산체제를 글로벌하게 유지할 수 있게 되었다.

세이블과 피오레가 주목한 두 번째 분기점은 1970년대에 나타났다. 대량생산된 제품 시장은 포화했다. 시장 확대를 위해 무리하게 만들어낸 경직적 제도들은 오일쇼크나 소련의 밀 흉작 같은 원자재 부족이라는 충격 때문에 크게 흔들렸다. 빈틈을 비집고 나타난 것은 일본의 도요타 시스템으로 대표되는 유연생산방식이다. 고숙련 다기능 노동력을 활용하여 과감하게 분권화한 작업장 조직에, 최소한의 인벤토리inventory를 유지하면서 고객의 다양한 주문에 신속하게 대응하는 JITJust-in-time 시스템은 불확실한 환경에 유연하게 대응하면서, 다양한 품종의 제품을 소량으로 생산하여 비어 있는 틈새를 채워나가는 전략이었다.

우리가 경험하는 플랫폼 사회는 새로운 갈림길에서 인류가 디지털경제로 급속히 들어서고 있음을 보여준다. 이는 단순한 산업생산의 변화에 그치지 않는다. 마치 폴라니가 『거대한 전환The Great Transformation(1944)』에서 분석한 바와도 같이, 전통 시대에서 시장경제로 전환하면서 경험했던 바와 같은 근본적 변화를 새롭게 경험하는 것이라는 분석도 가능하다. 시장경제로 전환하면서 공장체제가 등장하고 모두가 임금노동을 하는 고용사회가 본격화되었다면, 이제는 고용 없는 노동이 급증하고 있다. 산업 시대의 여러 문제를 해결하기 위해 등장했던 사회보장제도도 그 적절성을 잃고 있다.

표 9-1 생산 패러다임으로서의 포디즘, 도요타 생산, 플랫폼 경제

구분	포디즘	도요타 생산	플랫폼 경제
이론	테일러의 과학적 관리	세이블(Sabel)과 피오레(Piore) 유연전문화	바르고(Vargo)와 러슈(Lusch) 서비스 지배논리
근거 시장	대량시장	많은 시장	대화형 시장
기술	전문화	다기능화	접근성
구조	피라미드	네트워크	헤테라키
생산	표준화	세분화	커스텀화
생산 단계	통합	제한적 아웃소싱	광범한 아웃소싱 (크라우드소싱)
노동	공식적 저숙련	공식적 전문화	다양한 전문성과 공식/비공식
정보	희소하고 파편화	생산참여자 간 공유	내부와 외부에서 공유
마케팅	대량	관계형	사회적
소비자	구매자	고객	프로슈머
소비자의 생산 참여	없음	초기(시장분석) 최종(애프터서비스)	생산의 전 과정

자료: Arcidiacono et al.(2019: 616)

플랫폼경제는 인터넷, 정보통신 등의 디지털 기술을 기반으로 데이터와 네트워크 중심의 비즈니스로 구성된, 플랫폼 중심의 경제체제를 말한다. 전통 경제가 제조업 기반이고 공급 측면의 규모의 경제를 통해 효율성을 달성하려 한다면 플랫폼경제는 수요 측면의 규모의 경제, 즉 네트워크 효과를 통해 효율성을 달성하려 한다는 점에서 근본적으로 다르다. 플랫폼경제를 구성하는 토대는 온라인 플랫폼이다. 초연결의 플랫폼 위에서 개인과 조직은 서로 연결 된다. 이들이 플랫폼상에 남기는 방대한 데이터는 새로운 부가가치를 만들어 내는 원료이자 자본이다. 방대한 데이터는 인공지능을 통해 분석된다. 일군의 학자들은 플랫폼 경제가 모든 것을 상품화한다는 점에서 자본주의적 축적의 내용과 형식을 바꾸는 거대한 전환이라는 입장을 취한다(Kenney et al., 2000).

생산 패러다임으로서 플랫폼은 과거 대량생산체제의 모형이 된 포디즘이 나 유연전문화의 기준인 도요타 생산방식과 모든 차원에서 구별된다(표 9-1 참

조). 가장 큰 차이는 제품보다는 서비스가 가치 창출의 핵심이 되는데, 이는 불특정 다수를 상대하기보다는 매우 개별화된 소비자들에게 커스터마이즈customize된 제품이나 서비스를 제공할 수 있는 대화 능력이며, 자신의 외부에 존재하는 다양한 자원과 정보를 광범하게 아웃소싱하여 연결시킬 수 있는 능력이라는 점에서 1차 분기점에서 드러난 포디즘이나 2차 분기점에서 두드러진 도요타 생산방식의 문제들과 질적으로 차별화된 패러다임이다.

플랫폼을 둘러싼 갈등과 책임성 논쟁

팬데믹의 영향하에 기본적인 일상을 유지하기 위해 온라인 플랫폼에 의존하는 일이 필수 불가결해졌다. 플랫폼은 소통의 수단이자 이동성의 토대이고, 음식 배달과 핵심 의약품의 배송에 이르기까지 모든 일을 중개한다. 그래서 우리는 역사상 처음으로 플랫폼이 필수적인 인프라가 된 사회에 살고 있다.

점증하는 플랫폼의 영향력으로 인해 그 책임성에 대한 논쟁도 격해지고 있다. 플랫폼은 공공재의 성격을 가진다는 점에서 공적 가치가 있다. 동시에 플랫폼 기업은 이윤을 극대화하려는 기업적 특성을 가진다. 더구나 대부분의 토대형 플랫폼 기업이 구글, 페이스북, 아마존 등 모두 미국계 기업이라는 점에서 자국 플랫폼 기업을 갖지 못한 나라들과 갈등을 빚고 있는데, 그 대표적인 사례가 유럽이다. 플랫폼의 공적 가치를 누가 어떻게 구현하느냐를 둘러싸고, 미국은 프라이버시 보호, 정확성, 투명성, 보안 등을 중시하는 반면, 유럽은 공정성, 포용성, 책임성, 정당성, 그리고 플랫폼 기업에 대한 민주적 통제 등을 중시하는 입장이다. 글로벌 플랫폼 기업의 독점성, 납세문제, 프라이버시 침해 등에 관해 유럽은 다양한 법적 조치를 취해왔다.

금융위기 때 회자된 대기업이 망하면 모든 것이 뒤바뀐다는 점에서 흔들리지 않을 것이라는 대마불사too big to fail의 신화가 플랫폼 기업에 관해서도 이야기되기 시작했다. 플랫폼 기업을 규제해야 한다는 주장은 전혀 새로운 것이 아니다. 플랫폼 기업이 거대하고, 반경쟁적이며, 민주주의에 파괴적이라는 주장은 지속해서 제기된 바 있다(*The Economist*, 2018). ≪이코노미스트*The Economist*≫는 "거대 기업 길들이기"라는 기사에서 거대 플랫폼 기업들이 디지털경제의 인프라를 제공하면서 시장 그 자체가 되어버리는 바람에 공정한 경쟁을 방해한다고 주장한다. 플랫폼의 서비스가 공짜인 것처럼 보이나 실제로는 사용자들이 자신의 데이터를 제공한다는 점이 간과된다. 규모가 커질수록 임팩트는 제곱으로 늘어나는 네트워크 효과 덕분에 거의 독점적 지위를 누리게 되었는데, 플랫폼산업으로의 진입 장벽은 점점 높아졌다. 결과는 승자독점이다. 페이스북은 전 세계에서 가장 많은 개인 데이터를 모았을 뿐 아니라, 동시에 이들이 어떻게 서로 연결되어 있는지에 관한 최대 규모의 정보를 가지고 있다. 아마존은 다른 어느 기업보다도 더 많은 가격 정보를 독점하고 있으며, 아마존의 알렉사Alexa나 구글의 음성 비서는 사람들의 인터넷 경험에 대한 정보를 독점한다.

EU는 그러한 글로벌 독점으로 인해 구글이 스마트폰 OS인 안드로이드를 통해 자사 앱을 사용할 수밖에 없게 만든다는 점을 들어 구글을 반독점으로 제소했다. 한국에서도 이러한 문제는 심각한 논쟁거리가 되고 있다. 유튜브가 가장 많은 망트래픽을 산출하는데도 구글은 제대로 망사용료를 내지 않으며, 페이스북이나 유튜브가 한국에서는 제대로 세금을 내지 않는다는 비판을 받고 있다.

플랫폼의 영향력은 기존 인프라보다 훨씬 포괄적이며, 그동안 국가적 수준에서 발전된 규제제도의 영향력을 훨씬 넘어선다(Bohn et al., 2000). 미국의 플랫폼에 대한 경험적 연구에 따르면 70%의 서비스 산업에 속한 520만 개 사업체들은 한 개 이상의 플랫폼의 영향하에 있었고, 아마존과 같은 대표적 플랫폼 기업은 생태계에서의 레버리지leverage를 이용하여 새로운 산업과 부문으로 비집고 들어가는 경향이 있음을 발견했다(Kenney et al., 2020).

급진적인 학자들은 코로나19를 계기로 과거의 복지국가 모델 대신, 거대 플랫폼 기업에 의한 '데이터 식민주의'가 나타날 것을 우려한다. 즉, 인간의 삶을 정량화하고, 데이터로부터 다양한 가치를 추출해 내는 이중적 과정을 통해 감시가 극단적으로 가능해지며, 데이터화한 복지 시스템은 결국 거대 플랫폼 기업으로 하여금 국가와 사회를 운영하는 핵심 장치로 만들 것이라는 주장이다(Magalhaes and Couldry, 2020).

반면에 다양한 디지털 플랫폼이 팬데믹으로 인해 형성된 사회적 위기와 문제를 풀어나가는 효과적인 도구로 활용되는 사례도 많다. 플랫폼이 가진 공간적 제약을 뛰어넘는 기술적 특성과 다양한 시장에서 수요와 공급을 연결하는 능력으로 인해 코로나19로 단절된 일상에서 새로운 연결의 통로가 되었다. 특히 짧은 시간 안에 공간적으로 분산된 요구들을 서로 연결시키는 능력은 탁월하다. 또한 거리두기로 인해 단절된 이들이 원격으로 어울리고 학습하며 업무를 지속할 수 있게 한다. 짧은 시간에 업무를 수행하고 스케일업scale up할 잠재력을 가지고 있다.

플랫폼 G2 전쟁과 유럽

전 세계가 빠른 속도로 플랫폼 사회로 진입하고 있는 와중에, 플랫폼 사회로의 갈림길에서 우리는 극단적으로 다른 두 가지 모델을 볼 수 있다. 즉, 중국식 모델과 미국식 모델인데, 미·중 간에는 플랫폼 전쟁이라 부를 만큼 격렬한 충돌이 일어나고 있다. '투키디데스Thukydides 함정'은 기존 패권국과 신흥 세력 간 경쟁이 대부분 전쟁으로 귀결된 역사를 보여주는데, 미·중 간의 플랫폼 G2 전쟁은 21세기판 투키디데스 함정이라 불릴 만큼 심각한 양상으로 증폭되어 왔다. 트럼프 행정부의 반중 정서도 큰 몫을 했지만, 도전국인 중국과 패권국인 미국의 국력차가 빠르게 좁혀지면서 이미 오래전부터 예견된 갈등이라 할 수 있다. 더구나 미·중 간 갈등은 단순 무역불균형에 국한된 것이 아니라, 국가안보가 걸린 기술 패권 경쟁의 양상을 띠고 있어서 더욱 심각하다(정유신, 2018; 윤재웅, 2020). 양국 모두 강한 군사력을 유지하려 한다는 점에서 공통적이다. 그러나 자유시장을 지향하고, 개인의 다양성과 개성을 존중하는 미국과, 국가가 나서서 시장을 조정하고 개인의 삶을 통제하는 중국 간에는 서로 건너지 못할 체제의 차이가 존재한다.

미·중 간에는 이미 서로 상이한 플랫폼 생태계를 구획하는 만리장성이 세워져 있다. 중국이 인터넷 검열 시스템인 만리방화벽을 통해 해외콘텐츠를 차단하기 때문이다. 중국 정부는 2016년부터는 '사이버보안법'을 통과시켜 사이버 주권과 네트워크 인프라에 대한 보호를 강화했다. 그래서 구글 맵은 중국에서 통하지 않는다. 그 대신 바이두 맵을 이용해야 한다. 구글이 브라우저, 모바일, OS를 무료로 배포하고 사용자를 확보한 후 광고 검색에서 수익을 창출한다면, 바이두도 똑같은 개방형 플랫폼 전략을 사용한다. 페이스북도 중국에서는 접속 불가하다. 그 대신 중국인들은 그들의 플랫폼 기업 텐센트에서 운영하는 위챗WeChat으로 소통한다. 소셜미디어 기반으로 사용자층을 확보하고, 광고 수익을 올리며, 연동 소프트웨어 개발을 허용하는 페이스북의 전략과 텐센트의 전략이 거의 일치한다. 클라우드 콘텐츠 단말기로 고객 생태계를 구성하고, 클라우드의 판매 전략을 통해 시장을 석권하는 아마존의 확장 전략은 그대로 알리바바의 전략에 반영되어 있다.

미·중 간 플랫폼 갈등은 인공지능 분야에서의 경쟁을 통해 촉발되었다. 마치 구소련의 우주 진출로 인해 '스푸트니크 쇼크Sputnik Shock'를 경험했던 1950년대 미국처럼, 중국은 2016년 바둑왕 이세돌을 누른 알파고로 인한 충격을 스푸트니크 쇼크에 비유했다(Lee, 2018). 이때부터 중국 정부는 2030년까지 AI 분야의 글로벌 리더가 되겠다는 비전하에 대규모의 지원과 투자를 본격화했다.

플랫폼 경제에서 미국과 중국의 기업들이 압도적이다. 시가총액으로 세계

표 9-2 **미국과 중국의 플랫폼 경제 비교**

구분	미국	중국
경쟁	많은 경쟁자	3대 경쟁자
기업군	수직계열화	비즈니스 그룹화
소비자	소비자 록인	소비자 멀티홈
주요 시장	중국 제외 전 세계	자국 시장
결제 방식	신용카드	온라인 지불 시스템
반독점법	강한 반독점	약한 반독점
기술 투자	R&D 지향	단기적 관심

자료: Kenney and Zysman(2016).

상위권에 진입한 플랫폼 기업은 모두 미국과 중국 기업이며, 한국에서는 네이버가 유일하다. 미국의 플랫폼 기업들은 실리콘밸리 모델이라 불릴 만큼 경쟁적 시장에서 다양성과 개성을 중시하는 분위기에서 성장했다. 반면에 중국의 플랫폼 기업들은 매우 다른 환경에서 성장했다. 중국의 스마트폰 보급 대수는 세계 최고 수준이며, 온라인 시장 규모는 세계 2위이며, 자국 산업의 육성을 위해 중국 정부는 외국 기업으로부터의 경쟁을 체계적으로 배제하고 있다. 이러한 정부 보호하에서 대부분의 플랫폼 기업들은 독점적인 지위를 인정받고 있으며, 모두 다양한 분야로 다각화하는 문어발식 확장을 해왔는데, 특별히 반독점적인 규제의 대상이 되지 않는다. 그러나 최근에는 변화의 분위기도 감지된다. 중국 정부의 마윈에 대한 공개적 처벌, 그리고 '공정거래를 위반했다'는 이유로 알리바바에 막대한 벌금을 물린 사건은 중국에서 플랫폼 기업에 대한 정부 통제가 본격화된 신호로 해석된다.

실리콘 모델과 대비되는 중관춘中关村 모델은 관련 서비스 모두에 직접 진출한다. 예를 들어 차량을 공유하는 디디Didi는 주유소와 정비소 사업에까지 진출한다. 텐센트의 위챗은 채팅뿐 아니라 자전거 공유, 쇼핑, 영화표 구매, 항공권 예약, 병원 예약, 처방전 주문, 주식 투자에 이르기까지 거의 모든 아이템을 포괄한다.

사회적인 측면에서 중국식 플랫폼은 매우 깊숙이 사회 속으로 침투했다. 그 대표적인 사례가 앞에서도 언급한 사회신용체계인데, 2020년 베이징에서 부터 본격적으로 적용하기 시작했다. 모두 여덟 개의 민간 기업들은 개인의 긍정적·부정적 활동에 대한 정보를 광범하게 수집한다. 예를 들어 과도한 음주, 교통위반, 벌금납부 불이행, 애완견 방치, 대중교통 내 무질서 행위, 난폭운전, 공공장소에서의 부질서, 결석, 낙서, 당 지도부에 대한 비판 등은 부정적인 점수로 기록된다. 반면에 준법행동, 직장 내 성실한 근무, 의심스러운 행동 신고, 당의 명령에 복종 등은 긍정적 점수로 매겨진다. 그래서 사회신용점수가 낮으면 대학 입학, 해외여행, 고속철도 탑승이 거부되고, 은행에서의 대출도 제한되며, 공직에 취업할 수도 없다. 반면 높은 신용점수를 받으면 보험료율을 할인받고, 다양한 사회 서비스에 접근 가능하며, 인터넷을 자유롭게 사용하고, 대학에서는 장학금을 받을 수 있다. 거의 완벽한 감시사회로 가는 길임을 보여준다.

거대 플랫폼이 지배하는 미국이나 중국에 비하면 자체 플랫폼 기업이 없는 유럽은 사정이 다르다. 구글, 페이스북, 아마존, 애플과 같은 초국적 거대 플랫폼의 지배를 받는다. 유럽은 플랫폼의 주권이 심각하게 문제가 되는 사회다. 디지털 플랫폼은 경제, 미디어, 정부 및 사회의 기본 요소가 되었고, 복잡한 생태계로 발전했으며 기존 시장을 변화시키고 파괴하거나 완전히 새로운 시장을 만들 수 있다. 그래서 플랫폼 사용자인 개인뿐 아니라 국가, 기업 등의 디지털 주권을 보호해야 할 필요성을 강하게 인지하게 되었다. 자신의 디지털 플랫폼을 개발하고 운영할 수 있는 근본적인 역량이 디지털 주권인데, 이것 없이는 유럽이 디지털 혁신의 여러 분야에서 데이터 흐름과 잠재적 가치 창출을 통제할 가능성을 잃게 되고, 심각한 지정학적 위험에 처할 수 있으며, 유럽의 민주적 가치와 정치 시스템의 안정성까지도 위험해질 수 있다고 본다 (Federal Ministry for Economic Affairs and Energy, Germany, 2019).

독일 주도로 이루어지는 유럽의 플랫폼 기반 생태계 활성화 전략은 개인,

표 9-3 전통 서비스업, 플랫폼 자본주의, 플랫폼 협동조합의 비교

구분	전통 서비스업	플랫폼 자본주의	플랫폼 협동조합
거버넌스	- 집중	- 집중	- 분산
펀딩	- 자본공모	- 벤처캐피탈	- 임팩트 투자 - 인내 자본 - 크라우드 펀딩
비즈니스 모델	- 서비스요금	- 광고 - 프리미엄 - 거래비용	- 조합비 - 비용
시장 유형	- 독점 - 과점	- 독점 - 과점	- 시장캡슐화 - 다중이해당사자 조정
규모	- 지역	- 스케일업(scale up) - 스케일아웃(scale out)	- 스케일딥(scale deep)
디지털 인프라	- 절차적 도구 - 닫힌 코드	- 중재 도구 - 닫힌 코드	- 중재 도구 - 열린 코드
사용자	- 시민	- 소비자	- 조합원
경제적 가치 전략	- 비해당	- 투자자를 위한 가치 추출	- 공동체를 위한 가치 배분

자료: Arcidiacono and Pais(2020).

기업, 국가의 디지털 주권을 보호하기 위한 시장 조건을 확립하되, 유럽연합의 전통에 부합하는 자기결정권, 독립적으로 분산된 데이터 스토리지 조성, 자체 생성 데이터의 무료 사용, 그리고 승자독식형 경쟁의 규제 등을 제안한다. 특히 플랫폼과의 상호작용을 통해 만들어진 데이터 사용에 대한 자체 결정권을 갖게 하고, 데이터를 생성·활용하는 과정의 투명성, 예측 가능성, 검증 가능성을 강조한다. 이러한 원칙하에 EU는 자체 디지털 플랫폼의 출현을 촉진하고 시장 지배력의 남용을 방지하는 플랫폼 기반 생태계를 위해 규제를 통해 균형을 잡고자 노력한다. 특히 멀티 클라우드 기술을 활용하여 중장기적으로 미국 및 중국 플랫폼과 경쟁 할 수 있는 플랫폼을 구축하고자 한다. 디지털 주권의 관점에서 유럽 공급자 커뮤니티를 강화하고 장소법lex loci 원칙을 제시한다.

한편 협동조합이나 사회적 경제의 전통이 강한 이탈리아나 스페인 등의 경

우에는 거대 플랫폼이 가진 독점을 깨기 위해 분산형 거버넌스가 적용되는 협동조합형 플랫폼을 만들기 위한 논의도 활발하다. 하나의 예를 들자면, 차량 공유나 돌봄 서비스를 플랫폼 협동조합으로 운영하기 위한 시도가 이루어지고, 이를 이론적으로 정립하고자 노력하는데, 여기에는 금융자본주의보다도 독과점이 심해진 플랫폼 경제의 집중력에 대한 밑으로부터의 저항이 깔려 있다. 그래서 플랫폼에서 수집된 데이터가 공유재로서 개방되고 재활용될 수 있는 인프라와 거버넌스를 만들고자 하는데, 이를 위해 데이터 사용에 대한 과세, 공익에 반하는 데이터 사용에 대한 금지, 사회적 위험에 처한 실업자, 장애인, 고령자 등을 보호하기 위한 공공서비스를 지원하기 위한 가치배분 등을 제시한다.

한국형 플랫폼 사회로 가는 길

유럽과 비교하면 한국의 상황은 훨씬 복합적이다. 미·중 간에 양분된 플랫폼 생태계에서 네이버와 카카오가 한국형 플랫폼 기업으로 살아남아 있다. 데이터 주권의 관점에서 보면 G2 이외 지역에서 토종 플랫폼 기업이 안방을 모두 내주지 않은 거의 유일한 나라다. 따라서 유럽과 같은 국가적 수준에서의 데이터 주권에 대한 고민은 어느 정도 덜 수 있다. 토종 플랫폼은 한국적 사회 문법에 익숙하고, 한국어를 활용하여 문화적 자산을 아카이빙하기에 적합하다. 더구나 토종 데이터센터를 건설하면 데이터의 역외 유출의 위험을 줄일 수 있다. 섬세하고 정교한 산업 정책과 규제가 뒷받침된다면 거대한 디지털 전환 과정에서 높은 경쟁력을 유지할 수 있다. 더구나 한국은 세계 최고 수준의 초연결사회다. 인터넷 보급률과 스마트폰 보급률은 세계 최고 수준이고, 소셜미디어 사용도 최고 수준이다.

앞에서 언급한 바와 같이 산업화의 분기점에서 제도와 규제의 역할은 매우

표 9-4 **규제 맥락과 규제 내용**

통제요소(압력과 대응)

	정보 수집	표준 설정	행동 변화
규제 맥락	**시장실패 압력**	**이해집단 압력**	**여론 압력**
위험의 유형과 수준	위험정보 접근가능성	로비집단 존재 유무	규제 찬성 혹은 반대하는 대중 여론
규제 내용	**기술적 대응력**	**규제의 양식**	**규제 의지**
규제의 내용과 조직	규제기관의 적극성 or 소극성	비용-편익 or 절대적 기술 기준	가격신호 or 명령

중요한데, 한국의 제도 경쟁력은 매우 낮은 수준이다. 예를 들어 세계경제포럼의 평가에 의하면 정부규제의 품질은 전 세계에서 95위, 정부정책결정의 투명성은 98위, 시장지배제도는 101위, 노사관계는 130위, 금융 서비스는 81위 등이다. 모두 새로운 기술과 혁신을 시도하기 위한 제도적 환경이 최악임을 보여주는 수치다.

가장 심각한 것은 규제의 불일치다. 새로운 기술과 혁신이 이루어지는 상황에서 규제의 맥락과 규제 내용을 교차하면 규제의 공백이 어디에 있는지, 혹은 과도하거나 시대에 맞지 않는 규제는 무엇인지를 가려낼 수 있다. 이때 규제의 맥락을 결정하는 것은 시장실패의 압력이 존재하는지, 이해 집단의 압력이 강한지, 규제에 대한 찬성 혹은 반대의 여론 압력이 존재하는지 등의 여부 등이다. 반면에 규제의 내용은 규제기관이 얼마나 적극적으로 기술적 문제에 대응하는지, 규제의 방법으로 시장에서의 비용-편익의 문제로 접근하는지, 혹은 절대적인 기술 기준으로 접근하는지의 여부, 그리고 행동 변화를 촉발하기 위해 가격으로 신호를 주는지, 혹은 명령으로 규제하는지의 여부이다. 이러한 두 차원을 교차하면 표 9-5와 같은 유형화가 가능해진다.

이 유형론에 비추어 보면, 글로벌 플랫폼 기업에 대한 정부의 규제는 거의 규제공백 상태에 있다고 할 수 있다. 예를 들어 글로벌 플랫폼 기업들은 검색 서비스나 소셜네트워크서비스SNS 등을 무료로 제공하면서 이용자 정보를 수

표 9-5 **규제의 유형화**

		규제 내용 규모, 구조, 스타일		
		고	중	저
규제 맥락	고	균형적 규제	규제불일치	규제공백
위험 유형	중	규제불일치	균형적 규제	규제불일치
여론 주목				
이익집단	저	과잉규제	규제불일치	균형적 규제

집하는데, 사용 빈도가 높을수록 이용자의 정보 수집도 늘어나며, 이를 토대로 정보를 선별해 제공할 수 있다. 그러나 이들의 불공정거래 행위에 대해 한국의 '공정거래법'은 제대로 규제하지 못한다. 2018년 8월 기준 국내 앱 사용 시간 1위는 유튜브로서 평균 335시간이었고, 2, 3위는 각각 카카오톡과 네이버로 199시간과 136시간이었다. 스마트폰 소유자가 네이버보다 유튜브를 2.5 배가량 더 이용한 것인데, 망사용료의 경우에는 2016년 기준 네이버는 734억 원, 카카오는 300억 원의 망사용료를 납부한 반면, 구글은 사실상 무료로 국내 망을 이용했다.

국내 규제에서는 과잉규제가 두드러진다. 소비자의 데이터 주권을 보호하는 법령이 미비했던 까닭에 데이터 흐름을 촉진하여 부가가치를 높이는 방안은 법제화가 늦어졌다. 그동안 빅데이터 활용이 활발하지 못했던 이유도 규제의 강도가 높고, 익명 정보에 대한 당사자 동의를 요구하며, 담당 부처가 행안부, 과기정통부, 방통위, 금융위로 나뉘어서 중복규제가 이루어졌기 때문이다. 최근 개인정보보호법, 정보통신망법, 신용정보법 등이 제정되어 숨통이 트였다고는 하지만, 아직 구체적인 시행 방안이 드러나지 않아서 그 효과에 대해서는 가늠하기 힘들다. 국내의 규제가 과도한 이유로 새로운 기술적 혁신을 이루려는 스타트업start-up들은 외국으로 이전하는 경향이 두드러진다. 또한 글로벌 플랫폼 기업들의 투자가 활발한 반면, 국내의 플랫폼 기업에 투자할 벤처캐피탈의 규모는 미약하다.

새로운 규제의 방법은 무엇일까. 디지털 기술의 발전과 혁신은 새로운 경제, 산업적 가치를 창출하는 반면, 기존 산업과의 충돌에서 발생하는 갈등도 만만치 않다. 매우 낮은 제도의 질을 드러내는 한국 사회에서 새로운 기술을 수용하고 혁신과 선순환을 이루기 위해서는 과감한 규제의 혁신이 이루어져야 하는데, 그 첫 번째는 규제의 불일치를 줄이는 것이다. 규제의 공백이 발생한 글로벌 플랫폼 기업에 의한 불공정행위를 규제할 수 있는 입법이 절실하다. 두 번째는 과도한 규제, 혹은 과거의 산업에 기반했기 때문에 새로운 기술적 혁신을 허용하지 않는 규칙을 새로운 세상에 맞게 다듬는 것이다. 혹자는 과거의 인증과 게이트키핑gatekeeping 중심의 관행을 규제 1.0으로, 그리고 데이터 주도의 투명성과 책임성으로 단련된 개방형 혁신을 규제 2.0으로 대비하기도 한다(Grossman, 2015; 이원태, 2017). 과거의 규제가 전통 산업계의 방어막으로 활용될 규제 포획의 가능성이 있다는 점을 염두에 두면, 전반적인 규제의 수준은 그 사회의 투명성, 특히 공직사회의 투명성을 획기적으로 높이지 않으면 해소되기 어렵다. 또한 기존 산업에 종사하는 이들은 새로운 기술적 혁신으로 인해 일자리를 잃거나 소득이 감소할 위험에 처하게 되면 격렬하게 저항할 것이다. 따라서 규제 혁신으로 새로운 기술적 진보의 가능성을 높이기 위해서는 잠재적인 피해 집단의 위험을 줄여줄 다양한 안전장치의 보완이 필요하다. 기본소득제도 이러한 맥락에서 논의될 수 있을 것이다. 그 대신에 제안하는 규제 2.0은 사후투명성에 대한 요건을 만들어 시행하고, 플랫폼에 생성된 방대한 데이터 흐름을 이용할 방법을 찾아내고, 데이터를 이용해 경제활동을 감시하고 규제하는 새로운 시스템을 개발하는 것을 요지로 한다.

글로벌한 플랫폼 기업과 한국의 플랫폼 기업 모두 새로운 자본주의를 구현하기 위한 갈림길에 서 있다. 코로나19 시대를 맞아 폭증한 여러 사회문제들을 해결하기 위해 사회적 가치를 창출하면서 동시에 재무적 성과를 높일 수 있는 방안 마련이 절실하다. 그리고 이러한 정당성의 확보를 통해 새로운 제도적 상상력을 키워나갈 수 있을 것이다.

사회 혁신의 가능성은 영리적 기업으로서의 표준적인 플랫폼보다는 개방성, 공유, 협력, 투명성 등을 토대로 한 공공성을 가진 플랫폼에서 찾을 수 있다. 한 흥미로운 연구는 다양한 사회문제를 해결하고자 하는 기술 엘리트들은 공통으로 다양한 사회문제에 대한 "해답 찾기"에 관심이 있다는 점을 발견했다. 빌 게이츠Bill Gates, 스티브 잡스Steve Jobs, 래리 페이지Larry Page, 마크 저커버그Mark Zuckerberg, 일론 머스크Elon Musk 등 1996년 이후 창업하여 ≪포브스 Forbes≫ 400에 진입한 창업자, CEO, 대주주 등이 남긴 발언의 내용들을 질적 방법으로 분석한 결과, 이들 엘리트는 단지 이윤을 추구하기보다는, 다양한 사회문제를 해결하는 방법으로 기술을 활용하고자 하는 생각을 가졌다는 점에서 공통점이 있다는 것이다. 마치 베버가 프로테스탄트 윤리에서 자본주의 정신을 발견했다면, 사회문제에 대한 해답 찾기 윤리solutionist ethic에 '디지털 자본주의의 정신'이 있다는 것이다(Nachtwey and Seidl, 2020). 이들의 구분에 따르면 해답 추구형 윤리를 가진 기술 엘리트들은 플랫폼 기업에 주로 분포되어 있다고 본다.

　실제로 사회문제에 대한 해답 추구형 노력은 많은 기술 엘리트에게서 발견된다. 빌 게이츠는 '창조적 자본주의'를 주창한 바 있다. 그는 하루 1달러 이하의 생계비로 살아가는 10억 이상의 빈곤 인구를 도울 방법을 시장의 힘에서 찾자고 주장했다. 한마디로 기업의 봉사를 사회적 책임 차원이 아닌 의무로 끌어올린 것이다. 지금까지의 냉혹한 자본주의와 다른 따뜻하고 친절한 자본주의야말로 '창조적 자본주의'가 될 것이라고 강조했다. 페이스북이 정치적으로 편향된 개입을 허용했다는 비판을 받은 후, 저커버그는 글로벌 커뮤니티의 시민들에게 권력을 되돌려주는 사회적 인프라를 구축하겠다고 선언한 바 있다. 사용자들이 서로 돕고, 안전하며, 정보를 마음대로 활용할 수 있고, 사용자 참여로 운영되는 포용적인 공동체를 만들겠다고 선언한 것이다.

　개방적인 초연결사회로 갈수록 정당성의 문제는 점점 더 중요해진다. 전통적으로 영리기업은 효율성과 이윤만을 추구하고 비영리 조직은 정당성만 추

표 9-6 시장형, 공민형과 대비한 해답추구형 엘리트의 정체성

	시장형	공민형	해답추구형
중심 가치	자유경쟁	공공재	사회문제 해결
평가 기준	가격	규칙, 대표성, 연대	인간성 제고, 확장
투자(희생)	기회주의	자신의 이익 포기	위험 감수
이념형	기업가, 상인	공직자, 정치인	자선적 기업가
일탈	규제	부패	외로움, 사명감 상실
성과 측정	경쟁력	공정한 권리와 의무	현상타개 혁신
인간관/세계관	이익추구형 개인과 시장의 보이지 않는 손	정치적으로 평등한 개인	불완전한, 그러나 사회문제를 해결할 기술을 가진 존재

자료: Nachtwey and Seidl(2020).

구하면 되었다. 하지만 최근 들어 각광받는 사회적 기업은 전통적 비영리 조직이 해온 바와 같이 사회적 가치를 추구하되, 효율성과 이윤도 함께 추구하는 쪽으로 새로운 영역을 개척했다. 한국의 플랫폼 기업에도 재무적 가치와 사회적 가치를 함께 달성할 수 있는 블루오션, 즉 '가치추구형 혁신 대기업' 모델이 가능하다. 플랫폼 자체가 가진 공유재로서의 특성이 다른 일반 기업들은 상상하기 어려운 새로운 가능성의 공간을 열 수 있을 것이다. 경영전략 연구의 권위자 포터Michael Porter 교수는 기업이 공유가치를 만들어내는 방식, 그것이 비즈니스에 미치는 영향을 몇 단계로 나누어 설명한다. CSR(기업의 사회적 책임) 단계에서는 기업이 돈을 벌면서 사회에 좋은 일도 하는 것인데, 이보다 더 진전된 단계는 기업의 비즈니스 모델 자체에 사회적 가치를 녹여 그것을 중요한 성과지표로 관리하면서 기업이 성장하는 방식이다. 그래서 비즈니스를 하면 할수록 사회적 가치가 더 잘 구현되도록 하는 것, 그것이 공유가치의 실현이라는 것이다.

　기업이 창출하는 재무가치와 사회적 가치를 교차해 보면 네 가지 유형으로 구분이 가능하다. 효율성은 떨어지지만 사회적 책임을 잘 지키는 기업은 '착한 기업'이고, 성과가 좋아 부러움을 사지만 사회적 책임을 방기하는 기업은

'얄미운 기업'이다. 사회적 가치와 재무가치 둘 다 충족하지 못하면 '멍청한 기업'이다. 그런데 재무적으로 성과도 내면서 사회적 가치도 이룬다면 '똑똑하고 존경받는 기업'이라고 할 수 있다. 똑똑하고 존경받는 기업이란 기업 내부효율성만 챙기는 것이 아니라 기업을 둘러싼 이해당사자들의 관심과 걱정을 배려하고 사회적 가치를 고려해서 경영하는 기업이다. 변화하는 시대 사회적가치가 대세가 되어가고 있다. 기존의 수요를 충족시키는 대신 사회의 다양한문제에 주목하여 새로운 수요를 창출할 수 있다면, 기업의 정당성을 높일 수있다.

참고문헌

김현아. 2019. 『자유노동이 온다: 플랫폼 노동, 프리랜서, 포트폴리오 워크의 미래』. Lab2050.

김규리. 2018. 『데이터 주권 부상과 데이터 활용 패러다임의 전환』. 한국정보화진흥원.

박명규·이재열·한준·이원재·강정한·임이숙. 2019. 『커넥트파워: 초연결세상은 비즈니스 판도를 어떻게 바꾸는가?』. 포르체.

윤재웅. 『차이나 플랫폼이 온다 디지털 패권전쟁의 서막』. 미래의 창.

이승윤. 2019. 「디지털자본주의와 한국사회보장제 4.0」. 서울대학교 사회복지월레세미나 발표 논문.

이원태. 2017. 『4차산업혁명과 지능정보사회의 규범 재정립』. 정보통신정책연구원.

전명산. 2017. 『블록체인 거번먼트: 4차산업의 물결』. 알마.

정유신. 2018. 『중국이 이긴다: 디지털 G1을 향한 중국의 전략』. 지식노마드.

최재붕. 2019. 『포노사피엔스: 스마트폰이 낳은 신인류』. 쌤앤파커스.

Arcidiacono, Davide, Paolo Borghi, Andrea Ciarini. 2019. "Platform Work: From Digital Promises to Labour Challenges." *PArtecipazione e COnflitto*, Issue 12(3), PP.611~628.

Arcidiacono, Davide and Ivana Pais. 2020. "Re-embedding the economy within digitalized foundational sectors: The case of platform cooperativism," in Filippo Barbera and Ian Rees Jones(eds.). *The Foundational Economy and Citizenship: Comparative Perspectives on Civil Repair*. Policy Press, pp.27~50.

Bohn Stephan, Nicolas Friederici, and Ali Aslan Gümüsay. 2020. "Too big to fail us? Platforms as systemically relevant." *Internet Policy Review: Journal on Internet Regulation*.

Digital Economy Compass. 2019. *Statistica White Paper: Creative Disruption: The impact of emerging technologies on the creative economy*. World Economic Forum, 2018.

Federal Ministry for Economic Affairs and Energy, Germany. 2019. "Digital sovereignty in the context of platform-based ecosystems, The Digital Sovereignty Focus Group of the Innovative Digitisation of the Economy Platform for the 2019 Digital Summit." https://www.de.digital/DIGITAL/Redaktion/DE/Digital-Gipfel/Download/2019/digital-sovereignty-in-the-context-of-platform-based-ecosystems.pdf?__blob=publicationFile&v=7

Galloway, Scott. 2017. *The Four: The Hidden DNA of Amazon, Apple, Facebook, and Google*. Portfolio, Penguin.

Gilder, George. 2018. *Life After Google: The Fall of Big Data and the Rise of the Block Chain Econromy*. Regnery Gateway.

Grossman, Nick. 2015.4.8. "Regulation, the Internet Way: A Data-First Model for Establishing Trust, Safety, and Security-Regulatory Reform for the 21st Century City." Harvard Kennedy School, ASH Center for Democratic Governance and Innovation.

Kenney, Martin, Dafna Bearson and John Zysman. 2020. "The Platform Economy Matures:

Exploring and Measuring Pervasiveness and Power." *Berkeley Roundtable on the International Economy Working Paper*, 2020-5.

Kenney, Martin, John Zysman and Dafna Bearson. 2020. "What Polanyi Teaches Us: The Platform Economy and Structural Change." Berkeley Roundtable on the International Economy, BRIE Working Paper, 2020-6.

Lee, Kai-Fu. 2018. *AI Super-Powers: China, Silicon Valley, and the New World Order.* Mariner.

Magalhaes, Joao Carlos and Nick Couldry. 2020. "Tech Giants Are Using This Crisis to Colonize the Welfare System." https://www.jacobinmag.com/2020/04/tech-giants-corona virus-pandemic-welfare-surveillance?fbclid=IwAR37SVEWehoJBlKnFLO3lBjwH0oblPPe B-KzogDpg34NiKEIK43UyMBaZ9M

Mayer-Schonberger, Viktor and Thomas Ramge. 2018. *Reinventing Capitalism in the Age of Big Data.* BasicBooks. 〔홍경탁 옮김. 2018. 『데이터 자본주의』. 21세기북스〕.

Nachtwey, O. and T. Seidl. 2020.4.14. "The Solutionist Ethic and the Spirit of Digital Capitalism." https://doi.org/10.31235/osf.io/sgjzq

OECD. 2019. *Artificial Intelligence in Society.*

Piore, Michael and Charles Sabel. 1984. *The Second Industrial Divide: Possibilities for Prosperity.* Basic Books.

Rifkin, Jeremy. 2014. *The Zero Marginal Cost Society: The Internet of Things, the Collaborative Commons, and the Eclipse of Capitalism.* St. Martin' Press.

Sundararajan, Arun. 2016. *The Sharing Economy.* MIT Press. 〔이은주 옮김. 2018. 『4차 산업혁명 시대의 공유경제』. 교보문고〕.

Tapscott, Don and Alex Tapscott. 2016. *Blockchain Revolution: How The Technology Behind Bitcoin is Changing Money, Business, and the World.* Portfolio, Penguin.

Zuboff, Shosana. 2019. *TheAgeofSurveillance Capitalism: The Fight for a Human Future at the New Frontier of Power.* Public Affairs.

지은이(수록순)

이재열
서울대학교 사회학과 교수

하상응
서강대학교 정치외교학과 교수

임동균
서울대학교 사회학과 교수

이원재
한국과학기술원 문화기술대학원 교수

김병준
성균관대학교 인터랙션사이언스학과 박사과정

조은아
피아니스트, 경희대학교 후마니타스칼리지 교수

강정한
연세대학교 사회학과 교수

이호영
정보통신정책연구원 디지털경제사회연구본부 연구위원

한준
연세대학교 사회학과 교수

한울아카데미 2303

플랫폼 사회가 온다
디지털 플랫폼의 도전과 사회질서의 재편

ⓒ 이재열 외, 2021

엮은이 ┃ 이재열
지은이 ┃ 이재열·하상응·임동균·이원재·김병준·조은아·강정한·이호영·한준
펴낸이 ┃ 김종수
펴낸곳 ┃ 한울엠플러스(주)
편 집 ┃ 조인순

초판 1쇄 인쇄 ┃ 2021년 6월 1일
초판 1쇄 발행 ┃ 2021년 6월 8일

주소 ┃ 10881 경기도 파주시 광인사길 153 한울시소빌딩 3층
전화 ┃ 031-955-0655
팩스 ┃ 031-955-0656
홈페이지 ┃ www.hanulmplus.kr
등록번호 ┃ 제406-2015-000143호

Printed in Korea.
ISBN 978-89-460-7303-6 93300 (양장)
       978-89-460-8074-4 93300 (무선)

※ 책값은 겉표지에 표시되어 있습니다.
※ 이 책은 강의를 위한 학생판 교재를 따로 준비했습니다.
   강의 교재로 사용하실 때에는 본사로 연락해 주시기 바랍니다.